行政管理学的应用
——基于政协北京市参政议政十五年实践

萧鸣政 ◇ 著

中国社会科学出版社

图书在版编目（CIP）数据

行政管理学的应用：基于政协北京市参政议政十五年实践 / 萧鸣政著.
—北京：中国社会科学出版社，2019.10
ISBN 978-7-5203-5188-1

Ⅰ.①行… Ⅱ.①萧… Ⅲ.①行政管理－应用－参政议政－研究－北京　Ⅳ.①D035②D628.1

中国版本图书馆CIP数据核字（2019）第216542号

出 版 人	赵剑英
责任编辑	许　琳
责任校对	鲁　明
责任印制	郝美娜

出　　版	中国社会科学出版社
社　　址	北京鼓楼西大街甲158号
邮　　编	100720
网　　址	http://www.csspw.cn
发 行 部	010-84083685
门 市 部	010-84029450
经　　销	新华书店及其他书店

印刷装订	环球东方（北京）印务有限公司
版　　次	2019年10月第1版
印　　次	2019年10月第1次印刷
开　　本	710×1000　1/16
印　　张	23
字　　数	354千字
定　　价	128.00元

凡购买中国社会科学出版社图书，如有质量问题请与本社营销中心联系调换
电话：010-84083683
版权所有　侵权必究

萧鸣政等三位北京市政协委员作客首都之窗

萧鸣政委员在政协北京市十二届一次全体会议上发言

2015年1月24日政协委员萧鸣政就地铁设置女性车厢提案接受北京晨报记者采访

2016年北京市两会上萧鸣政委员就积分落户提案发言：政府部门应该亮明人口调控底数，北京面临的人口调控压力到底有多大？人口自然增长率保持在一个什么样的水平，每年允许多少人落户，才不能超出城市的承载能力？亮明这些底数，取得非京籍等人员的理解和支持。

2017年1月13日北京市两会期间萧鸣政委员就小区改造问题接受北京晨报记者访问

目 录

前　言 ……………………………………………………（1）

第一章　心系民生　服务大局 ……………………………（1）

第二章　结合专业　促进改革 ……………………………（31）

第三章　立足专长　建言献策 ……………………………（49）

第四章　人才之都　倡导建设 ……………………………（65）

第五章　立足教育　爱护学生 ……………………………（123）

第六章　城市建设　人口管理 ……………………………（129）

第七章　社区治理　堵疏结合 ……………………………（151）

第八章　首都建设　亮点纷呈 ……………………………（185）

第九章　缓解拥堵　一路畅通 ……………………………（199）

第十章　履职尽责　发挥专长 ……………………………（263）

附　录 ……………………………………………………（279）

前言

自1993年开始，我先后在中国人民大学劳动人事学院、清华大学经济管理学院与北京大学政府管理学院从事过教学工作，先后担任过民进中国人民大学主委、民进海淀区副主委与北京大学副主委，民进北京市委员、民进中央社会法制委员会副主任，2002年12月我当选为中国人民政治协商会议北京市委员，2003年12月当选为中国人民政治协商会议北京市海淀区政协委员。2003年至2017年十五年间，分别担任了中国人民政治协商会议北京市第十、十一与第十二届委员（以下简称政协北京市委员），担任了海淀区第七届委员，共提出了160多件提案，包括大会提案与政协海淀区委员的相关提案。这期间我一直在北京大学工作，并且担任政府管理学院行政管理学系主任职务，参政议政中的提案内容，尽量选择那些与自己所从事的教学研究相互交叉的领域，使本职工作与参政议政工作相互结合，相互促进。所有的提案内容，主要涉及民生、行政管理、干部人事、人才、人力资源、教育、交通等等类别。

我的名字，出生时祖辈与父母命名为"鸣政"，我既没有理解其中含义，也一直未做任何改变，秉承祖辈父母之命，践行踏实认真之风，从未真正去从政当官。从数学专业转行到教育心理学专业，然后再到人力（人才）资源管理专业，最后到北京大学政府管理学院行政管理学系，担任行政管理专业的教授、博士生导师与系主任。这一切转换的背后，并没有什么明确目的与规划驱动，只是向往在更好大学更宽学科尽力去做自己想做与能做的人才与人力资源方向与领域。然而，事实表明，我最后从事的工作却或多或少地体现了我名字中的含义。那就是在北京大学政府管理学院、结合行政学、政治学，并且担任政协委员。这里四个短语字词中都有一个"政"。"鸣"在哪里呢？"鸣"一直隐含在我的工作中。我从19岁开始从教当老师。从1976年9月担任江西省泰和县爵誉小学民办教师开始，最后在北京大学政府管理学院当教师，一直是以自

行政管理学的应用

己的喉头嗓音在鸣叫，传道授业；从2003年开始，一直努力履行参政议政的职能，积极建言献策，这其中不就是在结合自己的行政管理专业进行"鸣政"吗？回顾担任政协委员15年以来，确实在运用自己的专业知识与能力建言献策，不断践行一名政协委员参政议政的职责与使命，密切联系群众，积极了解和反映群众的愿望和诉求。虽然其间也有因为代表大部分群众利益连续提案，影响到少数人的利益，受到过威胁，但是我依然坚持把我发现的问题及解决方案提交给相关部门，使问题得到解决，百姓得以方便。

这些提案得到了相关部门的答复，涉及的办理部门有市规划委、市委组织部、市人事局、北京奥组委、市交通委、市教委、市人大常委会办公室、市政协办公室、市发改委、市邮政局、海淀区政府、市卫生局、市商务局、市广播电视局、市公安局、市委统战部、市劳动保障局、市政府外办、市人口计生委、市监察局、市编办、市人社局、市科委、市政市容管委会、市经济和信息化委、市政法委、市高级人民法院、市民政局、市地税局、市政府法制办、市金融局、市国土局、市农委、市政府办公厅、市财政局、市委宣传部、市信访办、市委社会工委、市住建委、中关村管委会、市文化局等40余家。提案先后受到南方网、新浪网、首都之窗、腾讯网、搜狐网、新京报、凤凰网、中国新闻网、中央网络电视台、中国文明网、和讯网、网易、央视网、人民网、中新网、新民网、中国青年网、大众网、华龙网、贵阳网、环球网、中国经济网、人民政协网、齐鲁晚报、北方网、北京晨报、大燕网、中国首都网、《检察日报》等30余家新闻媒体进行报道。

该书主要收集了我自2003年在政协北京市第十届委员会第一次会议以来，直到2017年之间的124件提案。全书共分为十个部分，分别为民生、行政管理、干部人事、人才与人力资源、教育、城市管理、城市与社区治理、首都建设、交通和其他方面等。

第一部分主要是有关民生方面的提案，共14件。这些提案的内容从北京市地名路标到医院改进化验结果报告方式，再到科学设计积分落户政策等等。既涵盖社区居民小事，又包括北京市人口结构的战略发展，从民生小事着眼，服务北京市管理大局。

第二部分主要是有关行政管理方面的提案，共9件。这些提案的内容主要是结合我自身的专业特长，为政府部门的行政管理提出一些自己的意见建议。

第三部分主要是有关干部人事方面的提案，共7件。这些提案的内容是结合我这几年在党政领导干部方面的研究，为北京市的党政领导干部的任用、考核、培训、交流、改革等方面提出建议，为组织人事部门提供参考。

第四部分主要是有关人才与人力资源方面的提案，共 23 件。这些提案的内容主要针对社会热点中的人才与人力资源问题，从大学生就业难问题到人才素质、结构，再到京津冀人才一体化问题等方面，结合本人在人力资源方面的多年研究，提出解决有关人力资源的难点问题的方法和更好开发人力资源提供参考意见。

第五部分主要是有关教育方面的提案，共 3 件。这些提案的内容主要涉及在教育过程中我发现的一些问题，为进一步完善教育体系和教学环境等方面的意见建议。

第六部分主要是有关城市管理方面的提案，共 11 件。这些提案的内容主要是北京市街道、社区、城镇设施建设以及人口发展等问题，为今后北京的发展与改革提供了一些思路。

第七部分主要是有关城市社区治理方面的提案，共 12 件。这些提案的内容主要针对城市建设中的社区治理、小区建设与管理方面的意见建议，这些建议反映的都是贴近生活的实实在在的问题，为促进首都治理体系与治理能力现代化提供帮助。

第八部分主要是有关首都建设方面的提案，共 6 件。这些提案的内容主要围绕奥运期间首都建设问题，以及近三年习近平同志提出的首都"四个中心"建设和疏解首都功能的意见建议。

第九部分主要是有关交通方面的提案，共 32 件。这些提案的内容主要是为解决北京市交通拥堵问题的一些建议，其中有受到媒体广泛关注的女性车厢设立的提案，还有至今仍在使用的交通拥堵预警系统等等。

第十部分是其他方面的提案，共 7 件。

本书的编辑得到我的研究生王慧与魏忠凯的大力帮助，得到了北京市政协提案办的大力支持，尤其是王慧帮助我从各种网站收集相关资料，进行了初步的文字补充与编辑工作。在此谨向上述单位与个人表示衷心感谢！对于在本书出版过程中给予过支持与帮助的所有同仁表示真诚感谢！由于时间仓促，书中的问题与不足，欢迎各位读者批评指正！

萧鸣政

2019 年 1 月于北京大学政府管理学院

第一章

心系民生　服务大局

　　党和国家领导人多次指出，民生是最大的政治。国家始终把人民群众的小事当作大事，关心人民群众，让人民满意。构建和谐社会，就是要把民生问题作为重中之重，让广大人民群众有活干，有学上，有饭吃，有衣穿，有屋住，病有医，老有养，生活幸福，都过上好日子。自担任政协委员以来，我始终把为民的职责记在心上，不断深入了解群众的愿望和诉求，并反映给中国共产党和国家机关，运用所学贡献意见和建议。在民生方面，我始终关注围绕百姓生活的方方面面，如北京市地名路标的科学设置，购物中心附近设立邮局，居民楼下车库安全隐患，医疗程序的简化，居民冬季供暖矛盾，北京市积分落户政策，保障性住房建设，老年公寓建设，人口问题引发的其他问题等等，充分发挥一名政协委员的作用，为人民群众、为国家发展建言献策。这些提案有的受到全部采纳，有的受到媒体的持续报道，有的受到百姓的广泛关注。本章共计14件提案，每件提案包含提案内容、提案的影响与效果、相关评价等三部分。

行政管理学的应用

★ 提案1

关于北京市地名路标科学化与国际化的建议（政协北京市第十届委员会第一次会议提案 第0182号）（2003年）

一 提案内容

中共十六大提出了全面建设小康社会的宏伟蓝图，北京市委第九次代表大会提出了北京市率先基本实现现代化的奋斗目标。随着中国改革开放进程的不断深化和中国加入WTO，北京市已成为世界经济活动与旅游的热点，时代要求北京必须以新的面貌展现其具有现代化国际大都市的风采，市政建设及道路交通设施都必须迅速向国际化开放城市看齐。特别是作为2008年奥运会的举办城市，北京必须为入境的外国运动员和记者、旅游者提供尽可能多的方便，其中首当其冲的就是在北京的"出行方便"问题。

北京的街道、站牌与路口多年来一直是沿用汉字或再加汉语拼音的标注，地方各自命名、以至于相互重名难以区分、这种方法存在着明显的缺陷。既不符合易于识读的国际化通行标准，又很容易让到北京的中外游客造成混乱。

上述问题主要表现为：

一，缺乏方位感和距离感。对于到北京的旅游者来说，仅从街道名称或道路名称本身，根本无法判断自己与目的地所在的方位。比如，光彩体育馆、北京体育馆、苏州街、赵登禹路、羊肉胡同、烂漫胡同、碾子胡同等，相互之间的方位和距离感无从得知，即便是老北京人恐怕也难以说清楚，那么外地人和外国人就更是拿着地图满篇找，而且找到以后也常常要一路打听才能到达。另外，假如从安华桥去同在三环路上的万柳桥，应该向东还是向西？哪边更近？无从得知，往往需要左右反复打听绕行很多路才找到。这不但是个人的方便问题，也是缓解道路压力的问题。

二，地名重复性和相似性、误导性造成混乱。如：四道口（海淀区）—四道口桥（丰台区）；红庙（朝阳区）—小红庙（宣武区）；太平桥（宣武区）—北太平桥（海淀区）；万泉公园（丰台区）—万泉庄（海淀区）等地名相同，但相距甚远。光明桥（崇文区）明光桥（海淀区）字形相象，极易混淆。

四道口、五道口、六道口，看似在一个方向而实际南辕北辙，从四道口到五道口是从海淀区的四道口向北走，然而六道口却是从丰台区靠近京津塘高速的四道口桥向东南走。

三，在地图上寻找地名时无从快速检索。即便是老北京人，也很难在地图上迅速找到不太熟悉的街道或者胡同。

四，路标无法显示明确的引导功能。外来人在北京开车根本没有办法靠路标找到要去的目的地。

五，汉语化的路标地名，无法让国外人看明白，也不利于中国人向国外人介绍，缺乏国际大都市的语言环境。

因此建议尽快对北京城市的地名、站牌与道路实行汉语、英语双语标注以及数字化编码，在每一个地名、桥梁与路口实行汉语、英语双语标注以及数字编码与标注。

实行汉语、英语双语标注与数字化编号的好处：

1. 符合北京市是开放的国际化大都市的形象，有利于北京的旅游事业发展，有利于北京人文奥运与科技奥运思想的具体化，为外国运动员和记者、旅游者提供尽可能多的方便，为国际交往提供更好的人文环境。

2. 城市道路数字化编码后，只要知道要去几号地名、几号街道，就可以看着方向与路标开车很快找到目的地，能够有效地减少驾车出行者绕道、走冤枉路、走错路口的几率，从而可以在一定程度上减少车辆占道时间，缓解交通拥挤问题，也从另一个侧面减少了汽车尾气对环境的影响。

3. 有利于地图的绘制和邮政编码以及城市分区的划定，为市政管理带来方便。

建议：

由于实施汉语、英语双语标注与数字化编号是一个涉及传统观念的改革与较大工作量的事情，所以必须循序渐进，有计划有步骤地实施。建议如下：

第一阶段（2003-2004年）：组织相关人员对北京所有地名街道进行调查考证，搞清楚现在名称与原有名称；

第二阶段（2004-2005年）：组织中外学者共同选择最佳名称，进行汉语英语双语标注，同时实行数字化编号。数字化编号可以采取方向、环路、区域内横坐标、区域内纵坐标四位数。

第三阶段（2005-2007年）：从二环路以内开始逐步向三环、四环、五环、六环扩展实施路牌改造，但要注意数字代码道路编号和原有名称并用，以公交站牌、站名的数字代码道路编号配合媒体宣传让人们逐步接受新的观念。

第四阶段（2008年以后）：将汉语、英语双语标注与数字化编号推而广之，最终实现全国范围城市地名街道的汉语、英语双语标注与数字化编号。

实行汉语、英语双语标注与数字化编号是北京城市实行科学化与国际化的重要事情，尤其是对于办好2008年的奥运会和市政道路管理，具有非常重要而实际的意义，但在实施过程中会遇到几个方面的困难，包括人们观念、具体的技术问题、资金投入问题。这其中观念和资金是主要问题，观念的转变在于持续的推行和宣传，只要老百姓能够从中体会到切身好处，就一定能积极配合而力行之。资金问题可通过宣传争取企业的支持，亦可借奥运会之风招标争取与企业的双赢。

二 提案的影响与效果

1. 办理部门与意见

北京市规划委对此提案进行了办理，认为此提案对北京市的地名和交通管理工作进行了深入具体的阐述，为北京应对"出行方便"的问题提供了一种思路，增强了部门在地名命名、更名工作中的以人为本、体现人性化的意识。同时，市规划委会同民政局、交管局就奥运会期间如何科学的设置地名标志，为世界各国友人服务，方便其出行问题进行了研究。

2. 委员意见

基本满意。属地名重名问题，应立即着手更正，逐步解决。

三 相关评价

此项提案针对北京市现存地名重复、混淆问题以及为进一步做好交通管理工作提供了一定的参考。该提案内容十分贴近生活，是民众生活中实实在在存在的问题，每个市民都会有或多或少相同的感受。同时，该提案的提出恰逢奥运会即将举办，为向世界展示一个更好的中国形象具有一定意义。该提案的提出也受到了媒体的关注，南方网对该提案进行了报道，指出该提案对解决奥运交通问题，树立首都形象具有一定的意义。

提案 2

关于在世纪金源时代购物中心设立邮局的一点建议（政协北京市第十届委员会第三次会议提案 第 0835 号）（2005 年）

一 提案内容

问题：

世纪城自建成入住后，目前设施基本齐全。银行、商店、饭店、学校、医院样样都有。但是却一直没有邮局，邮寄包裹与信件，必须走很远的路，严重影响了小区居民的生活。

分析：

目前世纪城一、二期与三期小区，大约十万人、20000 住户、10000 辆小车这么大的小区，竟然没有任何一家邮局，小区居民必须过河到苏州桥外邮局或者到三四公里外的地方去邮寄、取汇款，给居民带来很大不便。这也与小区整体的建设与生活水平极不相称。其原因是没有利润，因此商家没有积极性，但是政府应该出面管。金源时代购物中心地处小区中心，因此，有必要尽快在金源时代购物中心设立一个邮局。

建议：

由开发商、区政府与市政府共同出资，尽快在金源时代购物中心设立一个邮局。以解决小区内近 20000 户居民一直没有邮局的问题。

二 提案的影响与效果

1. 办理部门与意见

北京市邮政局对此提案进行了办理，办理部门对此提案高度重视，并给予充分肯定。市邮政局联合多方，在与购物中心的共同努力下达成协议，市邮政局以租赁的形式在该处设立一个邮电所，预计今年下半年开业。

2. 委员意见

同意，争取尽快落实。

三 相关评价

此项提案得到北京市政府部门的充分认同与肯定，并且对提案建议全部进行了办理落实，受到民众欢迎。由于小区邮政局所配套不落实在全市带有普遍性，邮政部门往往无能为力，在政协委员等各方面人士的呼吁、监督和支持下，该类问题才得以顺利解决，为百姓带来了实惠。

提案 3

关于在世纪城等住宅小区地下车库事故隐患与预警消防的一点建议（政协北京市第十届委员会第三次会议提案 第 0837 号）（2005 年）

一 提案内容

问题：

世纪城自建成入住后，地下车库很大，整个 3 区连成一大片，有利于通行。但是晚上与周末数千辆车摆放扎堆联体，如果恐怖分子点燃或者一辆车发生火灾，其他车必定连锁反应，后果不堪设想。这种现象在北京市开发的其他住宅小区同样存在。

分析：

世纪城地下设车库，既节约了空间又保证了每户一个车位。这也是其他有些小区常见的做法。世纪城 3 区的地下车库相当大，但是出口却只有 5 个。晚上与周末数千辆车摆放扎堆联体，如果恐怖分子让一辆车发生火灾，其他车必定连锁反应，后果不堪设想。由于出口少，地下巨大的烟雾气体冲力必定把上面的住房炸塌；由于出口少，浓烟必定顺着楼道而上，迫使楼上住户不能开门下楼，坐以待毙。由此可见，任何一辆车一旦发生火灾，都有可能造成滔天大祸。

建议：

由开发商、区政府与市政府减灾管理机构，尽快对海淀区每个住宅区进行检查，对于那些确实存在事故隐患的地下车库，进行开天窗工程，建立压力疏通与排除的预警消防措施。使得地下车库一旦发生火灾，相关压力与烟火可以及时释放出地面，不至于危及住房或者顺着楼梯进入住户楼内。同时要求车辆之间保持一定的距离，防止连环爆炸发生的可能。

二　提案的影响与效果

1. 办理部门与意见

北京市海淀区政府对此提案进行了办理，并经消防部门了解，对该提案进行了回复，回复要点如下：该小区设立地下车库满足各项条件，消防部门予以颁发了消防验收合格证，并要求管理单位在地下车库依据实际面积安排巡逻人员进行24小时巡视，同时要求安装监控系统，建立安全管理制度。地下停车库不适宜进行开天窗工程，如开天窗后不利于灭火工作，同时通过强制排烟装置因火灾产生的烟雾会被迅速排到地面不会影响到楼上住户的安全。

2. 委员意见

满意，但要求每两个小时巡逻制度及通道防火措施及预警应尽快落实。

三　相关评价

此项提案关注发生在民众身边的问题，能够有预见性地指出存在的问题隐患，不仅得到政府部门的认同，而且也受到了民众的欢迎。

★ 提案 4

关于要求医院改进化验结果报告方式的建议（政协北京市第十届委员会第五次会议提案 第0282号）（2007年）

一 提案内容

问题及分析：

目前到医院看病进行各种化验，化验结果的报告一般采取人工报告或者无人报告，叫报化验名单的人很累，而且经常发生化验报告丢失或者许多病人拥挤在报告单台抢争现象。

建议：

政府相关部门，应该要求北京市属地医院像银行一样安装叫号公开显示的仪器，说明谁的化验结果出来了。这样既可以使患者安静等待又可以提高服务水平、改善医院的就医环境，促进医院文明就医。

二 提案的影响与效果

1. 办理部门与意见

北京市卫生局对该提案进行了办理，认为实行电子叫号服务确实是方便群众就医的有效手段，并下发文件，要求全市二级以上医院全面推行电子叫号服务，在门诊候诊、收费、取药和临床检验、辅助检查等位置建立电子叫号系统，实行电子叫号服务，方便群众就医。

2. 委员意见

满意。

三 相关评价

此项提案的全部建议得到了北京市政府部门的认可与赞同，并及时将其转化为相关政策。目前，全市医院已经全部实行电子叫号服务，民众得到了极大的实惠与方便。

提案 5

关于要求医院改进 B 超、化验改期预约等相关管理问题的建议
（政协北京市第十一届委员会第一次会议提案 第 0201 号）（2008 年）

一 提案内容

问题及分析：

1. 目前到医院看病进行各种 B 超与化验，实行预约管理制度，这非常好，但是当病人因为某种原因需要改约的时候，医院却要求病人或者家属亲自到医院重新登记预约，这大大增加了病人的负担与交通问题；

2. 目前医院各专家门诊时间与选择门诊科目信息许多病人不太清楚，结果半夜从家里坐车来医院排队，最后却发现没有开门诊或者专家停诊，真是劳民伤财。

建议：

3. 政府相关部门，应该要求北京市属地医院允许患者尤其老病号患者电话与医院预约或者网络预约；

4. 政府相关部门，应该要求北京市属地医院像银行一样安装自动查询电话，并且开通网络查询。对于有困难的医院可以政府投入一些配套经费。这样既可以方便患者就医，节省许多时间与交通费用，解决看病难的问题，又可以提高医院管理与服务的现代化水平，同时还减少了路上不必要的交通拥堵问题。

二 提案的影响与效果

1. 办理部门与意见

北京市卫生局对此提案进行了办理，在原有预约挂号的方式基础上，市卫生局表示要不断加大社区卫生服务工作力度，推行人民医院的服务模式，调整患者的就诊观念，引导患者小病到社区，大病重症到医院，合理使用有限的卫生资源，缓解群众看病难看病贵的问题。同时督促医疗机构落实便民服务的各项措施。

2. 委员意见

满意。

三 相关评价

此项提案针对民众看病难问题，为进一步缓解民众就医不便和提高医院管理服务水平提供了很好的意见，并得到的政府部门的认可，为政府部门的工作方向提供了现实的依据和具有一定的参考价值。也在一定程度上催生今天北京各医院医生的预约制度。

★ 提案6

关于建立与完善北京市冬季物业统一供暖服务标准的提案（政协北京市第十一届委员会第二次会议提案 第0783号）（2009年）

一 提案内容

问题分析：

最近几天我访问了世纪城小区少数住户的供暖温度，有些住户白天只有18度左右，夜间一般是在15-16度甚至更低。因此每年都存在一些住户不缴费用的现象。实际上，北京市每年冬季收缴供暖费的时候，不少其他统一供暖的住宅小区也都会发生业主与物业公司之间的缴费矛盾。有些业主不愿在供暖之前给物业缴费，因为担心缴费之后供暖不足。而有的业主坚持供暖之后再视供暖质量情况缴费，但是物业则坚持先缴费后供暖。因此，双方矛盾与纠纷时有发生，有些住宅小区业主也经常反映供暖不足，但是因为标准不明确正常权益得不到有效保护。其中主要原因之一就是统一供暖服务标准不清楚的问题。

对策建议：

1. 明确界定集中统一供暖服务标准，例如规定不低于20度的下限，最高标准不高于26度的上限（节约能源）；

2. 在广泛调查北京各地区业主（包括同一栋住房不同朝向方位住户）意见的基础上制定相关标准；

3. 在参考世界其他同类城市供暖标准基础上制定相关管理条例（包括不达标准的处罚），保证物业与业主双方的合理权益；

4.供暖费用不是一次性全部直接缴给物业,而是缴给居委会,供暖之前代缴 1/2—2/3 给物业;或者允许业主供暖之前缴一半,供暖之后再缴另一半;

5.每年街道办事处相关机构以及人大政协应该组织相关人员进行监督与查访。

二 提案的影响与效果

1.办理部门与意见

北京市住建委、市政市容管委会对此提案进行了办理,指出该项提案中对问题的分析和对策建议,充分体现了政府部门在组织供热运行保障工作中始终关注的重点问题。该提案对进一步完善和改进供热保障工作有很大启发。同时市政市容管委会会同有关部门开展相关的技术和政策研究,在公共建筑进行了按热计量收费的试点,对住宅建筑的推广应用也在探索中。

2.委员意见

比较满意,希望保持联系并尽力推进。

三 相关评价

此项提案得到政府部门充分肯定与认同,与政府部门的工作重点不谋而合,为北京市当前供暖管理工作提供了具体的意见建议,对相关政策的制定产生一定的影响,同时也及时地将百姓的实际问题反映给相关政府部门,使得政府与民众之间得到有效沟通。

提案7

关于"十二五"时期率先建立北京市"活动性"血液库的提案(政协北京市第十一届委员会第四次会议提案 第0718号)(2011年)

一 提案内容

问题及分析:

目前国内很少见到"活动性"血液库,常见的是库存性的医疗常规性血液库。"十二五"时期民生问题将成为重点关注的一个问题，医疗中的常规性血液库建设是保障我们百姓疾病得到及时治疗的基础与关键。但是连年来北京市血液中心的常规性血液库一直发生血荒。这种现状，与首都的医疗保障与需求不相适应，甚至影响了首都人民的健康生活与日常医疗工作。

建议：

鉴于以上情况，我的建议是以"活动性"血液库建设弥补常规性血液库的不足。所谓"活动性"血液库是由一定数量的能够有效联系的"优质或者合格的血源者"组成。这种血液库与目前的常规性血液库相比，无库存成本，品质优良，医疗效果好。

一、对于参加自愿无偿献血者进行咨询，对于愿意加入"活动性"血液库的无偿献血者及时进行信息登记。信息登记包括献血者的永久电话、血型、住址等。并且与他们初步签订持续自愿献血的协议；

二、在北京市血液中心设计献血者血液品质评价指标体系（如果没有的话），对所有参加自愿无偿献血者的血液进行品质评价，在血液中心中建立血液品质信息库；

三、对于那些品质优秀的或者合格的无偿献血者、并且已经签订了持续自愿献血的协议的人（以下简称品优或者合格血源者），全部纳入到"活动性"血液库中，血液中心应该派专人与3-5名"品优或者合格血源者"进行经常性联系，保证血源中心与这些"品优或者合格血源者"联系的有效性；

四、对于"品优血源者"与品质合格者的再次献血，我们应该给予一定的酬谢，包括其本人与直系亲属对于全市各医疗机构血液的优先使用与调配权，本人与直系亲属疾病医疗费用减免权。同时给予适当的营养费。

二 提案的影响与效果

1. 办理部门与意见

北京市卫生局对此提案进行了办理，办理部门对该提案予以充分肯定，答复要点如下：1.目前，各采供血机构对所有参加自愿无偿献血者均进行登记造册，已经建立了固定献血者、应急无偿献血者和稀有血型爱心之家

（成员为 RH 阴性血型）三支队伍。2. 国家有《全血及成分血质量要求》、《献血者健康检查要求》等"献血者血液品质"方面的评价指标体系与标准，各采供血机构在按照国家相关标准积极开展此项工作。3. 北京市制定了《北京市献血管理办法》，以表彰奖励自愿无偿献血者。但由于有可能引发高额补贴和其他变相补贴，并由此引发血头血霸、卖血等问题，与我国《献血法》所提倡的无偿献血精神相悖，在我市不宜推行，特别是在血液紧张时，血液的使用根据患者疾病的轻重缓急，应首先保障急救用血。4. 对献血者及其家属医疗费用的减免涉及新农合政策及社会医疗保障部门的付费政策，我们会提出进一步研究。

2. 委员意见

满意。

三 相关评价

该提案受到办理部门与领导的高度重视，受到社会民众欢迎。

提案 8

关于北京市房地产市场实行分类管理促进保障性住房建设的提案
（政协北京市第十一届委员会第五次会议提案 第 0249 号）（2012 年）

一 提案内容

问题及分析：

我国房价目前过高，在一定程度上影响了健康的经济发展与人民生活。因此政府有必要进行综合治理全面控制。但是，房地产投资与发展也成为了北京市经济发展的支柱之一，成为了我国广大民众进行经济活动的驱动力与投资的聚焦点。赌博活动虽然大家知道不好，危及社会经济发展与人民生活，但是制度设计非常先进与追求完美的美国仍然扶植其发展。最近美国费城与纽约市都相继开放赌场了。其原因何在呢？其原因就在于它能够激发老年人的生活情趣与精神动力，焕发老年人的满足心理、再创造欲望与动力。激发人们进行经济活动与竞争的心理与欲望。

目前北京市的房地产发展不能仅仅从房地产本身去理解了，它已经变成民众的理财产品了，基于中国人置地买房的传统投资心理，房地产就像黄金、像股票与基金一样了，成为了全国各地来北京投资的聚焦点，也将是北京市经济发展的快速增长点，不要一下子控制死了。死了后对于北京市、对于社会与国家并没有太大的好处。相反，保持目前的价位不再上涨，也不再下滑，并且稳定后1-2年后稍微上涨会更有利于北京市经济的健康发展，有利于我国经济的平稳发展。

建议：

北京市的房地产市场应该放开高端、控制中段、补助低端、分类管理。应该防止过度控制房价，加速北京市经济过快减速以至于出现衰退现象。

1、北京市政府委托相关部门成立专门研究小组，对于目前国内外的房地产形势、挑战与策略进行专门研究；

2、研究发达国家与地区的居民住房建设与管理的相关经验与教训，调查发达国家与地区的居民住房标准与实际水平、调查北京市居民住房改善需要，制定北京市未来5-10年居民住房面积、配套设施与生活环境标准；

3、结合前述研究与调查结果，针对北京市房地产市场需求与发展态势，设计与制定分类开发、分类管理、分类限价与分类消费引导的战略规划与管理举措；

4、根据房地产的管理战略，进行房地产市场的分类管理与协调的实施行动。把北京市的房地产市场分成基本保障住房、福利性住房、改善性住房、投资性住房与高消费住房等不同市场消费水平，制定不同的管理与调控政策。对于在北京市居住5年以上的居民，根据其享受国家与单位福利分房的政策、标准与个人需求进行购房补贴；对于外地投资与高消费性的住房需求（例如别墅），放开市场不限价，完全按照市场规律运行；

5、根据实施行动进行综合协调与和谐管理。政府按照投资性住房与高消费住房的市场价格水平进行递增型的收税，把征收的房地产税用于填补政府给保障性与福利性住房的补贴空缺。这样既可以保持北京市房地产高端市场的继续发展又可以促进保障性与政策性房地产事业的持续发展；

6、加强北京市房地产管理人才的引进与培养。北京市要注意在引进国际房地产人才的同时加快培养自己的房地产专业与管理人才，从人才方面绝对保证北京市住房管理体系的安全性。

二 提案的影响与效果

1、办理部门与意见

北京市政府对此提案进行了办理，认为此提案具有极高的参考价值。同时，此件提案办理方式被市政协列为报送市领导参阅，按照领导批示和市政协关于提案办理的工作要求，北京市政府根据本提案内容和性质，报请吉林、陈刚同志进行了阅示。

2、委员意见

委员意见：同意提交市政府领导进行批示。

三 相关评价

此项提案针对北京市房地产市场现状和存在问题进行了深入的剖析，为房地产市场的健康有序发展进行了深入探讨，同时提出对房地产市场实行分类管理，进一步促进保障性住房建设的建议。该提案得到北京市政协、北京市政府的高度重视，为北京市房地产市场管理提供了重要的参考。

提案9

关于在中关村国家自主创新示范区，建立知识产权专属法庭的提案（政协北京市第十二届委员会第一次会议提案 第0089号）(2013年)

一 提案内容

问题及分析：

中关村内高新技术企业和专利权人对知识产权司法保护的意识日趋强烈，知识产权案件呈爆炸式增长趋势。海淀区作为中关村国家自主创新示范区的核心区，知识产权案件的法律保障力度不强，主要表现在以下两方面：

一是知识产权案件管辖范围较窄。目前海淀区人民法院受理的知识产权案件局限于著作权侵权、非专利技术侵权、不正当竞争和商业秘密侵权等。2011年，北京市第一中级人民法院受理一审知识产权纠纷案845件，其中大部分案件都与中关村企业利益有关。现在大量知识产权纠纷案件集中在北京市第一中级人民法院知识产权审判庭进行一审审理，审判周期过长，涉案单位耗损大量宝贵时间和人力、物力，不利于高新技术的及时应用和革新。

二是受理案件的标的额过低。最高人民法院下发了《关于同意指定北京市海淀区人民法院开展试点审理专利纠纷案件的批复》后，海淀区人民法院的管辖范围增加了辖区内诉讼标的额在500万元以下，以及诉讼标的额在500万元以上1000万元以下且当事人住所地均在北京市高级人民法院辖区的第一审实用新型专利和外观设计专利纠纷案件（不含发明专利纠纷案件）。但是，中关村国家自主创新示范区拥有数量众多的国家重点实验室、国家工程研究中心、国家工程技术研究中心，国家级企业技术中心，涌现出一大批具有自主知识产权、辐射全国的重大科技创新成果。这些成果具有巨大的价值，一旦发生纠纷进入诉讼，涉案标的额就会很高，而海淀法院的受案标的范围远不能涉足中关村国家自主创新示范区内高新技术企业和科研机构对知识产权法律保护的需求。

建议：

建议在中关村国家自主创新示范区内建立专门针对知识产权的审判机构并赋予集中管辖权——北京市海淀区人民法院知识产权专属法庭。可借鉴日本、韩国、台湾地区建立知识产权法院或国内浦东、西安、武汉建立知识产权法庭的做法，其案件管辖范围、受理案件的类型和标的额都应与现有的涉及知识产权类的审判庭有明显区别。建议规定涉案一方当事人为在中关村注册的企业即可由其管辖，案件类型仅涉及专利纠纷的案件，受理案件的标的额提高到北京市第一中级人民法院受理一审知识产权案件标的额的标准，甚至不设上限。

二 提案的影响与效果

1、办理部门与意见

北京市高级人民法院对该提案进行了办理，办理部门对该提案给予高度评价，认为提案中反映的问题，是当前经济社会快速发展导致司法需求增长与司法供给之间矛盾的反映，这也是这些年来大力倡导建立多元化纠纷解决机制的原因所在。办理部门也表示该提案对以后法院部门的机构设置和案件管辖的优化调整提供了一定的参考。

2、委员意见

委员意见：满意。

三 相关评价

此项提案聚焦知识产权问题，针对北京市中关村国家自主创新示范区涉及知识产权案件数量较多这一问题，提出设立独立机构的建议。该提案对增强政府部门对知识产权问题的重视和优化调整政府部门职能更加适应广大人民需要起到了一定的作用。

★ 提案10

关于多层次、多类型建设北京市老年公寓的提案（政协北京市第十二届委员会第二次会议提案 第0277号）（2014年）

一 提案内容

问题及分析：

为推进养老服务社会化产业化，我国出台了一系列重要政策和举措，如鼓励居家养老和社区养老，明确养老机构建设供地方式和指标，鼓励社会资本参与养老机构建设等等，具有十分重要的意义。但要满足养老服务社会化与产业化日益增长的新需求，有关部门还应超前谋划，出台和完善相关政策和规划，加快老年公寓建设的步伐。

推行老年公寓养老，是发达国家和地区养老服务社会化与产业化的发展趋势。美国在65岁以上老年人口达到8%时，就对《住宅法》进行了修改，开始建设老年人住宅；当65岁以上老年人口达到13%时，又制定了《集合住宅服务法》。日本经过30多年的探索实践，也最终将老年人护理制度由机构护理转向住宅护理，向老年人及其家庭提供无障碍、具有看护性质的养老住宅，尤其注重将养老住宅与其他租售性质的住宅设计在一起，突出自住和自理。国内天津、上海、成都、长沙等地，也都相继出现了不同模式的养老住宅和养老社区。天津出台的养老住宅长期规划，计划到2020年建成12个高端养老社区，总面积约1200万平方米，每个社区足以为10万余名老人提供集体入住的条件；社区的建设和运作，则完全交给市场化机构。

随着经济社会发展和人均可支配收入提高，北京市近年来也自发出现了一些养老住宅，并且入住率都比较高，如"北京太阳城"、"东方太阳城"等，说明养老住宅的社会需求比较旺盛。但由于现有养老住宅数量少、档次高，只有少数经济实力较强的老年人能够购买或者租住得起，绝大多数普通中低收入老人及其家庭还难以实现老年公寓养老的愿望。推行老年公寓养老还面临着三个方面的困难：

一是缺乏相应的政策支持，老年公寓总量小、价格高。老年公寓建设其实是带有一定公益性质的事业，需要政府政策支持。但是目前，老年公寓只能按照商品房模式进行开发，政府的政策支持力度不够，因而购买、租住和服务价格都居高不下，如东方太阳城毛坯房每平米卖到18000至22000元，中低收入老年群体很难买得起、住得起。另一方面，由于总量非常有限，老年群体购买、租赁或者置换养老住宅的来源和渠道都明显不足。

二是缺乏建设规划和标准，老年公寓品种少、服务设施不配套。受制于城市发展、土地价格等多种因素，目前的老年公寓建设没有科学规划和布局，选址太随意，基本上是开发商能在哪儿拿到地就建在哪儿。导致现有老年公寓大多建在远郊区县，交通不便，不能满足老年人的生活需求。另一方面，由于缺乏建设标准，现有老年公寓品种太少，难以满足不同层次的消费需求，并且多数缺乏配套服务设施，给老年人生活及养老带来不便。

三是鼓励社会资本进入老年公寓建设的措施不够明确。老年公寓建设与服务，不同于一般的房地产开发，而是一个完整的产业链，涵盖物质保障、照料保障、医护保障等许多方面。由于开发成本较高，运营周期较长，政府在资金、土地、税负、社区建设等方面的政策支持还不够明确，许多老年公寓项目还处于亏损或者微利状态，导致社会资本不敢轻易涉足，至今尚未形成一个比较成熟、可持续发展且能复制推广的商业模式。

四是只重视养老小区的建设忽视小区中老年公寓楼与层的建设，忽视中国居家养老的房间设计创新。据有关调查表明，在老人养老居所选择中，绝大多数老人愿意选择与年轻人居住，与家人同住，他们更需要的不是物质关怀，而是精神与心理关怀。因此，目前我国96%的老人是居住在普通小区中生活。但是目前单元房的设计，不太利于小区养老与居家养老的改革。

建议：

1、多层次、多类型与多形式创新老年公寓的设计。通过城市建设规划、土地出让用途管理等，引导社会资本集中开发整体性的老年公寓社区；鼓励在新社区建设中适当配置一定比例的老年公寓楼层或者楼房；在老社区中适当改造一定比例的老年公寓楼层或者楼房；在未来商品房、公租房与保障房的设计中，能够集祖孙三代同住一层楼或者上下楼层打通的大家庭新住房结构。

2、尽快出台和完善老年公寓建设和购买政策。政府应从德政和民生工程角度出发，面向中低收入老年人群及其家庭，出台类似于"两限房"、"廉租房"性质的养老住宅优惠政策。既要考虑通过一定的政策支持，鼓励开发商建设适度集中的商业性质的老年公寓小区，以满足不同层次的市场需求；也应考虑在新建或改建小区中，合理配建一定比例的公租性老年公寓，产权归政府所有，实行流动性申请租用。以满足一部分老年人在居民社区居家养老的需求。还应逐步建立合理的贷款和融资渠道，简化贷款手续，建立相应的社会保障体系。此外，还可探索多样化的购房和租房方式，在房屋置换、以租代售、出售居住权等方面出台相应政策和规定。

3、制定和完善老年公寓建设规划与标准。规划和建设要充分考虑老年人购物、交通、医疗和社交的便利性。同时，应考虑不同层次的消费需求，尽快制定北京市老年公寓建筑设计地方标准和相关配套设施建设标准，建立关于服务和价格的指导性标准，鼓励构建居家护理、日常服务、社区医疗等服务体系，逐步规范养老服务产业化市场。

4、引导和规范社会资本进入老年公寓建设领域。在老年公寓开发过程中，应考虑老年公寓的公益性，对土地出让金及各种税费等给予一定程度的优惠或减免，同时增加融资渠道支持老年公寓的开发和运营。还应制定严格有效的进出机制和监管体系，选择和确定一批优秀企业作为试点进入老年公寓建设领域，通过示范效应，增强企业投资老年公寓开发的信心。对于违规企业，则应建立退出和问责机制。

5、所有老年公寓建成后，面向社会公开招标招聘服务机构与人员进行市场化管理。对于中低收入者与困难群体，实行政府补贴制度。

二 提案的影响与效果

1、办理部门与意见

北京市民政局对该提案进行了办理，办理部门采用了该提案的意见建议，转化为部门的规划和政策。办理部门表示针对提案中提出的目前我市养老服务设施缺乏规划和建设标准的问题，市规划委会同相关部门正在开展养老设施规划建设相关标准的研究工作；并将继续加大住房保障工作力度，扩大保障覆盖范围，针对老年人群体的住房需求，借鉴国内外的管理经验，计划逐步出台相关政策，加强后期运营管理，切实提高日常管理水平，打造多样化的宜居社区。

2、委员意见

委员意见：满意

三 相关评价

此项提案针对北京市居民养老问题，为养老服务产业化发展提供了参考的途径，并且为老年人解决养老住房问题提供了解决之道。

提案 11

关于北京市科学设计积分落户政策建立优化人口结构调控战略的提案（政协北京市第十二届委员会第三次会议提案 第0982号）（2015年）

一 提案内容

问题及分析：

2014年北京市在落实习近平总书记关于首都"四个中心"规则建设过程中对于人口规模控制取得了明显的成效。一年中只增加常住人口36.8万，不及总量2151.6万人的2%，增加速度创4年来的新低。

但是我们应该注意首都的发展、尤其是科技创新中心的建立必须依靠人才、尤其是创新性人才。我们不要认为人口增加越少越好，甚至认为保持人口零增长最好。我们要把北京建成国际一流和谐宜居之都，还任重道远，需要各个方面的优秀人才，每年还是应该根据北京市的发展适度增加一定比例的人口，以保持北京市人口整体的良性更新与内部结构的优化。

建议：

为了更好与更快地把北京市建设成为国际一流与和谐宜居之都，北京市的人口控制战略不在于控制逐渐地减少增长而在于保持良性调整与优化结构，因此其战略定位是：适度增加、调整结构与优化比例。这一战略目标的实现在于科学设计积分落户评价指标与临时居住证的发放。因此具体建议如下：

1、积分落户制度与居住证发放制度的标准要求一体化设计，人才落户与居住证发放严格按照评分结果进行排序；

2、积分落户评价指标与居住证发放标准设计，主要目的要有利于北京市人口规模增长严格控制、结构比例快速优化与整体更新适度有序的战略目标；

3、主要评分指标包括：落户或者居住证领取人才对于北京市社会经济发展的战略性；紧缺性；对于北京市人口整体更新优化的贡献性；对于社会经济价值创造的贡献性与稀缺性；对于北京市人口合理分布与结构调整的贡献性。

4、评价基础数据来源包括：年龄、职业、专业、业绩、地域、国籍、潜力指数、负担指数、价值指数等。

二 提案的影响与效果

1、办理部门与意见

领导参考（市政府）

没有办理报告

2、委员意见

委员意见：同意提交市领导参考

三 相关评价

该提案提交给市领导参考，已经于2016年正式转化为市委市政府的政策进行实施，受到广大市民的欢迎。

★ 提案12

关于优化结构分布、建立科学调控首都人口规模与缓解交通相关战略的提案（政协北京市第十二届委员会第四次会议提案 第0148号）（2016年）

一 提案内容

问题及分析：

1.首都人口总量增长过快

新中国成立60多年来，尤其是改革开放之后，随着经济社会的发展以及城镇化进程不断加快，北京城市人口呈现高速增长的趋势。全市常住人口从1949年的420.1万人，增长到2014年的2151.6万人。其中2000年至2010年10年间年均增长约60万，而2009年至2014年5年间年均增长达到了近80万，年均增长率为4.16%。如继续按此速度增长，到2020年北京市常住人口将达到2631.6万人，比《京津冀协同发展规划纲要》中设定的2020年将常住人口控制在2300万以内的中期目标高出330多万人。

2.每年新增人口主导人口总量增长

2000年至2014年,北京新增常住人口787.6万人,其中71.32%(561.7万人)来自外省市。截至2014年,2151.6万人中外省市来京人员为1333.4万人,占常住人口总数的38%。

3.各区(县)之间人口分布极不平衡。

北京市的人口总量在快速增长的同时,各区(县)间的人口分布也极其不平衡,中心城区集政治、经济、文化等功能于一体,以及其优质公共服务资源等众多优势,强烈地吸引着各地人口和企业的聚集。2012年,东城、西城区常住人口密度约2.4万人/平方公里,为全市平均人口密度(0.13万/平方公里)的近20倍。

4.城乡之间人口分布不平衡。

2013年北京市城镇的常住人口为1825.1万人,占常住总人口(2114.8万人)的86.3%,乡村人口仅占13.7%。2014年的情况也类似。

5、2014—2015年北京市在落实习近平总书记首都"四个中心"设计规划过程中对于人口规模控制取得了明显的成效。2014年一年中只增加常住人口36.8万,不及总量2151.6万人的2%,增加速度创4年来的新低。2015年人口继续得到有效控制,总量在2177万左右。但是我们应该注意首都的发展、尤其是科技创新中心的建立必须依靠人才、尤其是创新性人才。创新人才仍然存在不足;北京市中央直属单位比较多,驻军部队不少,相当一部分科技人员、高级干部与驻军人员还存在家属与配偶调入的问题。

建议:

为了缓解交通拥堵、更好与更快地把北京市建设成为国际一流与和谐适居之都,北京市的人口控制战略不是仅仅限于总体控制增长,而在于保持内增长与外增长的良性循环和整体结构调整与分布的优化,因此其战略定位是:外控制内增长、优化布局与调整比例,五环内外各自循环发展。上述战略目标的实现在于科学设计积分落户迁入评价指标与人口调控政策的设计。具体建议如下:

1、外控制内增长,未来5年把外地人口增长数量控制在10万以内。近30年以来北京市人口增长速度大大超过了城市建设的速度,年均增长率为

4%，近5年每年净增70万人。其中大约70%是来自外省市的人口。因此，如果想在2020年把首都人口规模控制在2300万人以内，应该严格控制新增人口中外省市人口比例。考虑到2016年"全面二孩"放开后，未来5年预计户籍人口每年平均增加5.8万人，常住人口每年平均增加11.6万人，死亡每年大约9万人，加上需要解决两地分居多年与高层次人才家属调入等因素，因此内增长每年大约11万-13万人，这是无法控制也不能控制的。因此，外增长的规模应该控制在10万人以内。

2、调整产业人口比例与分布，五环内外各自循环发展。

从环路上看，2014年人口抽样调查结果显示，三环至六环间，聚集了1228.4万人的常住人口，占全市的57.1%；五环以外1098万人，占全市的51.1%；每天大约有30%的人在五环内外进行工作学习地与生活地之间的板块交通移动。

从从业人员上看，一方面，全市第二产业和第三产业法人单位共有从业人员占60%左右。在法人单位从业人员中，位居前5位的是，批发和零售业占13.3%；制造业占12.5%；租赁和商务服务业12.8%；信息传输、软件和信息技术服务业占8.4%；科学研究和技术服务业占8.6%。

另一方面，第二、三产业法人单位的从业人员主要集中在城市功能拓展区和城市发展新区，占76%；首都功能核心区占18%；生态涵养发展区占6.0%。因此，建议大力推行网上购买商品，把大型商场与批发业务、制造业等劳动密集型企业迁移在五环外，大大压缩批发和零售行业、制造等行业的从业人员，把比例从26%下调到10%左右。同时把科技、创新、科研与服务人员比例从目前的17%提升到35%。并且，鼓励在五环外建立工作商务、居住生活、上学、购物、看病一体化封闭区域建设，形成五环内外人口分别移动的内循环圈，减少五环内外的工作、上学与生活大板块穿越交叉循环移动所产生的交通拥堵现象。

3、科学设计积分落户与迁入指标，引导与促进人口分布与比例结构快速优化。

进行人才落户、家属配偶迁入与居住证发放的一体化评分制度设计，落户、迁入与居住证发放严格按照评分结果进行先后排序。积分落户与迁入评价指标与居住证发放标准的设计，要有利于北京市人口规模增长严格控制、不同人才结构比例的快速优化与整体适度有序更新的战略目标。

主要评分指标包括：评价基础数据来源包括：年龄、职业、专业、业绩、地域、国籍、潜力指数、负担指数、价值指数等。评分指标的加权大小主要考虑：落户、迁入或者居住证领取人口或者人才对于北京市社会经济发展的战略性、紧缺性；对于北京市人口整体更新优化的贡献性；对于北京市社会经济价值创造的贡献性、稀缺性与必要性；对于北京市五环内外人口合理分布与结构调整的贡献性。

二 提案的影响与效果

1、办理部门与意见

北京市发改委对该提案进行了办理，办理部门对该提案给予充分的肯定和感谢，提案中收集整理了大量数据、深入分析了当前北京市人口结构分布存在的问题，并提出外控制内增长、优化布局与调整比例，五环内外各自循环发展的建议，对进一步推动北京人口调控以及治理交通拥堵具有重要的参考意义。

2、委员意见

委员意见：满意。

三 相关评价

此项提案针对科学有效地控制首都人口规模问题，提出科学调控人口规模，科学设计积分落户和迁入指标，为首都建设提供了重要参考。该提案受到媒体的广泛关注，新华网、新浪网、中新网、新民网、中国青年网等媒体对该提案进行了报道。

★ 提案 13

关于"全面二孩"政策后建立和谐宜居新北京的提案（政协北京市第十二届委员会第四次会议提案 第0588号）（2016年）

一 提案内容

问题及分析：

2015年12月30日下午我们政协委员听取了相关部门负责人报告的"北京市卫生计生工作情况通报"会，了解到2014年北京市户籍居民平均期望寿命已经达到81.81岁，其中女性为83.96岁，男性为79.73岁，居于大陆前列。随着北京市雾霾的治理改善、卫生条件与生活质量的进一步提升，北京人的人均寿命有望进一步提高，真正实现宜居"高寿"北京的目标。但是随着"高寿"北京的出现，北京社会的发展并非和谐。老人越来越多，小孩越来越少，社会负担越来越重。因此，为了应对中国社会的老龄化，党中央及时决策"全面二孩"政策。应该说"全面二孩"政策颁布后，北京人民欢欣鼓舞。有人愿意要第二个孩子，有的仍然在犹豫不决，尤其对那些赶上生育末班车的高龄妇女来说，更是担心自己生不出更优秀的小孩。北京的人口发展趋势仍然处于不和谐之中，如何在首都人口规模严控与"全面二孩"政策的双重叠加效应下建立一个"和谐宜居"的新北京，是目前值得我们政府深入思考的问题。

建议：

（一）对策分析

北京市目前人口发展中不和谐因素主要表现为三个方面：人口的老龄化加剧与少子化与无子化家庭的增加；户籍人口中新生儿中男性高于女性的问题仍然突出；独生子女家庭因为想生男孩而生了女孩产生不愉快进而产生矛盾、甚至闹离婚的比例日益增多。化解上述三种矛盾的关键在于解决"全面二孩"后的北京市户籍人口出生中的性别平衡问题。如果无法解决"全面二孩"政策后的性别平衡问题与优生优育的问题，家庭矛盾会继续增加、丢弃女婴与残疾儿童、不良儿童现象会继续增加；相反如果能够解决"全面二孩"后的性别平衡问题与优生优育问题。和谐美满家庭将大幅度增加，人民幸福指数日益提升，愿意要"二孩"家庭将大幅度提升，新生儿将进一步增加，北京的老年人与年轻人以及新生儿中的性别比例将进一步得到平衡。所谓"一儿一女"真幸福，"儿女双全"的美满感带来了家庭的真幸福感，家庭的和谐幸福构成了北京社会的和谐幸福。这样，我们就完全有把握能够在严控 2020 年北京市人口不超过 2300 万的前提下实现北京市人口年龄结构与性别结构的内部优化、美化与幸福化，在北京的老百姓心目中乃至全国人民心目中建立起一个"和谐宜居"的新北京。

（二）相关建议

1、全面调查登记北京市户籍人口中每个家庭成员、尤其是小孩的性别情况，掌握整个北京市人口真实情况；

2、卫计委对于北京市申请获得试管婴儿技术资质的各三甲医院或者妇产医院，进行优生优育技术与性别平衡技术资质认证；

3、对于有意愿生二孩的家庭，卫计委应该给予试管婴儿技术特别准生证。申请家庭前一个是男孩的，可以向医院申请获得女孩的试管婴儿技术支持，前一个是女孩的，可以向医院申请获得男孩的试管婴儿技术支持；

4、所有生二孩的，无论自身生产或者申请医院技术支持，均有相关政策优惠与补助；

5、如果必要，以上建议内容可以通过北京市人大进行立法。

如果能够运用试管婴儿高科技解决北京市"全面二孩"后的诸多矛盾问题，北京市的人口将会在总量有效控制情况下，质量得到快速提升，年龄结构与性别结构得到进一步优化。因此北京市就有望成为真正的世界一流与和谐宜居的新北京。

二 提案的影响与效果

1、办理部门与意见

没有办理报告

2、委员意见

委员意见：保留进一步提案的期望

三 相关评价

办理部门认为该提案是属于性别歧视，所以没有给予立案，其实完全不属于性别歧视。因为政府已经放开二胎政策，允许每对夫妻自愿生育两个孩子，因此，采取医疗技术帮助有意愿生育一男一女的夫妻实现其儿女双全的梦想，利国利民。一是能够保持整个国家人口男女平衡，二是满足百姓家庭儿女俱全的愿望，三是发挥了政府计划生育的相关职能与作用。

提案 14

关于优化北京市人口性别结构与提升人口素质相关的提案（政协北京市第十二届委员会第五次会议提案 第 0693 号）（2017 年）

一 提案内容

问题：

党中央及时决策"全面二孩"政策。应该说"全面二孩"政策颁布后，全国人民普遍欢欣鼓舞。有人愿意要第二个孩子，有的仍然在犹豫不决，有调查发现有意愿要二孩的人不足50%。北京市的人口发展趋势仍然处于性别结构与老少结构的不和谐之中。年轻人压力大，孩子很难在最优状态下怀上，保证不了优化素质。由于人才来自人力资源，人力资源来自于人员资源，人员资源来自人口资源。人口素质的水平在很大程度上决定了最后的人才素质水平。因此，如何在"全面二孩"政策的效应下优化中国人的性别结构与提升人口素质，从根子上夯实人才强国建设的基础，是目前值得我们党和政府领导人深入思考的问题。

分析：

目前影响北京市人口发展不和谐与素质因素主要表现为五个方面：

1. 随着人均寿命的提高，2014年北京市户籍居民平均期望寿命已经达到81.81岁，其中女性为83.96岁，男性为79.73岁，居于大陆前列。人口的老龄化加剧了少子化与无子化家庭的增加。导致老人越来越多，孩子越来越少，老少不平衡；

2. 小孩中男性越来越多，女性越来越少，性别不平衡，有些地方甚至严重失衡；

3. 由于第一次放开生二胎，许多36-43岁的大龄妇女赶上生育机会的末班车，想生二孩但是又怕生二孩。担心自己年纪大，生理机制老化，生出的小孩不够健康与优秀了，想要一个更优秀的老二，但是没有把握，心里纠结；有些年轻人，工作压力大，生育欲望低，担心自己生出的小孩不够优秀不想要。

4. 由于二孩放开，大家都想两个小孩中一男一女，儿女双全。但是自己自然生又怕无法实现，因此，对于生二孩的问题犹豫不决。还有些家庭前一个是男想要个女孩却生了第2个男孩担心负担重，有的家庭前一个是女孩想生男孩却又生了个女孩产生不愉快、闹矛盾。

5. 中国民间素有生男孩传宗接代的思想，许多人不惜重金远渡他国与香港生男孩；有些地方（广东汕头等）与家庭不生男孩誓不罢休，导致农村与非公职人员家庭连续生上六七个小孩，直到生出男孩，导致人口超生失控。独生子女时期家庭因为想生男孩而生了女孩后产生了不愉快进而产生家庭矛盾、甚至闹离婚的比例不少。

化解上述三个矛盾的关键在于通过试管婴儿技术有效解决"全面二孩"后的常住人口出生中的性别平衡问题与优生优育问题。因为目前的试管婴儿技术完全可以帮助家庭实现一男一女的美好愿望，可以通过人工技术与优生优育技术保障第二个孩子全面集成父母双方的优秀基因与素质，让孩子实现青出于蓝而胜于蓝的高素质理想目标。经过查阅相关法律文件，本提案没有与法律冲突的内容。因为这里的所谓的试管婴儿技术是针对未成人型的精子与卵子进行素质鉴别与合成的技术。

建议：

1. 全面调查登记北京市各地户籍人口中每个家庭成员、尤其是小孩的性别情况，掌握整个北京市人口真实情况；

2. 北京市相关管理部门对于各地申请获得试管婴儿技术资质的各三甲医院或者妇产医院，进行优生优育技术与性别平衡技术资质认证。

3.对于有意愿生二孩的家庭，各地卫计委应该给予性别平衡与优生优育的试管婴儿技术特别准生证。前一个是有问题或者残疾孩子的家庭，卫计委可以批准向医院申请优生优育的试管婴儿技术支持与相关的医学指导服务；前一个是男孩的家庭，卫计委可以批准向医院申请获得女孩的技术支持；前一个是女孩的家庭，卫计委可以批准向医院申请获得男孩的技术支持。如果非上述情况的家庭，卫计委将不允许批准该家庭获得医疗机构的相关试管婴儿与优生优育技术的支持。

如果必要，以上建议内容可以通过市人大进行立法。

二 提案的影响与效果

1、办理部门与意见

没有办理报告

2、委员意见

委员意见：保留进一步提案的期望

三 相关评价

属于前一提案的继续提案。办理部门认为该提案是属于性别歧视，所以没有给予立案，其实完全不属于性别歧视。因为政府已经放开二胎政策，允许每对夫妻自愿生育两个孩子，因此，采取医疗技术帮助有意愿生育一男一女的夫妻实现其儿女双全的梦想，利国利民。一是能够保持整个国家人口男女平衡，二是满足百姓家庭儿女俱全的愿望，三是发挥了政府计划生育的相关职能与作用。

第二章

结合专业　促进改革

　　从我2000年申请招收行政管理博士生开始，到2017年，我已从事行政管理方面的研究与教学18年。政管理涵盖经济建设、文化教育、市政建设、社会秩序、公共卫生、环境保护等多个方面，是运用国家权力对社会事务的一种管理活动，是社会系统的一个重要分支。结合行政管理学的理论知识，为经济、行政、服务等方面改革提出意见建议，能更好地推进国家体制机制改革。本章内容涵盖关于经济危机下控制行政成本、简化行政手段、提升政府服务效率与形象、开展满意度第三方调查、建立无缝隙责任追究机制、改进委员提案办理机制等多项提案。各项提案均得到北京市政府相关部门的高度重视和充分认可，为政府部门的行政管理工作提供了专业化、科学化的具体、可操作性强的指导建议，为政府的智能、体制机制建设和发展具有深远影响。本章共计9件提案，每件提案包含提案内容、提案的影响与效果和相关评价三部分。

提案 1

关于国际金融危机下控制行政成本的提案（政协北京市第十一届委员会第二次会议提案 第 0230 号）（2009 年）

一 提案内容

问题分析：

从改革开放的 1978 年到 2003 年，我国行政管理费用增长 87 倍，而且近年还在以 23% 的速度增长。我国的行政成本高出世界平均水平的 25%。目前我国约有 350 万辆公车，包括司勤人员在内年耗用人民币 3000 亿元，相当于全国每年义务教育的总经费。北京市情况也不例外。主要原因在于职务消费不断增加行政成本，决策失误不断增加行政成本，行政效率低下不断增加行政成本，腐败行为导致增加行政成本。

建议：

1. 科学界定政府职能，明确政府行政支出的界限；
2. 完善决策机制，实行经济责任追查与有限承担制度，防止随意决策；
3. 强化预算约束，规范财政支出，提高财政资源使用效率；
4. 实行政务公开，约束职务消费，建立职务消费监督机制；
5. 进行干部教育、榜样学习与纪律约束，增强节约行政成本的自觉性；
6. 实行定岗定编定员，控制行政编制。

二 提案的影响与效果

1、办理部门与意见

北京市财政局、监察局、编办对该提案进行了办理，办理部门对该提案高度重视，认为该提案和建议非常及时、非常重要。北京市监察局表示该提案对于进一步完善新形势下的干部职务消费制度，加强公务人员职务消费监督，特别是对世界金融危机冲击下，如何最大限度地避免和减少不必要职务消费，预防腐败现象的产生，切实保障人民群众的切身利益有着重要的指导意义。并将以该提案建议为契机，进一步改进工作作风，加大职务消费公开力度，强化公务人员的自律意识，加强职务消费监督检查，努力降低行政成本，提高工作效率，遏制职务消费领域不正之风和腐败现象的发生，积极实现好、维护好、发展好最广大人民群众的根本利益，把保障人民群众知情权、参与权、监督权落到实处。北京市编办表示该提案建议对我市机构编制工作具有重要的推动作用，为市、区县政府机构改革、巩固改革成果、进一步转变政府职能、加强和完善机构编制管理工作具有一定意义。

2、委员意见

满意。希望加强制度建设与进一步落实。

三 相关评价

此项提案萧委员利用专业特长为政府部门建言献策，得到办理部门的高度评价和肯定，为政府部门开展工作提供了方向，具有较强的指导意义。

提案2

关于税务局简化行政手续的相关提案（政协北京市第十一届委员会第三次会议提案 第0928号）（2010年）

一 提案内容

问题及分析：

作为纳税人，企业有义务也有责任接受主管税务部门的监管，配合税务部门的相关监管工作，但是希望税务部门能够简化相关的手续，充分利用网络平台及电信系统完成监管、服务及宣传等工作，同时简化相关的行政手续。

目前北京市规定，使用国标税控机的纳税人每月要定期在国标税控器上进行报数操作（将税控机上的数据写到IC卡上），然后再携带IC卡及相关资料（所带资料按各自所在区县的主管税务机关要求准备）到主管地税所进行授权操作。在主管税务所授权后再用IC卡对企业的税控机进行授权。以上程序无论企业是否进行开发票业务都要例行。

纳税人由于繁杂及不必要的行政手续往返税务与企业会形成多方面的资源浪费。这种资源浪费涉及企业、社会、环境等多个方面。

1、增加企业的运营开支（交通成本、人力成本等）。

2、浪费时间，降低工作效率。

3、增加城市交通压力。（驱车打车前往税务部门）

4、增加污染排放，污染环境。（驱车打车前往税务部门）

5、占用公共资源。（乘公共交通前往税务部门）

6、增加税务工作人员的工作量。降低工作效率。

7、传染疫情高发期时会造成不必要的人员聚集，加大疫情传染的机率。

希望IC卡的授权工作进行简化处理，具体建议如下：

建议：

1、延长IC卡的授权期限，由1个月延长至三个月或半年。

2、对于不经常开具发票的企业可以实行开发票时授权，不开发票期间可以不授权。

3、由管理转向服务，从根本上解决反复折返的不必要麻烦。可以利用互联网络建立一个安全有效的网络平台，使纳税人足不出户就可以通过网络平台完成报数、授权等工作。此外另一方面也可以将纳税申报系统和报数授权系统整合利用，将报数授权数据和纳税申报、缴税等相关数据进行比对，从而对纳税人的缴税进行监督及指导，有效避免漏税、延迟纳税及逃税！

二 提案的影响与效果

1、办理部门与意见

北京市地税局对该提案进行了办理，办理部门对该提案给予充分肯定，提案中的情况确实在实际工作中有所体现，为纳税人和基层税务人员带来了一定的麻烦。办理部门分别对提案中的有关授权期问题、不经常开具发票纳税人的报数问题、网上报数授权和系统的整合利用问题进行了详细答复，并对该提案的提出表示感谢，将继续认真做好税收征管工作、细化纳税服务事项，为首都经济发展做出应有贡献。

2、委员意见

比较满意。

三 相关评价

此项提案针对现有税务工作存在问题进行了建言献策，具有一定的针对性。该提案一方面将纳税人在实际缴纳税款时存在的问题详细地反映给了地税部门，另一方面也为税务部门进一步做好税收工作提供了一定的建议。

★ 提案 3
关于重视发挥服务电话作用提升政府服务效率与形象的提案
（政协北京市第十一届委员会第五次会议提案 第 0735 号）（2012 年）

一 提案内容

问题及分析：

电话是信息沟通的重要工具，通过电话进行沟通，不但快捷简便而且成本低廉，既节省时间和金钱又减少无谓的往返，缓解交通压力，减少相关部门的接待量。我国政府部门一直在致力于建设透明、高效的服务型政府，不少政府部门在其网站上公示了办公电话，极大方便了企业和百姓，提高了工作效率，但仍有部分电话没有理想地发挥应有的沟通作用，突出表现在以下方面：一是缺乏足够的服务电话和服务人员，服务电话长期处于占线状态或无人接听状态。二是服务水平受限于服务人员的职业素质和职业道德。部分工作人员不能正确认识电话服务工作的重要性，对来电号码不熟悉的一律不接，或干脆拔掉电话线，导致服务电话不能充分发挥作用。三是部分语音电话转接不畅。有些部门是通过语音电话服务，转接冗长，有些语音电话没有转接人工的设置，或者转了人工，但经常座席忙，依然无法发挥作用。四是服务人员解决问题能力有限。电话接通了，但受话人不能解决问题，只能告知重新拨打其他电话，这种电话接力可能会持续到能处理问题的人在办公室为止。

建议：

一、加强对于公务人员职业道德教育，提高服务为民的意识和责任心；加强业务知识培训与学习，增强解决问题的技术能力；通过录音设备加强对于服务人员态度与质量的录音考评管理。

二、评估业务量和业务高发的时间段，合理调配工作人员，根据需要适当增加电话受理人员。

三、语音电话缩短转接人工前的环节，增加亲民性。

四、切实推行"首问负责制"，建立责任追究机制。对来电提出的咨询、投诉和业务办理等问题，无论是否属于本部门范围的事情，首先受到询问的人员要负责指引、介绍或答疑，不得以任何借口推诿、拒绝或拖延处理时间；在处理来电的咨询、投诉、业务办理过程中，如发生拒绝、推诿或态度粗暴等现象，一经查实，要对责任部门和责任人进行必要的教育，情节严重的要给予批评和必要的处理。

五、网上公布对外窗口行政办公电话的号码及相关人员姓名，对受话人员实行网上公开评价。

二 提案的影响与效果

1、办理部门与意见

北京市信访办对该提案进行了办理，办理部门表示该提案对于提高政府和公共服务部门热线服务人员整体素质，推动北京市政府公共服务热线的深入发展，进一步提升政府公信力具有重要的借鉴意义。结合提案内容，市信访办表示在下一阶段工作中将在加强服务人员职业道德建设、提高业务能力方面，在科学配置，进一步畅通电话受理渠道方面，在强化责任进一步强化诉求办理力度方面，在广泛宣传进一步树立政府热线电话良好形象方面做好工作。

2、委员意见

基本满意。

三 相关评价

此项提案得到政府部门的高度重视与充分肯定,北京市政府主要领导对该提案进行了批复,市信访办、市非紧急救助服务中心等部门针对提案中涉及的问题迅速开展了调查研究,为提升政府服务效率和树立形象起到了积极作用。

★ 提案 4

关于开展政府服务对象满意度第三方调查的提案(政协北京市第十二届委员会第一次会议提案 第 0636 号)(2013 年)

一 提案内容

问题及分析:

王安顺同志代表北京市政府作的 2013 年《政府工作报告》,对于过去一年的总结精炼、简化、具体,对于未来一年的发展厚重高度扎实。尤其突出了建设人民满意的服务型政府战略。这是前几年的政府工作报告中没有的,应该说是一个亮点。在这一服务型政府建设战略中,提出了一个深入,四个着力的设想,体现了北京市政府的首都意识与民主化政治建设的积极行动。但是如何把这种在全国率先提出的设想落在实处,值得我们政协委员关注。

建议:

一方面,我们多年的研究表明,引导政府从实处履行服务职能行为的指挥棒是人民满意度的评价,衡量服务型政府服务质量的有效指标之一是服务对象满意度评价的结果。另一方面,服务型政府建设的战略设想,在我国已经提出过多年,但是全国不少地方一直是讲得多做得少,推行快见效慢。为了避免在北京市出现这种现象,特别提出以下几点建议:

1、对于各政府职能部门的服务对象进行界定,建立职能部门服务对象信息库;

2、每项职能与行政,应该界定重点满意度调查对象范围,总体数量不少于全体对象的1/3；

3、由第三方对于界定的重点服务对象与其他服务对象对于职能部门的施政与行政效果进行满意度调查。

二 提案的影响与效果

1、办理部门与意见

市纪委监察局对该提案进行了办理，办理部门对该提案高度重视，责成专人负责办理，并结合相关工作进行了认真研究。办理部门表示该提案中的第三方调查在实际工作中已经在部分区县采用，虽然取得了一定的效果，但是在实际工作中还存在部分问题。市纪委监察局将在今后的工作中认真解决完善。

2、委员意见

满意，希望把利益主体纳入到服务对象信息库中，开展税务征管员满意调查。

三 相关评价

该项提案针对北京市的民主评议工作，为政府部门开展工作提供了宝贵的意见建议，具有针对性和专业性。

★ 提案5

关于在服务性政府下建立无缝隙责任追究机制的提案（政协北京市第十二届委员会第二次会议提案 第0276号）（2014年）

一 提案内容

问题及分析：

十八大报告与十八届三中全会报告中指出，要把管理型政府转变为服务型政府。2014年1月16日王安顺市长在《政府工作报告》第二部分2014年主要任务中特别强调指出，要坚持把群众满意作为政府工作的第一标准。北京是中国的首都，有能力有义务为中国的政府改革与转型做出表率。但是目前在社会管理的实践中，责任相互推诿与扯皮现象常有发生。某市民想了解追尾肇事者的车辆所在公司办公室的电话，肇事者说不太清楚公司电话，本人已经回老家与原公司无关了；查114说该公司没有登记无法查询；问保险公司说这是商业秘密无法告诉，问交通管理部门说事故责任划分后的理赔问题不在他们管理范畴了；问工商管理部门，必须到交通管理部门开具证明、确认身份后才能够查询，并且不一定能够保证查到，因为有的公司登记的电话一般是公司开办前的某个人电话。该市民实感无奈，情绪愤怒与绝望至极，破口大骂。类似相互推诿与扯皮的事情时常让市民无奈无助甚至绝望。其原因在于责任边界模糊，相互割裂，存在责任缝隙，以至于相互推诿，群众问题是个球，部门之间相互踢，你踢来啦我踢去，最后百姓骂政府。以上现象表明，我们政府管理的实践中还存在一些与"全心全意为人民服务的根本宗旨"不相符的问题。

建议：

1、市政府相关部门组织调查，深入社区与基层广泛了解目前老百姓普遍感到难办与不好办的问题，通过群众了解政府部门之间与岗位之间相互推诿与扯皮的行为与现象，了解群众的各种抱怨问题；

2、组织相关力量或者招标相关专家对于政府各部门职能与各岗位职责进行梳理与检查。检查与确认所有职能与职责设计是否覆盖了前述第一点调查中所了解到的问题现象与群众的诉求，力求从顶层设计上来解决上述的相关问题与群众困难；

3、建立相关问题部门与岗位涉及不作为的推诿责任追究制，建立部门与岗位之间职能与职责存在交叉相互推诿不作为的责任追究制。在这种追究制中，应该明确要求部门与岗位首先担当的责任行为。坚持不放弃、不推诿原则；坚持首先担当部门与岗位的持续办理制度，直到有着落、有结果；坚持以群众满意为基本标准。

二 提案的影响与效果

1、办理部门与意见

北京市纪委监察局对该提案进行了办理，办理部门对该提案非常重视，在市纪委常委会、监察局长办公会上专题进行了研究，提出了具体办理意见并要求抓紧落实。认为该提案无论是从为民服务，解决群众困难，还是从当前建设服务型政府，提高政府办事效能等方面都具有十分重要的现实意义。办理部门随后开展调研，通过梳理部门权力清单，完善职责边界，把规范和制约权力纳入常态化轨道。同时，结合北京市行政问责办法，拟制定出台相关细则，进一步明确对行政不作为，慢作为以及推诿扯皮等行为的责任追究。

2、委员意见

基本满意。

三 相关评价

该项提案从发生在百姓身边的事情出发，反映了部分政府部门责任相互推诿与扯皮现象，为北京市后来加强服务型政府建设、强化政府职能、建立责任追究制等产生了深远影响。

提案6

关于中关村等北京市高新科技园区建立第三方评价机制的提案
（政协北京市第十二届委员会第二次会议提案 第0279号）（2014年）

一 提案内容

问题及分析：

中关村等北京市科技园区是我市创新创业工作的主体，承担了国家经济转型和产业升级的重要使命，每年国家与北京市政府投入不少，然而至今尚无第三方评价机构对这些科技园区全年的工作与效益进行公正、全面、客观的评价。长期以来，这些科技园区在体制设计上是管理者、评价者、举办者合为一体的，这种体制存在严重的缺陷。这种情况会造成中关村等科技园区创新体系的评估缺位与园区创新能力管理促进机制的丧失，是我国的经济转型和产业升级的"短板"。

目前评价体制存在的问题主要有：

一是评价标准和手段带有严重的行政化倾向。政府集管理、举办和评价于一身，既是"运动员"又是"裁判员"，难以全面真实地反映出北京市科技园区的实际质量状况。

二是缺少园区的其他利益相关者参与评价的机制。目前园区企业、园区职工等部门还未能参与评价体系，缺少这些方面的园区评价本身是不完整的。科学、规范的园区评价制度就必须设置不同利益相关者和社会组织共同参与的机会，形成自评、他评、独立的第三方专业评价相结合的评价模式，才能契合园区制度的需要。

三是目前的评价体系缺乏专业性。当前对园区的评价活动主要是由行政部门抽调的一些行政领导参加，缺少专业评价人员；所提供的材料多专为评估评价准备的，而非园区的常态数据；所采取的形式是参观、考察、看材料、听汇报，而非平等访谈和随机采样；多用综合性、模糊性指标，缺少精细定量分析。

国外充分发挥第三方组织的积极作用，例如英国的第三方组织是一个完全与政府分离的、商业化运作的机构，它为政府与企业之间的沟通搭建一个服务平台，在科技管理、评估等方面发挥了重要作用。第三方评价是园区发展制度的重要构件之一，这种评价能够从制度设计上保证客观、专业、公正。第三方评价结果相对可信，可以成为政府和社会等各方面的选择或抉择参考，也为园区不断改进自己提供了有价值的参照。

建议：

1. 在中关村等北京市科技园区构建科学、规范的园区评价制度体系。其中重要的工作之一就是发挥社会与高校科研机构专业评估的作用，建立并逐渐完善园区的第三方专业评价，让一定量的园区第三方专业评价组织得以建立起来，并让它们在没有政府干预的条件下建立行业自身的规则，在相互竞争中建立自己的信誉，在相互竞争中优胜劣汰。第三方专业评价组织不但可以更好地体现不同利益相关者对园区的利益诉求，而且由于它们不直接受政府的管理，专业性强，可以更好地保证评价的客观性和科学性，对园区的建设起到持续的促进作用。

2. 施行园区管理和评价考核分离。管园区的机构和人员不能参与评价园区，评价园区的机构不能参与办园区或管理园区，办园区的机构和人员又不能参加评价园区和管理园区，政府评价与自我评价不可替代独立的第三方评价。各司其职，应彻底实现管、评、办分离。

3. 充分发挥第三方专业评价组织的功能。把本应该由它们承担的职能从政府的行政职能中剥离出来，将第三方评价结果纳入依法管理的依据或参考；建立或完善第三方专业评价组织的法制建设，使第三方专业评价组织的活动真正做到有法可依和有法必依；政府要给第三方专业评价组织发展让渡空间。政府可以参与对这些组织的评价，不应该对它们的存在和发展任意干预，使第三方专业评价组织在竞争中优胜劣汰，健康有序地发展，改变长期以来"强政府、弱社会"的状态。

二　提案的影响与效果

1、办理部门与意见

中关村管委会对该提案进行了办理，办理部门表示该提案对加强中关村示范区发展评价工作很有启发。并表示将在今后中关村示范区创新发展评价监测工作中着重加强评价的制度性、系统性、全面性和公开性四个方面，密切与第三方专业机构合作，结合新形势、新变化、新要求，不断调整完善现有的中关村指数指标体系、中关村建设全球有影响力科技创新中心评价指标体系，以便更科学、系统、全面地监测、评价、指导示范区的创新发展。

2、委员意见

基本满意。

三　相关评价

此项提案利用专业特长为中关村园区的评价工作提出了专业性的意见建议，对评价体系建设的分析清晰、明确，并提出了详细的制度体系建设的意见，意见具体、可操作性强。

提案 7

关于改进政协委员与人大代表提案办理机制的提案（政协北京市第十二届委员会第二次会议提案 第 0809 号）（2014 年）

一 提案内容

这些年我们的提案质量与办理工作效率不断提升，效果显著。但是我们可以在现有水平上把工作做得更好。

1、每个提案在由职能部门办理的同时也让领导人适当参考，提高提案利用率。

目前我们主要把委员代表的提案分类，或者由相关职能部门办理或者上报领导参考，二者只能选其一。实际上有些提案，很有针对性，很有问题意识、分析深入，凝聚着委员代表的心血。它既是适合职能部门办理也对于领导人决策有参考。所以，建议办理人员应该把每个由职能部门办理的提案进行整理归类，概述并且列出清单报给相关领导决策参考。

2、建立提案档案库，提案办理既横向分块又纵向连线，发挥历史提案作用。

目前我们办理提案，比较注重当年各种提案的横向分类与办理。对于往年提案缺乏纵向的比较与归类。以至于提案重复、前后不一。这样提案水平上不去，还存在不公平现象。例如人口控制规模的提案，前些年提过多次，水平不比上年的差，但是上年提出的就得了优秀提案，而前几年没有声息。

因此，建议建立委员代表提案档案库，办理时应该查询比较，表扬奖励某一提案，应该包括近 5 年或者历史上所有的同类提案者；并且由此进行综述，存档与提交给市委市政府领导参考。

3、提案参政，人员议政，发挥人案双重作用。

办理提案时，建议按照内容分类、问题分类入库，一旦市委市政府或者相关职能部门研究讨论与提案中相关问题与内容的政策与事件时，可以通知或者邀请相关提案者参与，以体现委员代表参政议政的实效性，也更能体现北京市委市政府民主治理与管理城市的先进理念与改革思想。

二 提案的影响与效果

1、办理部门与意见

北京市政协办公厅对该提案进行了办理，办理部门对该提案给予了充分的肯定，提案中的建议与政协工作不谋而合，为进一步做好政协提案办理和利用工作，提案档案库的建设和发挥人案双重作用等方面具有积极作用。

2、委员意见

满意。希望评奖时把本年度提案作为第一获奖者，以往各年提案作为第二、三获奖者，显示政协尊重知识、鼓励创造的精神。

三 相关评价

该提案因为是针对政协本身，属于内部处理内容，所以没有列入。但是该提案所提建议，得到采纳。

提案8

关于北京市率先设立市长施政热点难点问题公民研讨活动日的提案（政协北京市第十二届委员会第四次会议提案 第0150号）（2016年）

一 提案内容

问题及分析：

近平总书记提出，北京定位为"全国政治中心、文化中心、国际交往中心、科技创新中心"。"全国政治中心"应该是"四个中心"建设的首位任务。关于"文化中心"、"国际交往中心"与"科技创新中心"，两年来已经有了不少建议与发展，但是如何建立中央领导人与全国人民满意的"全国政治中心"，目前建议不多，进展有限。

建议：

面对上述问题，建议贯彻加强国家治理体系与治理能力现代化建设的精神,开设北京市政府领导人与市民研讨日,对于北京市政府施政过程中遇到的难点与热点问题,与社会公民、北京市民进行共商共治与共识。为"全国政治中心"的品牌建设做出表率。具体建议如下:

1、对于首都北京长期施政过程中的难点问题进行全面梳理,定期向政协委员、人大代表与全体百姓发布,问计于民。市民可以就如何解决难点问题发给市政府领导信箱;

2、对于首都北京当前或者短期施政过程中的热点问题进行全面梳理,定期向政协委员、人大代表与社会发布,问政于民。相关人员可以就如何解决热点问题发给市政府领导信箱;

3、每月设定3~5个半天的研讨会。副职以上的市政府与市委领导,每人每半年轮流一次与公民进行难点与热点问题研讨,邀请社会公民、社会媒体与社会名流观摩与研讨。每次2~3位的主讲嘉宾要求从发给市政府领导信箱中的相关建议人中优选产生。

二 提案的影响与效果

1、办理部门与意见

领导参考(市政府)。

没有办理报告。

2、委员意见

尽快实施。

三 相关评价

该提案列入市领导参考提案,得到相关部门认同,但是限于条件,明确尚未实施。

提案 9

关于建立委员提案办理实效追踪机制的提案（政协北京市第十二届委员会第五次会议提案 第 0690 号）（2017 年）

一　提案内容

问题：

北京市政协在许多方面都走在全国的前列，尤其在委员提案办理方面，今年的总结报告概括了五大机制。但是在提案办理实际中仍然存在不少问题。大会讨论期间普遍反映，目前委员提案的积极性与提案办理方面的形式化应付性同时并存。如何保护委员提案积极性的同时进一步提升促进委员提案质量，如何促进与引导办案的各政府职能部门认真对待与落实委员提案中所反映的实际问题，把提案工作做出实效，是目前我们政协工作中值得进一步思考与解决的问题。

分析：

目前每次政协提案，委员们积极性都比较高，大会提案一般占全年提案的 95% 左右。因为开政协会议期间，委员们一是可以从繁忙的工作中解放出来，静心把日常观察与了解的问题写成提案；二是觉得身为政协委员，有责任有义务借助政协大会为社会与民众反映实际问题；三是觉得这个时间提交的提案，能够得到相关方面的重视与办理。

建议：

1.把委员的提案按照可公开意愿全部网上公开，以透明机制促进各方提案与办理过程中认真与负责，并且努力提高质量；

2.半年后对于委员提案办理情况进行案发地实地考察与访问，确认办理实效；

3.半年后对于提案委员与办理部门进行访问与调查，了解满意度与困难性。对于可办理没有办理或者应付办理的职能部门通过适当途径进行通报与约谈，帮助或者促进其进行办理；

4.对于提案多年难以办理的提案进行各方座谈，寻找实际原因，对于提案与办理双方满意的提案进行总结公布；

5. 对于一直提案不符合要求与表达有误导致无法办理的委员进行培训与帮助。

二　提案的影响与效果

1、办理部门与意见

领导参考（市政府）。

没有办理报告。

2、委员意见

满意。

三　相关评价

已经得到政协部门的采纳。

第三章

立足专长　建言献策

　　党的干部是党的事业的骨干,是人民的公仆。选拔任用党政领导干部,必须符合把领导班子建设成为坚持党的基本理论、基本路线、基本纲领、基本经验、基本要求,全心全意为人民服务,具有领导社会主义现代化建设能力,结构合理、团结坚强的领导集体的要求。如何提高党政领导干部的行政能力、实行多元化绩效考评、公务员改革、行政体制改革、干部交流、职称制度改革等方面涉及诸多问题。结合我多年在党政领导人才开发与管理领域的研究,为党政领导干部的队伍建设以及行政体制方面给出一些具有针对性和专业性的意见,部分提案建议已经转化为相关政策,得到了有关部门的高度好评。本章共计7件提案,每件提案包含提案内容、提案的影响与效果和评价三部分。

提案 1

关于北京市在全国率先实行党政领导干部职务科学化任期制的建议（政协北京市第十届委员会第一次会议提案 第0222号）(2003年)

一 提案内容

问题：党的十六大报告指出，要深化干部人事制度改革，实行党政领导干部职务任期制。北京是中国的首都，是党中央所在地，是全国的政治中心。北京市政府与市委应该在党政领导干部职务任期制改革方面走在全国的前列，为其他省市做出表率。然而目前北京市政府与市委在这方面还有许多不完善的地方，对于每个党政领导的任职，缺乏规范化与科学化的职务说明与工作分析的基础，缺乏配套的措施。

分析：

实行党政领导干部职务任期制，首先对于全体干部具有激励开发作用，体现了公正平等原则，能让更多的人有机会展现自己的领导潜能与才能，有利于领导人才的开发；其次，实行党政领导干部职务任期制，一方面在职的领导有时间的紧迫感与危机感。另一方面其他所有合格的干部，都有可能下次担任领导职务。因此具有相互制约作用，促使人们相互尊重，可以控制长官意志，抑制贪污腐化，增强群众意识，增强责任感与使命感。然而，要有效地发挥党政领导干部职务任期制的作用，必须建立相应的政绩考评制、职务轮换制与职务规范制。

建议：

1、在有关专家的指导下，由北京市委组织部与人事局组织相关人员成立课题组，对每个党政领导职务进行工作分析，编制具体的政绩考评指标体系。这可以改变目前考评指标过于笼统与抽象、凭感觉考评和主观性太强的问题。

2、在编制具体政绩考评指标的基础上，可以对各方面的群众进行分层抽样，实行360度测评，进一步"扩大党员和群众对干部选拔任用的知情权、参与权与监督权。"

3、在工作分析的基础上，对每个党政领导岗位制定职务工作说明书，明确每个领导职务的工作内容、工作标准与任职要求、工作权力与义务，有助于对每个党政领导职务实行规范化管理，防止领导干部间的随意流动、不合理轮换与盲目竞聘现象，控制不必要的人力资源浪费。

二 提案的影响与效果

1、办理部门与意见

列入市领导参考范围。

2、委员意见

基本满意。

三 相关评价

部分得到市委市政府相关部门采纳。该提案被评选为市政协 2003 年度优秀提案。

提案 2

关于加强与一流高校联合培训，提高党政领导干部行政能力的建议（政协北京市第十届委员会第二次会议提案 第 0766 号）（2004 年）

一 提案内容

问题：

中共中央主持召开的全国人才工作会议明确指出，人才问题是关系党和国家事业发展的关键问题。党政领导干部人才的建设，则是关键之关键的焦点问题。

目前，我们的干部大多数是基层提拔上来的，群众意识与业务能力比较强，但是普遍缺乏政治学、法学、新公共管理与经济学的学科素养，这在一定程度上制约了这些领导干部决策水平与领导能力的进一步提高。因此如何科学地对现有党政领导干部进行培训与开发，是当前"新北京与新奥运"建设中特别值得考虑的问题。

分析：

对于北京市中高层干部的培训，目前普遍采用的方法是到市委党校学习，或鼓励干部报考相关院校，或邀请有关专家到单位讲座，这些形式在一定程度上有效地提高了北京市各级党政领导干部的素质与水平。但是，由于这些培训的课程与内容大多数是通过调查临时设计，因此科学性、系统性与开发性不够，后效性较差，加上师资水平难以得到充分保证，因此培训效果不尽如人意。

建议：

由市委组织部门牵头，让市委党校主动与北京大学政府管理学院、清华大学公共管理学院等一流院校紧密合作，举办特色研修班，共同对现有党政领导干部进行行政管理理论与实务技能的培训与开发，扩充与夯实他们的政治学、经济学、法学与管理学、政策分析等方面的水平，增强他们协调、控制与监督的管理能力，提高他们对突发事件的应变能力与决策水平。

二　提案的影响与效果

1、办理部门与意见

列入市领导参考范围。

2、委员意见

满意。

三　相关评价

得到采纳，并且得到中央组织部的认同与政策推广。

★ 提案3

关于北京市公务员实行同工同酬改革的建议（政协北京市第十届委员会第二次会议提案 第1108号）（2004年）

一　提案内容

问题：

目前北京市各职能部门的公务员收入差距比较悬殊。在计委、工商、税务等部门工作的公职人员的总收入，远远高于统战、党派、纪委、监察、审计部门的公职人员。

分析：

公务员的收入都是来自国家的财政拨款或非正当的系统内收入。如果允许这种差距扩大，所产生的负面效应不可忽视。一是没有体现同工同酬的社会主义按劳分配原则，二是造成大家心理不平衡影响工作的积极性，三是会助长行业不正之风、助长小金库发展。因此建议北京市在公务员中实行同工同酬的薪酬改革。

建议：

一、对现有的政府职能部门进行再造设计，分成必须公务化的、可以非公务化与介于前两者之间的。对于第一类部门的公职人员一律实行同工同酬；对于第二类部门的公职人员实行事业化或企业化管理，对于其薪酬收入不加任何干涉；对于第三类部门的公职人员实行准公务员管理，基本工资部分同工同酬，绩效工资部分由本单位绩效考评结果决定。

二、对于第一类部门的公务员，定期进行岗位轮换，轮换前接受岗前考试或培训，合格者轮岗，不合格者不能轮岗，这有利于人才开发与复合型人才的培养。

三、规范岗位任职资格与绩效考评标准，强调以能力与业绩为主标准，引导人才自我开发。

二 提案的影响与效果

1、办理部门与意见

北京市人事局对该提案进行了办理，办理部门表示该提案从理论和方法的角度都对我们的实际工作具有积极的促进作用。北京市机关的公务员制度是建立在1993年《国家公务员暂行条例》颁布后，北京市逐步完善了相应公务员制度，制定了公务员考核、晋升、交流、工资待遇等方面的规定，但是随着经济和社会的发展，公务员工资暴露出一些问题。该提案对办理部门正在研究的公务员收入规范管理问题提供了帮助，为公务员绩效考核工作提供了专业的意见。

2、委员意见

满意。

三 相关评价

此项提案运用专业特长、结合自身学术研究，为北京市公务员管理工作中遇到的难点和热点问题，提出了宝贵的意见和建议，受到政府部门的充分肯定和高度评价。后来转化与促成了北京市的"3581"阳光工资政策。

提案 4

关于发挥人大政协作用，实行政府领导班子政绩考评多元化的提案（政协北京市第十届委员会第三次会议提案 第0833号）（2005年）

一 提案内容

问题与分析：

党中央和国务院在近期召开的中央经济工作会议、全国组织工作会议、人才工作会议和中纪委三次全会等一系列重要会议上，对干部考评工作提出了新要求，强调要教育和引导各级领导干部树立科学的发展观和正确的政绩观，建立以能力和业绩为导向、科学的社会化的人才评价机制。胡锦涛总书记在全国人才工作会议上的讲话中指出："要建立以业绩为重点，由品德、知识、能力等要素构成的各类人才评价指标体系，建立健全科学的社会化的人才评价机制"。在中纪委第三次全体会议上的讲话中又强调指出："要激励干部做到求真务实，必须建立健全一整套科学合理的制度、标准和方法，形成科学评价体系，全面准确地评价干部的工作成绩，为正确识别和使用干部提供科学依据。评价干部的工作成绩，既要看经济建设的成果，又要看社会进步的成果；既要看经济增长的总量，又要看人民群众得到的实惠；既要看当前的发展，又要看发展的可持续性；既要看经济社会发展的成就，又要看党的建设的成效。评价干部的工作成绩还要有周密完善的方法，既要听取上级领导的意见，又要听取一般干部群众的意见；既要听取机关内部的意见，又要听取服务对象和相关单位的意见。只有使干部的工作成绩得到全面、客观、公正的评价，才能进一步营造求真务实的良好氛围"。根据党和国家的有关要求，北京市委应该积极从改革党政领导班子政绩考评入手，率先在全国建立健全符合科学发展观、正确政绩观与系统考评观要求的政绩考评指标体系与考评机制，为全市乃至全国"三大文明"建设的全面协调发展提供强有力的组织保证。

北京市各级政府领导班子，是广大人民群众选举并且参与委任的，应该向人民负责。任期届满时，理应接受人民的考评，但是一千多万北京人民不可能直接参与考评，因此，长期以来，都是由组织部门进行考评。而组织部门是党的内部组织部门，从行政体制上说，主要是侧重党员标准的考评，不便直接代表所有人民群众对政府各级领导班子的政绩进行考评；但是，组织部可以作为政绩考评的组织者、指导者与管理者，组织上级领导、党政机关与社会各界代表一起对北京市政府各级党政领导班子进行政绩考评。

人大代表是人民选举出来的，政协委员是各民主党派、无党派与人民团体的代表。因此，人大政协是最为广泛的人民代表组织；此外人大代表政协委员广泛参政议政，对于政府管理工作了解的程度，大大高于一般人民群众。因此，让他们在两会期间根据北京市各级政府领导班子的述职报告直接参与对各级领导班子的政绩考评，将大大增强党政领导干部考评的人民性、民主性与科学性。将把人大政协的民主监督职能进一步落在实处，使政治文明得到充分体现。

建议：

1、考评指标与考评主体多元化。

为了提高政府领导班子政绩考评的科学性、客观性与公正性，根据考评内容的性质和特点，建议市（区、县、乡）不同类型的指标体系，包括设置考核指标、评估指标与评价指标，按照不同考评内容选择不同考评主体，并且实行多元主体考评的方法。具体分类如下：

A.对"班子自身建设"有关内容的考评，由各级组织部承担，评价主体包括：市（区、县、乡）各级四套班子成员、各级政府职能部门一般干部、人大代表和政协委员、市委组织部派出的考核组等。

B、对"工作业绩"有关内容的考评，按下列方法确定考评主体：

（1）"考核指标"的评价主体主要包括：各级统计局、财政局、劳动和社会保障局、政法委等。

（2）"评估指标"的考评主体为"绩效评估小组"。即：由各级组织部牵头，组成以各级人大政协委员为主，财政局、劳动和社会保障局、土地局、环保局、组织部、宣传部、政法委等有关职能部门参加的绩效评估小组，对各项"评估指标"做出具体评价。

（3）"评价指标"的评价主体主要包括：各级人大政协委员、市（区、县、乡）属地内的单位职工、街道居民或者农村居民。

2、领导班子自身建设考评内容与考评方法。

年终或者届满，由各级组织部派出考核组深入到市（区、县、乡），按照规定的程序与范围，通过"民主测评"、"民主评议"、"座谈考核"等形式，对被考评的各级政府领导班子自身建设方面的各项内容进行考评。届时，考核组还要根据考核座谈了解的情况，逐一对各项考评内容做出客观公正的评价，填写考评表，并以一定权重纳入综合评价之中。

3、考核指标、评估指标的内容与考评方法

对市（区、县、乡）考核指标、评估指标的考评将主要采取指标核实、绩效评估的方法进行。具体方法是：分类确定考核评估指标参数（即任期或者计划目标值）——根据北京市以及各区(县、乡)领导班子前3—5年的数据，经过测算求出每项指标年平均增长速度或变化幅度，再按照不同区（县、乡）的实际发展水平、客观环境和原有基础等因素，将其划分为不同类别，分类测算出平均数值，作为考核评估标准值。指标核实——在岁末年初，由各级统计局、财政局、劳动和社会保障局、土地局、环保局等单位，按照年终统计结果，如实向考评主体提供有关数据，由考核部门进行汇总分析。绩效评估——在岁末年初或者届满时，组成以各级组织部牵头，人大代表政协委员为主，协调市政府有关职能部门参加的评估小组，对各区（县、乡）年度"经济运行情况"、"社会发展情况"、"可持续发展情况"、"党的建设"、"精神文明建设"和"社会稳定"等方面工作进行绩效评估，并将评估结果报考核部门汇总使用。

4、评价指标内容与评价方法

对市（县、乡）评价指标的考评，将主要采取问卷调查的方法进行。具体方法是：在各级"两会"期间，组织部门给各级人大代表政协委员发放问卷，让他们根据各级政府领导班子的述职报告，直接代表人民群众进行考评；或者定期或不定期，利用统计部门的调查手段或委托群众团体、社会中介机构，以问卷调查的方式，抽取部分有代表性的各类属地单位职工、街道居民或者农村住户，开展入户调查，调查结果由考核部门进行统一汇总分析。

总之，采取上述考评指标多层与考评主体多元的方法，必将进一步提高北京市党政领导干部考评的科学性、客观性与民主性，在全国树立起一个好榜样，进一步提升北京市在全国的政治文明形象。绩效考评科学民主性的提升，必将强化干部工作的求真务实度。

二 提案的影响与效果

1、办理部门与意见

北京市委组织部对该提案进行了办理，市委组织部领导非常重视此提案，表示此提案对考评指标与考评主体多元化，考评内容与评价方法等方面提出的建议，对于推进我市的干部政绩考核工作，改进评价方法，具有很好的借鉴作用。并表示希望在政府部门人力资源开发及人才分类管理、测评与选拔方面能进行充分的沟通与交流，以进一步促进办理部门的工作。

2、委员意见

满意。

三 相关评价

此项提案运用专业特长为党政领导干部政绩考核工作建言献策，得到政府部门的高度评价与肯定，为政绩考核工作的开展提供了详细、具体的新的思路和方法，将学术研究转化为实际的工作方法，为政府部门开展工作起到了很好的指导作用。

★ 提案5
关于在北京市率先进行行政体制改革实行立项策划权与决策审核权分离的建议（政协北京市第十届委员会第五次会议提案 第1242号）（2007年）

一 提案内容

问题及分析：

目前我国的行政体制主要是实行任期内的首长负责制，任期时间一般3—5年不等，一方面为了给上级领导、下级群众与社会一个好印象，都希望自己有所作为，干出点实绩，因此好功求绩心切。另一方面，自己把握不了任期时间以外的事情，所以经济社会发展与行政规划缺乏长远性与战略性。经常出现一届领导一个调，下一届领导否定上一届领导规划或者工程的现象。造成职能部门无所适从、社会资源浪费与政府管理工作的断层。

建议：

1、重大项目立项决策权、两年以上的规划审核权均由人大政协负责，政府可以具有重大项目的策划与提案权，主要负责实施两年以内的规划。保证行政的严谨性，控制行政利益驱动的主观性、盲目性与腐败性。

2、为了提高人大政协的决策审核水平，人大政协的成员应该由退居二线的优秀党政领导人员以及高校科研院所的知名专家组成。保证决策的科学性、前瞻性与持续性。

二 提案的影响与效果

1、办理部门与意见

北京市发改委、市规划委（首规委办）、市委组织部、市委统战部对该提案分别进行了办理。办理部门对该提案高度重视，进行充分探讨研究后，作出回复。

市发改委的答复要点如下：国家和北京市对重大项目的立项决策有明确规定；人大、政协部门一直通过各种途径参与重大项目、重要规划的决策或审核，重点规划在正式发布前均报请市人大审议通过；人大、政协部门直接行使重大项目立项决策的建议权，在实际中较难操作。人大、政协行使重大项目决策权，是对国家现行相关制度的重大调整（如政治制度、监督制度、处罚制度等），需要根据中国国情和经济社会发展的实际情况进行认真研究。

市规划委（首规委办）的答复要点如下：建议中反映了我国行政体制改革中存在的一些问题，折射到规划领域就是规划的编制与审批权限问题。北京市城市总体规划须经市人大或者市人大常务委员会审查同意后，由市政府报国务院审批。控制性详细规划由城乡规划行政主管部门组织编制并报市政府审批；一般地区的修建性详细规划由城乡规划行政主管部门审批，重点地区须报市政府批准。城市规划的编制应当坚持政府组织、专家领衔、部门合作、公众参与、科学决策的原则。

规划管理还存在许多这样那样的问题，导致了行政效率不高、行政成本加大等现象，针对这些问题，我们也在积极不断地研究解决措施，从规划编制到建设项目审批，都严格坚持依规定办事、依程序办事，接受广大人民群众的监督，依法行政、科学决策，把我们的首都北京建设成为世界上最美丽的城市。

市委组织部的答复要点如下：就提案中关于人大政协成员组成的建议，我们与市委、市人大、市政协有关部门进行了沟通，在新一届市人大、市政协换届工作中，将按照有关文件精神和要求，统筹考虑，进一步改善结构，不断提高代表、委员的素质。

市委统战部的答复要点如下：按照统筹兼顾、全面安排，进步性与代表性相统一的党外人士安排原则，在市政协换届时将统筹考虑、综合研究委员各方面的安排比例及结构。

2、委员意见

重大项目主要指由政府投资涉及北京市整体人民利益与生活的一些项

目。希望多多听听人民群众的意见，让关心人民群众利益的人大、政协的相关人员参与相关决策，逐步实行决策权、行政权与审批权的相对独立，保证国家资源的充分有效利用与开发。

希望北京市政府能够率先在全国实行重大项目决策，人大、政协会审制度。比较满意。望在实施中进一步落实。

三 相关评价

此项提案委员以专业特长为政府部门的行政体系改革建言献策，并且提案建议转化为相关政策，得到政府部门的充分肯定。

提案6

关于加强北京市与周边省区干部交流的提案（政协北京市第十二届委员会第一次会议提案 第0626号）（2013年）

一 提案内容

问题及分析：

北京市的社会经济发展离不开周边省市区的支持与帮助，周边省市区的社会经济发展也离不开北京市的支持与帮助。因此首都经济圈的区域发展战略一直备受中央与社会的关注。在首都经济圈发展中，北京市起着至关重要的作用。如何发挥北京市的带动与驱动作用，是我们政协应该致力研究的重要课题。

建议：

要想发挥北京市对于首都经济圈发展的重要影响作用，应该加强北京市与周边省市区的干部交流，让北京市干部到周边省市区挂职锻炼，而周边省市区的干部到北京市挂职。由此促进首都经济圈的发展。进行干部交流、把北京市的干部外派到周边省市区，可以有效影响周边省市区的发展；反之，让周边其他省市区的干部来北京市挂职锻炼，也可以让他们亲身感受北京市政策与管理方式的影响，从而影响北京市周边省市区的发展。

二 提案的影响与效果

1、办理部门与意见

北京市委组织部对该提案进行了办理，办理部门表示该提案对推动相关工作具有重要的启发作用。北京市委组织部充分发挥职能作用，与周边省区市党委组织部门对接，通过互派挂职干部，实现了北京与周边省区市干部人才资源的优势互补，进一步把组织优势转化为发展优势。通过这几年的干部交流实践，有效发挥了北京市的带动和驱动作用。在推进环首都经济圈建设中，将强化战略意识，进一步加强与周边省区市干部交流工作，完善互派干部挂职锻炼工作机制，增强挂职锻炼的针对性，进一步提高干部交流水平，进一步发挥好北京的带动和驱动作用，共同促进首都经济圈发展。

2、委员意见

希望把干部交流与挂职工作，上升到战略层面认识与谋划，并且能够进一步落实到干部培养与交流实践工作中，发挥领导人才对于首都经济圈建设的重大作用。

三 相关评价

此项提案旨在发挥北京市作为首都的驱动和带动作用，影响北京周边地区干部的干事创业精神，为进一步做好干部交流工作提供了重要的启发作用。提案具有针对性和专业性。

提案7

关于职称制度改革中外语计算机要求区别对待的提案（政协北京市第十二届委员会第五次会议提案 第 0696 号）（2017 年）

一 提案内容

问题：

近日，中共中央办公厅、国务院办公厅印发了《关于深化职称制度改革的意见》（以下简称《意见》），《意见》明确指出，对职称外语和计算机应用能力考试不作统一要求。确实需要评价外语和计算机水平的，由用人单位或评审机构自主确定评审条件。在这里给予了用人单位极大的自主权。北京作为首都，应该如何用好这一政策，值得我们思考。

分析：

北京市作为全国首都，人才多，水平高，既不能简单取消，又不能坚持考试保留不变。否则，北京的人才可能在外语与计算机方面的能力会发生退化，首都人才在外语与计算机方面的能力的退化，可能影响到首都作为国际化大都市的水平与形象。

建议：

1. 对于北京市所有的专业技术人员进行分类分层划分；

2. 针对各类专业技术人员分层分类后所对应的岗位进行分层分类；

3. 针对分层分类后的岗位，概括其工作内容与任职要求；

4. 针对不同岗位工作内容与任职要求，划分对于外语与计算机有要求、无要求与可有可无等三个类别。

5. 对于有外语与计算机要求的岗位，坚持考试合格准入制；对于可有可无的给予加分与适当优先晋升原则；对于无要求的岗位人员，可以完全取消。在这些岗位上外语与计算机水平较高的人员，可以优先安排出国考察学习。

二 提案的影响与效果

1、办理部门与意见

北京市人社局对该提案进行了办理，表示提案一方面突出了以人为本，要为人才发展松绑；另一方面突出了实事求是，要精准施策开展工作。对北京市职称制度改革工作提供了思路，对于部门研究政策、改进工作，特别是下一步完善北京市职称外语和计算机的政策和建立北京市专业技术人才分类评价标准，具有很好的指导意义。

2、委员意见

基本满意。

三 相关评价

此项提案得到了政府部门的充分肯定，为政府部门的工作提供了指导，具有较强的实用性和专业性。具体意见 2017 年转化为了市人社局的相关政策与文件。

第四章

人才之都　倡导建设

　　人才是现代社会竞争与发展的重要生产力，习近平总书记指出，国家发展靠人才，民族振兴靠人才，人才是兴国之本、富民之基、发展之源。人力资源开发是推进人才强国战略的关键因素，通过人力资源开发造就高素质劳动者、专门人才、创新人才，建设规模宏大、结构合理、素质较高的人才资源队伍，加快我国从人口大国转化为人才强国的步伐，进而迅速提升国家核心竞争力和综合国力。北京作为国家的人才中心，在人力资源开发方面有大量的工作要做。我从1985年开始研究人才品德素质测评问题，在人力资源规划与开发、人才测评与选拔等方面有较为深入的研究，结合我的理论研究为北京市的人才开发与管理提供具有实际意义的建议。如关于大学生就业难问题的提案，受到了社会的广泛关注和好评；关于北京市人才发展的规划和管理的提案，受到了政府部门的高度重视和充分肯定。本章共计23件提案，每件提案包含提案内容、提案的影响与效果和评价三部分。

★ 提案1

关于人才强市兴市战略的一点建议（政协北京市第十届委员会第二次会议提案 第0642号）（2004年）

一 提案内容

问题：

2003年12月中共中央召开了全国人才工作会议，提出了人才强国的伟大战略。北京市是全国的人才高地，如何发挥北京的人才优势，构筑人才强市兴市的战略，一直是北京市委与市政府想解决又没有完全解决的问题，也是贯彻落实人才强国战略与北京市率先实现现代化实践中亟待解决的重点问题。

分析：

北京市目前有北大、清华、中科院、社科院等近百所高等院校与科研院所，是全国高级人才最为密集的人才高地，由于许多高校与科研院所直属中央单位，因此北京市一直未能充分有效发挥这些高素质人才的作用。虽然近年来，随着市场经济的改革与北京市新一届政府的努力，北京市政府各职能部门从许多高等院校与科研院所选拔了一批教师与科研人员担任副处级以上的行政职务或顾问，但由于这种形式中所需的人员有限，绝大多数的人才优势作用仍然没有得到充分有效的发挥，尤其是大学生的作用发挥太少。

建议：

一、市政府设立各级领导与职能部门重点与难点问题决策咨询研究基金，基金来源于对目前各部门支出的咨询课题费的收归、社会捐助与财政拨款。

二、把目前市政府研究室由具体研究部门转变为管理部门，负责研究基金的管理、分配与课题的申报、发布与承担人的评审工作。每年底，组织各领导人与职能部门申报第二年需要解决的决策咨询难点与重点问题，然后把相关问题向北京市甚至全国公开发布招标，组织专家对承担人的申报方案评审与验收，利用首都政治中心与文化中心的优势，充分利用与发挥北京市内外的人才作用，把决策科学化与民主化的设想落到实处。

三、主动与北大、清华等重点高校联系，吸收这些高校 3—4 年级的优秀大学本科生到职能管理部门或相关研究机构实习任职，从中选拔优秀人才，让一流人才云集北京工作。

二 提案的影响与效果

1、办理部门与意见

北京市人事局对该提案进行了办理，办理部门认为该提案对人事工作非常重要，具有前瞻性。答复的要点如下：一、关于应主动与北大、清华等重点高校联系的建议，一方面我们制定政策，吸引重点大学的毕业生，最近三年共接收近 10 万人。关于吸收高校 3—4 年级的优秀大学本科生到职能管理部门或相关研究机构实习的建议，今年我们正在与有关部门协商。另一方面我们为发挥在校各类人才的作用，去年吸纳了北京主要高校和用人单位为协会会员单位，今年，将对协会会员单位进行征集课题。二、关于提案中建议市政府设立各级领导与职能部门重点与难点问题决策咨询研究基金的问题，北京市近几年是采取北京市财政局对课题研究、培训等给专项和定向经费的办法来完成课题研究和培训。从现在的情况看，如果设立各级领导与职能部门重点与难点问题决策咨询研究基金，不但申报手续复杂，审批权还在国务院，所以近期成立基金有一定困难。三、关于建议中提到的第二条，应把市政府研究室由具体的研究部门转变为管理部门，负责研究基金的管理、分配与课题的申报、发布与承担人的评审工作的建议，市政协建议由市政府进一步研究、探讨。

2、委员意见

很满意。

三 相关评价

该提案既是为了进一步发挥高素质人才的作用，同时也为政府的职能部门改进工作内容和方式提出意见，因此受到办理部门的高度重视。

★ 提案 2

关于大学生就业难的问题解决建议（政协北京市第十届委员会第二次会议提案 第 1179 号）（2004 年）

一 提案内容

问题：

目前大学生就业难的问题，已引起了社会各界的普遍关注。以往每年到 2～3 月北大清华人大等高校的学生签约率高达 60%～70%，而今年目前还不到 20%。

分析：

目前大学生就业难的原因大约有以下几个方面：①地方大学过度扩招，今年首批大规模毕业；②企事业组织用人计划紧缩；③许多地方中小型企业待遇过低，造成大学生不愿应聘；④就业观念影响。

如果听任这种现象发展下去，势必影响到我国高等教育的持续发展，也影响到家庭对孩子上大学投资的积极性，最终将导致未来我国人才的短缺，应引起政府部门的高度重视。

建议：

一、在北京、上海及中心城市建立人才大市场，为大学生就业提供平等、透明、快捷与高效的服务，为重点大学与一般大学的优秀毕业生进行特别推荐与指导（令）性分配，优生优酬，引导学生努力学习；

二、适当扩大硕士博士招生数，控制本科招生数，保证每个导师每年平均有 2～3 个学生，既发挥学生团队学习作用又缓解大学本专科就业压力；

三、改进教学方式，在优化基础理论教学与能力培养的同时多让学生接触实际，掌握一些实用技能，让用人单位感到招聘的毕业生眼前能顶用，日后大有用；

四、制定大学生最低工资水平，保证人力资本投资的合理收益，消除读书无"用"现象。

二 提案的影响与效果

1、办理部门与意见

北京市教委、北京市人事局分别对该提案进行了办理。市教委的答复要点如下：一、有关优秀毕业生特别推荐的建议，多年来北京市教委始终坚持毕业生就业过程中择优的原则，鼓励大学生积极向上、努力学习。人事部门也加大了对优秀毕业生的引进力度，并采取多种方式鼓励优秀毕业生到基层到农村锻炼，使他们尽早成才。一种鼓励先进、"优生优分"的良好氛围正在形成，受到用人单位、高校及广大优秀毕业生的欢迎。这种制度将作为政策导向继续广泛深入地进行。二、扩大硕士博士招生数的建议，近年来北京一直在努力争取扩大市属市管院校的研究生招生的比例，而且已得到教育部的支持，在京研究生的招生增长比例一直高于全国的平均水平，但由于基数低，因此绝对数量不是很高。这项工作将随着时间的推移，逐渐见到成效。三、有关改革教学方式的建议，北京市教委积极组织学校参加教育部组织的教学评估工作。对高职领域，加强学生动手能力的培养和实践技能的训练，加大教学改革力度，增加实践环节的学时。以就业为龙头，以市场为导向已成为各校办学的着眼点，也是各高校教育教学改革的方向。相信在各个学校的共同努力下，高校培养出来的毕业生会尽快适应社会的需要，成为"眼前能顶用，日后有大用"的新一代大学毕业生。

市人事局的答复要点如下：近几年来，我们在解决大学生就业方面采取了一系列有效措施，一是整合社会资源，成立毕业生就业工作协会。二是采取多种措施，拓宽就业渠道。三是组建常设市场，加大服务力度。四是鼓励自主创业，引导灵活就业。但是，关于这方面的工作我们做得还不够。因此，我们将根据您的建议，努力做好以下工作：一是进一步完善毕业生就业市场，加大服务力度。二是加强就业指导与特别推荐就业工作。三是积极探索并举办"网上招聘会"。关于您提出"制定大学生最低工资水平，保证人力资本投资的合理收益，消除读书无用现象"的建议，我们将及时向人事部反映，同时与市劳动和社会保障局等部门调查研究如何确定高校毕业生合理的工资水平，保证人力资本投资的合理收益。

2．委员意见

比较满意，希望落实。

三 相关评价

该提案针对目前严峻的大学生就业难题进行了深入的分析，并从政府、学校以及工资待遇方面提出了解决的方法。提案得到政府的充分肯定，并及时转化为相关工作内容。首都之窗专门对该项提案进行了现场访谈与网友展开了现场讨论，新浪网也对该提案进行了报道，该提案受到社会的广泛关注和好评。

提案 3

关于大力发展优质高等教育，把开发优秀人才作为北京市长期与重点战略的一点建议（政协北京市第十届委员会第三次会议提案第 0840 号）（2005 年）

一 提案内容

问题分析：

与世界其他国家相比，中国最大的资源是人力资源；与中国其他城市相比，北京最大的资源是人才资源。财政资源，北京不如上海；商品资源，北京不如广州，生产产值，北京不如地方。北京是全国政治中心，也是全国文化中心与教育中心。政治、文化与教育的独特优势，决定北京的发展战略，应该以人才开发为重点，应该把北京建设成为政治人才、科技人才、教育人才与文化人才培养中心。人才培养必然带动其他第三产业的发展，人才开发必定促进对其他资源的节约与开发，弥补其他资源（水、煤、电、气）的匮乏与不足。新东方一家学校，2004 年达到了 7 个亿的收入。发展高等教育进行人才开发必定带动其他相关产业的全面发展，给北京市带来巨大的经济效益与社会效益。北京，是中国的首都，加上历史文化名城与古都的影响，是多少莘莘学子梦寐以求的地方。

建议：

1、把大力扶持北大清华等知名中央高校发展作为重点目标，充分发挥他们的领头羊作用；

2、鼓励社会资本与外资投资于高等教育，在市郊大力发展大学城以及相关服务产业；

3、优化调整高等教育结构，注意高等教育、中等教育、幼儿教育、职业教育、普通教育的正态发展，注意市属高校与中央高校的分工定位，防止重复建设。既满足首都经济发展的需要也满足全国各地优秀人才培养的需要，把北京定位成：政治人才、科技人才、教育人才与文化人才开发中心。

二 提案的影响与效果

1、办理部门与意见

北京市教委对该提案进行了办理，认为该提案中就北京在政治、文化与教育方面独特优势所作的分析，以及就此提出的北京发展战略，立意深远，切中首都高等教育发展问题的要害。答复要点如下：一、通过共建支持中央在京知名高校的建设与发展，提升北京高校的整体办学水平。北京市对共建高校的支持主要通过科研及其他项目立项的形式体现，优先考虑将成熟的科技成果在北京转化为现实的生产力，形成附加值高、科技含量高的拳头产品；通过共建，学校给北京市培养、输送更多高水平、高层次的优秀人才，投入到北京的发展建设中。二、积极鼓励社会力量投资高等教育，市教委有关职能部门在积极推进民办高校、民办高等职业学院发展，支持公办高校与社会资本合作举办独立学院等方面做了大量工作。目前，北京市共批准成立民办高校11所，独立学院两所，中外合作办学项目约88个，其中公办高校36所，民办高校17所。今后，这一比例还将大大提高。三、关于北京市高教园区建设的情况，为了解决首都高等教育在发展中出现的高校布局与城市建设规划不相适应、办学空间紧张等问题，进一步明确了在沙河和良乡建设两个高教园区的任务，同时还将建设高教园区列入全市"十五"计划。四、优化教育结构，明确高校分工定位。各级各类教育质量明显提高；基础教育高标准高质量均衡发展；职业教育更加发达；高等教育水平进一步提升;城乡教育差距显著缩小;学习型城市初步形成;教育的学习服务能力、人才支持能力、知识贡献能力和国际竞争能力显著增强;初步构建起与社会主义市场经济和经济社会发展要求相适应的现代教育体制和体系。

2、委员意见

满意。

三 相关评价

该提案为北京的人才发展提出了具有战略性的意见,为北京建设人才中心提出了明确定位,得到办理部门的高度重视和认同。相关建议体现在北京市政府对于大学城的政策文件中。

提案4

关于加强大学生就业市场政府监管力度的建议(政协北京市第十届委员会第五次会议提案 第0455号)(2007年)

一 提案内容

问题:

目前大学生就业比较难,问题比较多,但是政府没有提供必要的监管、听任用人单位要求与市场发展应该是一个主要原因。许多用人单位不太愿意招收大学生,尤其没有经验的大学生与女生。有些组织招聘决策人物往往抓住大学生就业难的机会大发横财,暗中收取一定的礼金或者好处费用,一个职位数个学生竞争,一个学生少则几万多则十多万,使许多工薪阶层家庭的学生望而却步。因此造成社会风气败坏与就业机会不公。

分析:

北京市是中国的政治中心与文化中心。2005年政协会议期间,笔者在《北京日报》上提出了北京市应该成为人才之都的倡议,这一倡议得到了北京市政府相关部门、领导与专家学者的响应,已经被列入北京市的第十一个五年规划纲要的报告中。但是目前北京市人才就业市场却存在许多不尽如人意的问题，具体表现为：

1、北京市与全国其他省市一样，从过去的统一计划与统一分配转向学校招生与单位用人自主，政府听任市场摆布，无能为力与无所作为，导致有些专业学科50%—80%的学生就业不对口，造成人才开发的极大浪费，招生计划与用人需求两张皮。北京市是中国的首都，应该在就业方面为全国做出榜样；

2、长期以来对于各部委与中央直属单位招聘用人的不规范与不法行为，不闻不问不管，听任其自由发展，严重损害了北京市的形象，同时也给北京市地方单位招聘带来了负面影响。

建议：

1、北京市政府应该率先进行招聘用工的地方立法，要求各单位用人计划中，每年招收一定比例的女生与无经验的大学生，负起全社会共同培养与爱护大学生成长的责任。通过法律的形式统一管理、规范北京市地方与中央和其他驻京单位的招聘用人行为，实行招聘结果公示与落聘人员的起诉制度；

2、市政府应该赋予人事劳动管理部门相关的监管职能，积极主动经常与市属各单位以及驻京各单位沟通，在做好服务的同时做好监管工作；

3、把就业与教育统一起来，让同一位副市长分管，从行政管理的组织设计源头上防止学校招生与学生就业两张皮或者相互扯皮的现象发生。

总之，通过法律、组织领导与职能管理三方面增加政府对于学校招生就业与北京市各单位招聘用人的有效监管与规范，将能够有效解决目前学校人才培养与单位用人自主带来的人才浪费现象与不正之风。

二 提案的影响与效果

1、办理部门与意见

北京市人事局对该提案进行了办理，认为该建议十分及时，对我们如何在新形势下开展毕业生就业工作具有重要的意义。答复要点如下：近年来，高校毕业生数量大幅度增加，大学生就业困难已经成为一个社会普遍关注的问题。随着高校毕业生就业政策由国家统包统分过渡到市场导向、双向选择的模式，政府部门在毕业生就业工作中的职能也发生了较大转变，由具体负责毕业生分配工作逐渐改变为进行宏观调控和提供毕业生就业服务、搭建供需见面平台。为了做好毕业生就业工作，近年来我们围绕工作职能，进行了一系列的研究探讨。一是认真做好人才资源的规划统计工作。二是围绕首都战略发展的重点，积极拓宽就业渠道。三是大力开展毕业生就业服务工作。但是，近年来我市毕业生就业工作中，"重服务、轻监管"的问题比较突出。针对您提出的问题和建议，下一步我们将着重加强以下工作：一是加强对毕业生就业工作的监管。二是立足首都人事人才工作的实际，加强与中央在京单位的联系与沟通。三是继续研究改进毕业生就业服务工作的方式方法。

2、委员意见

工作做了很多，希望继续努力落实。满意。

三 相关评价

政府部门不仅要重视大学生的人才培养，而且要重视对人才就业服务的监管。该提案针对大学生就业服务市场的现状进行分析，指出其中存在的突出问题，得到了办理部门的充分认同，并转化为部门的重点工作内容。首都之窗针对该提案进行了现场访谈，萧委员与广大网友对大学生就业问题进行了再一次深入的交流，受到大学生的广泛关注。

提案 5

关于《中华人民共和国劳动合同法》（第 2 稿）修改的建议（政协北京市第十届委员会第五次会议提案 第 7140 号）（2007 年）

一 提案内容

问题及分析：

《中华人民共和国劳动合同法》：《劳务派遣岗位范围规定》的编写汇

集了许多的专家学者，在广泛听取社会各界意见的基础上，为解决目前劳务市场存在的各种问题提出了很好的法律依据，其颁发实施十分必要。第2稿与第1稿相比，有许多实质性的改进，但是仍然存在个别值得进一步修改的问题。《中华人民共和国劳动合同法》:《劳务派遣岗位范围规定》中第六条【岗位目录的提出】指出，国务院劳动保障行政部门在调研或者听取各省、自治区、直辖市劳动保障部门及中央企业建议的基础上，分批提出实施劳务派遣的岗位目录草案。

显然，这里只提到中央企业，把民营企业等非中央企业排除在外，引起了广大中小企业与非中央企业的不满。我最近到上海与广西等地，上海外企服务有限公司与广西南宁人力资源的许多企业普遍表示不满，认为《劳务派遣岗位范围规定》对于它们有歧视行为。在我所了解的企业认为《劳务派遣岗位范围规定》的实施，虽然可以保护劳务工的个人利益，但是可能会因此提高中国的劳动力价格。中国目前人民币持续升值，已经严重影响了我国的产品出口，影响了一些外资企业的投资，如果在这种情况下又普遍提高我国劳动力的价格，那么我国势必会失去劳动力价格低廉的优势，许多外资企业会纷纷转向越南、印度与菲律宾等国投资。《纽约时报》2006年10月13日与19日刊登文章指出:《劳务派遣岗位范围规定》的实施，正激发起一场美国和其他外国公司之间的战争，这些公司试图以暗示逐渐在华减少建立工厂的方法来阻碍立法的进程。

我所了解的企业认为《劳务派遣岗位范围规定》的实施，如果过度保护劳务工的利益，可能会不同程度地回到改革前的铁饭碗、铁交椅与铁工资的"三铁"。

同时我所了解的企业认为《劳务派遣岗位范围规定》的实施，由于人才派遣法律没有出台，只是让劳务派遣合法了。因此，无形中就只强调了低级劳务的派遣工作，忽视了高级的人才派遣工作的重要性，有可能会造成人事管理部门与劳动保障部门的利益冲突。

建议：

1、为了尽可能减少《劳务派遣岗位范围规定》实施前后的负面效应，建议把《劳务派遣岗位范围规定》中第六条【岗位目录的提出】中的"中央企业"改成"企业",在劳务派遣法律出台的同时出台人才派遣的法律,保持人力资源企业的平衡发展。

2、在我国高科技企业发展到一定程度或者我国不需要完全依靠劳动力低廉的优势吸引外资企业的时候再大幅度提高劳动力的价格。

3、尽可能从政治学、经济学与行政管理负面效应控制的多角度来考虑《劳务派遣岗位范围规定》的实施,不能仅仅从维护社会公平单一角度考虑《劳务派遣岗位范围规定》的实施。美国一些反华势力巴不得我们提高劳动力价格,影响我国的产品出口与外贸经济发展,过度保护劳工利益,回到改革前的经济制度,出现经济改革倒退的政治失败现象。

二 提案的影响与效果

1、办理部门与意见

列入上报国家相关部门的信息。

2、委员意见

希望国家相关部门能够参考本提案。

三 相关评价

事实证明该提案观点正确,当时确实因为《劳动合同法》的实施,影响了我们中小企业的用工与发展速度,但是后来这种影响慢慢得到缓解。

提案6

关于加强政府监管力度、要求用人单位按照比例招收无经验的大学生工作、担负一定社会责任的建议(政协北京市第十一届委员会第一次会议提案 第0210号)(2008年)

一 提案内容

问题:

目前大学生就业比较难,问题比较多,但是政府没有提供必要的监管与帮助、听任用人单位要求与市场发展应该是一个主要原因。许多用人单位不太愿意招收大学生，尤其没有经验的大学生与女生。有些组织招聘决策人物往往抓住大学生就业难的机会大发横财，暗中收取一定的礼金或者好处费用，一个职位或者数个学生竞争，一个学生少则几万多则十多万，使许多工薪阶层家庭的学生望而却步。因此造成社会风气败坏与就业机会不公。

分析：

人力资源开发学告诉我们，人力资源开发后形成的人力资本，如果不能够及时投入或者融入到相应的金融资本与物力资本中，那么人力资本就会贬值与浪费。目前大学生就业难的问题已经成为社会普遍的难题。2007年全国400多万大学生毕业有100多万没有就业，接近30%。今年中国大约有500多万大学生毕业，就业形势会更加严峻。大学生毕业不就业，就等于人力资本的闲置与贬值。北京市也不例外。目前北京市人才就业市场存在着一些不尽如人意的问题，具体表现为：

1、北京市与全国其他省市一样，从过去的统一计划与统一分配转向学校招生与单位用人自主，政府放开高校与市场行为，有些专业学科50%—80%的学生就业不对口，造成人才开发的极大浪费，招生计划、教学计划与用人需求三张皮。北京市是中国的首都，要建成全国的人才之都，应该在就业方面在全国率先找到有效的解决办法；

2、长期以来对于各部委与中央直属单位招聘用人工作的不规范与不法行为，不敢问津，听任其自由发展，严重损害了北京市的形象，同时也给北京市地方单位招聘带来了负面影响。

建议：

1、北京市政府应该率先进行招聘用工的地方立法，要求各单位用人计划中，每年招收一定比例的女生与无经验的大学生，负起大学生再培养的社会责任。通过建立北京市地方法律的形式统一管理、规范北京市地方与中央和其他驻京单位的招聘用人行为，实行招聘结果公示与落聘人员的起诉制度；

2、市政府应该赋予人事劳动管理部门相关的监管职能，积极主动经常与市属各单位以及驻京各单位沟通，在做好服务的同时做好监管工作；

总之，通过法律、政府职能管理强化两方面增加政府对于学校招生就业与北京市各单位招聘用人的有效监管与规范，将能够有效解决目前学校人才培养与单位用人自主带来的人才浪费现象与不正之风。

二　提案的影响与效果

1、办理部门与意见

北京市人事局对该提案进行了办理，认为该提案的意见切中实际、针对性强，对工作有很强的指导意义。答复的要点如下：一、针对您提出的问题，近年来北京市采取的主要措施。一是积极搭建市和区县两级毕业生就业平台，挖掘毕业生就业资源。二是加强毕业生就业常设市场建设，积极做好毕业生就业供需见面活动。三是积极推进毕业生到农村基层就业的工作，开辟了一条政府主导的就业新渠道。四是联合市公安局，加大了对非北京生源毕业生引进接收工作的监管力度。五是以社会需求和就业为导向，深化高等教育改革。六是加大就业指导、职业生涯规划教育的力度，提高毕业生的求职能力。二、按照您的建议，下一步我们要着重做好的主要工作：一是做好资源规划和统计，整理和发布供需信息，引导毕业生人才资源合理流动。二是建立未就业高校毕业生求职登记制度。三是大力实施高校毕业生就业见习制度，为毕业生与企业创造就业见习的机会。四是主动与中央在京单位联系和沟通，在做好服务的同时，以适当的形式进行监管。

2、委员意见

满意。

三　相关评价

该提案针对大学生就业难问题，从政府和社会角度提出意见，得到办理部门的充分认可和赞同，并转化为对大学生就业的相关政策，受到广大高校毕业生的高度赞扬。

提案 7
关于允许国外在中国的留学生毕业后留在北京市就业的建议
（政协北京市第十一届委员会第一次会议提案 第0331号）（2008年）

一 提案内容

问题及分析：

北京市的目标之一是建立国际化大都市，其中外国人才在北京市总人口中的比例是一个非常重要的指标。但是北京市目前远远没有达到相应的指标，而且也低于我国上海市的水平。在中国的国外留学生因为在中国学习多年，对于中国有一定的了解，也热爱中国的文化与生活，这些人才比较那些从国外直接引进的人才来说，更加能够在中国长期工作与做出成绩。但是由于地方保护，目前北京市没有对于国外留学生毕业后留京工作放开，一般要求先回本国工作1—2年后再来就业。实际上流失了许多愿意在北京市工作的优秀国外人才。

建议：

1、政府能够放开相关规定，允许一些第三世界的优秀留学生或者短缺的国外留学生留京工作；

2、政府相关部门，应该出台一些政策通过项目更替交叉吸引一些国外大学生来北京市短期或者长期工作。北京市既要进行中国人才输出也要进行外国人才引进。

二 提案的影响与效果

1、办理部门与意见

北京市劳动和社会保障局、市人事局和市政府外办分别对该提案进行了办理，市劳动和社会保障局认为提案中提出的允许优秀留学生留京就业工作的建议非常好，将把建议反馈给劳动和社会保障部等相关上级主管领导机关，请他们尽快研究相关政策，把引进国外人才在京就业的工作做得更好，加快首都建立国际化大都市的步伐。市人事局表示依照2000年北京市市级机关机构改革三定方案，外国人在北京就业的管理和服务工作，主要由市劳动和社会保障局牵头负责。对于符合《外国专家来华工作许可》规定的资格条件的外国留学生经在京用人单位聘用后，可按规定程序到我局办理来华工作许可。

2、委员意见

满意。

三 相关评价

该提案建议为优秀留学生提供就业机会，体现出北京建设国际化都市的特点。该提案得到办理部门的肯定，同时受到来京的留学生的高度赞同。也体现在后来北京市与国家出台的相关政策中。

提案 8

关于展示北京奥运会人文特点发挥志愿者人才众多作用的一点建议（政协北京市第十一届委员会第一次会议提案 第0432号）（2008年）

一 提案内容

问题及分析：

科技奥运与绿色奥运外观性比较强，在一定程度上得到了比较好的落实，人文奥运怎么办，如何让中华文明深入人心，特别值得我们深思。具体分析如下：

1、中国是世界文明古国与礼义之邦，我们应该抓住千年难逢的第一次举办奥运会的机会，展示中国的人文特点，把热情好客、仁者爱人、礼义文明等奥运的精神具体落实到每个运动员与参会者的心坎里；

2、目前报名参加北京奥运会的国家地区特别多，来自全国各地参加北京奥运会的运动员也是最多的，如何让每个参加会议人员感觉到北京人的热情与真诚是值得我们下工夫的；

3、目前报名参加北京奥运会志愿者的人数是历届奥运会之最，据了解目前许多大学生志愿者还没有接到具体任务。中国是个人口大国，志愿者人才队伍也是最强大的，因此特别建议充分发挥北京奥运会志愿者人才优势体现人文奥运精神的建议。具体如下：

建议：

1、对于来自世界各地与全国各地的运动员与代表进行分类，并且分派不同的志愿者了解所有参会代表的生活习惯与需求进行针对性的人文关怀服务准备工作；

2、在了解所有报名参加奥运会的官员、运动员、重要旅客的基础上，对于世界冠军、特别人员、特别需要关照的困难人员分派不同的志愿者进行差别性的人文关怀服务。

3、把不同类别与阶层的运动员与参会人员分派到具备相应能力的志愿者，让志愿者针对自己所服务对象主动进行服务需求调查并且制定服务行动计划，上报奥运组委会审查，批准后，按照规范与指导计划提供相应的志愿者服务。

二 提案的影响与效果

1、办理部门与意见

北京奥组委对该提案进行了办理，对奥运志愿者工作的答复要点如下：一、培训工作：开展通用培训及针对性的专项培训；应急救护、安全风险防范、应急能力培训；少数民族宗教文化培训；志愿者心理学培训；残奥会志愿者培训与观众组织、培训。二、招募少数民族志愿者参与奥运会志愿服务：在参与奥运会服务的7万余名志愿者中将有众多少数民族志愿者，在目前京外30个省区市选拔的2400名志愿者中有15%左右是少数民族。三、总结志愿者工作，宣传志愿者典型：各场馆团队在赛事结束后对涌现出来的优秀志愿者进行表彰，并及时收集、挖掘、整理、推广志愿者工作中好的做法和经验。四、志愿者的人文关怀服务：北京奥组委在遵守国际惯例的基础上，特别注重充分发挥志愿者的组织优势，为奥运会的客户提供人文关怀的服务。五、优化志愿者结构：针对各类报名志愿者申请人的不同情况，北京奥组委决定分渠道在京内、京外省区市、港澳台地区以及华人华侨、外籍人员中招募赛会志愿者。六、台湾省籍志愿者招募及台胞观看比赛、成立啦啦队、台湾省籍火炬手工作。我们认为，代表和委员们的建议、提案进一步拓宽了我们的工作思路，具有很强的指导性，为筹办一届"有特色、高水平"的奥运会提供了有益的帮助。

2、委员意见

基本满意。

三 相关评价

该提案为北京举办奥运会期间的志愿者服务工作提出了很好的建议，得到北京奥组委的认同和肯定，为北京办好奥运会提供了很好的参考意见。

提案9

关于提升北京市人才国际竞争力改变人口素质偏低问题的建议
（政协北京市第十一届委员会第一次会议提案 第0751号）（2008年）

一 提案内容

问题及分析：

在人们的心目中，北京市一直是全国的政治中心与文化中心，北京市人口素质很高，但是随着中国的经济改革与对外开放，与世界同类城市相比较，北京市总体人口的素质水平正在逐渐下降。北京大学相关研究表明，目前北京市25岁以上人口中拥有大学以上学历的人口比例只有13%多点，即使人才集中的城市中心区也不到20%，低于日本东京8个百分点，美国纽约9个百分点，英国伦敦12个百分点。北京市作为中国的政治文化中心，是全中国人才向往的地方，我们中国的自然人才众多，数量上是美国的7倍，完全有条件超过世界上任何先进发达国家水平。但是目前人才的比例大大低于国际先进水平，这说明我们北京市对于人才的聚集优势没有得到发挥，我们应该积极努力。

建议：

1、积极进行产业结构升级与调整，大力发展科技产业、知识产业、文化产业与政治、政府管理服务产业、以产业升级导向人才素质提升，以产业结构调整导向人才结构调整；

2、积极进行人事制度改革，提升优化北京市的创业与就业环境，吸引国内外优秀人才到北京市创业与就业；

3、积极引进高端人才、领军人才与紧缺人才，驱动与带动一般人才的发展；

4、积极发展成人教育，鼓励青年自学成才，提高现有中青年工人的素质水平。

二 提案的影响与效果

1、办理部门与意见

北京市人事局会同市教委、市劳动和社会保障局对该提案进行了办理，答复的要点如下：一、围绕首都产业结构优化升级的战略目标、发展重点，我市制定了不同时期的高技术产业、文化创意产业、金融业、现代物流、商贸商务服务等方面发展规划或计划，出台了一系列政策文件，以及与这些规划政策配套的文件等，这些政策文件涉及人才培养、引进、使用等方方面面，这些政策的实施，完善了政府在人才开发中的宏观调控和服务功能，实现了人才培养、引进、使用与首都产业结构优化升级的同频共振，达到了以人才来保障首都产业结构的升级与调整，又以产业结构升级与调整来引领人才素质提升与人才结构调整的目的。二、一是加快人事制度改革。以转换用人机制和建立新的用人制度为重点，大力推行了聘用合同、公开招聘和岗位管理制度。二是优化人才创业与发展环境。创造条件激励人才成长发展，建立了以"首都杰出人才奖"为主导，其他专项人才表彰奖励项目为依托的市级人才奖励体系。三、一是引进国内外埠人才来京创业工作；二是鼓励海外高层次留学人才来京创业工作；三是加大引进国外智力工作的力度。四是从1994年以来，北京先后实施了两期成人教育培训工程。初步形成了成人教育、终身学习的良好环境和氛围。

2、委员意见

比较满意，继续努力。

三 相关评价

该提案为提高北京市人才素质和国际竞争力提出了很好的建议，得到办理部门的认可与赞同。

★ 提案 10

关于提升北京市人才结构国际水平允许国外在中国的留学生毕业后留在北京市就业的建议（政协北京市第十一届委员会第一次会议提案 第6920号）（2008年）

一 提案内容

问题及分析：

北京市的目标之一是建立国际化大都市，其中外国人在北京市总人口中的比例是一个非常重要的指标。但是北京市目前国际人口的比例极其低下，不到0.5%，不及美国纽约的1/50，英国伦敦的1/56，日本东京的1/9，甚至大大落后于上海，只有上海的1/2。远远没有达到相应的指标。在中国的外国留学生因为素质比较高，在中国学习多年，对于中国有一定的了解，也热爱中国的文化与生活，这些人才比较那些从国外直接引进的人才来说，更加能够在中国长期工作与做出成绩。但是由于地方保护，目前北京市没有对于国外留学生毕业后留京工作放开，一般要求先回本国工作1—2年后再来就业。实际上流失了许多愿意在北京市工作的优秀国外人才。

建议：

1、政府能够放开相关规定，允许一些第三世界的优秀留学生或者短缺的国外留学生留京工作；

2、政府相关部门，应该出台一些政策通过项目更替交叉吸引一些国外大学生来北京市短期或者长期工作。北京市既要进行中国人才输出也要进行外国人才引进。

二　提案的影响与效果

1、办理部门与意见

该提案列入上报国家相关部委信息。

2、委员意见

希望能够引起国家相关部委的重视与关注。

三　相关评价

该提案在2016年左右转化为了国家的相关政策，在中办与国办颁发的《关于全面深化人才发展体制机制改革意见》中，明确提出要聚天下英才而用之。

★提案11
关于发挥政府主导作用建立大学生就业综合促进机制的提案
（政协北京市第十一届委员会第二次会议提案 第0269号）（2009年）

一　提案内容

问题分析：

2008年12月12日至14日，胡锦涛总书记在辽宁考察工作期间，专程来到沈阳人力资源市场考察，了解就业和再就业工作情况。胡锦涛总书记指出，"就业是民生之本，这关系到千家万户。受国际金融危机的影响，明年我国就业形势将非常严峻。针对这个情况，最近召开的中央经济工作会议提出，要实施更加积极的就业政策，全方位促进就业增长。希望各类就业服务机构急求职人员所急，解求职人员所难，努力帮助更多的求职人员特别是就业困难人员实现就业，为促进社会和谐稳定作出应有的贡献。"

2008年12月20日，温家宝总理在与北京航空航天大学学生座谈时指出，"在就业问题上，当前我们要把大学生就业放在首位"。

2003年是中国大学生就业的一个分水岭，自1999年高等教育扩招以后，

行政管理学的应用

2003年大学毕业就业压力骤增，初次就业率和供需比日趋下降。据教育部统计，扩招前的2001年，全国各类高校毕业生待业人数约34万人，2002年37万；到了2003年，大学生待业人数骤增到63.67万，比2002年上升72%，2004年更是高达75.6万。2007年，全国普通高校毕业生达到495万人，未就业人数激增至100多万。2008年高校毕业生达到559万，2009年将近611万大学生面临就业。比2008年增加50多万，按2007年的比率推算，2009年待业大学生将达到120万人。预计今后三年内大学毕业生还将以每年50万的速度增长，加上今年的金融危机，2009年的大学生就业问题无疑将是雪上加霜。

建议：

1、从政府方面看，应该主动担负领导责任，加强政府监管力度、要求用人单位按照比例招收无经验的大学生工作、担负一定社会责任，并且从政策引导、税收减免鼓励企业招收大学生就业，引导人力资源服务业招收实习与见习大学学生，适当加大高校科研经费投入，让学校与教师有条件接收更多的学生参加科研教学与社会活动，增加理论联系实际的能力与解决问题的能力；

2、大学生方面，应该树立自信与努力学习，提升就业竞争力。同时调整心态。可以"先就业再择业"，去创业不待业，灵活就业整体建业，基层就业西部创业，军队锻炼再向国家机关曲线择业与立业。

3、学校方面，充分发挥学校资源，发挥教师积极性，适当扩大硕士博士招生数，控制本科招生数，保证每个导师每年平均有2~3个学生，既发挥学生团队学习作用又缓解大学本专科毕业生就业压力；同时改进教学方式，在优化基础理论教学与能力培养的同时多让学生接触实际，掌握一些实用技能，让用人单位感到招聘的毕业生眼前能顶用，日后大有用；

4、社会方面积极引导政府与各方面投入，在北京、上海及中心城市建立人才大市场，为大学生就业提供平等、透明、快捷与高效的服务，为重点大学与一般大学的优秀毕业生进行特别推荐与指导（令）性分配，优生优酬，引导学生努力学习。

二 提案的影响与效果

1、办理部门与意见

市教委　内容保密不能查看。

市人力资源和社会保障局　内容保密不能查看。

2、委员意见

希望引起相关部门的重视与关注。

三 相关评价

该提案分析了当前大学生就业难的严峻形势，为解决大学生就业问题从四个方面提出了具体建议，得到政府和社会的高度认可和赞同。

★ 提案12

关于北京市属地人才开发与利用的提案（政协北京市第十一届委员会第二次会议提案 第0509号）（2009年）

一 提案内容

问题分析：

属地人才是按照属地化管理原则，户口档案、社会保障、计划生育、生活居住等归属所在行政区管理的各类人才。北京市属地化管理单位，包括中央各部门及地方政府或企业驻京机构，国有企事业单位、外资企业、驻京高校及科研院所等。这些属地化管理单位中，集中了行业中很大比例的精英，属地人才的数量和质量都是全国其他地区所无法比拟的。因此如何开发与利用这些属地人才，促进首都经济社会又好又快地发展，是一个特别值得我们思考的问题。

2008年3—5月，我们组织相关人员对300多名北京市的属地人才进行了问卷与访谈调查。此次调查与访谈共设计了62道问题，调查数据经使用SPSS统计工具分析之后，发现北京市属地（科技创新）人才开发与利用方面存在的问题主要有以下几种：

1、北京市人才政策环境存在的主要问题

针对北京市人才政策环境的调查主要涉及：用人观念、用人机制、人才引进政策、人才评价考核机制、人才激励措施、人才培训开发、人才服务与保障、资金与技术支持等方面。

经过对300多人的抽样调查结果认为，北京市用人观念滞后的占37.37%，用人机制不灵活的占62.28%，缺乏有效的人才引进政策占29.50%，人才评价考核机制不完善的占27.4%，缺乏有效的人才激励措施的占50.53%，认为人才的培训开发不足的占35.9%，认为人才服务保障滞后的占38.43%，认为开展工作的资金与技术支持不足的占14.23%。

2、人才结构不平衡，尤其缺乏高级管理人才、高技能人才和复合型人才

调查者认为，目前北京人才结构不合理，最缺乏的人才类型依次是：高层管理人才、复合型人才、高技能实用人才、法律与管理人才、现代服务业人才、文化创意人才、信息产业人才、金融与经济专业人才等。

3、引进和留住人才还存在较多制约因素

通过调查，79.3%的人认为北京的高房价以及住房条件差是影响北京市人才引进和留住人才的主要因素之一，其次分别是工资待遇低、城市环境差、交通条件、户籍政策制约、子女就学难、缺少吸引人才的优惠政策、社会保障差、缺少发展机会、资金技术支持不足等。

在北京市属地人才保持方面，资金与技术支持以及发展机会、社会保障等因素不是最受关注的，而住房、城市环境、户籍政策以及与之密切相关的工资待遇普遍受到调查者关注。

4、科技创新人才的培养受到多方面的制约

北京市属地科技人才培养主要受到以下因素的制约，按照影响大小依次是：教育体制约束学生的创造力（占49.37%）、国家激励科技发展的政策（占24.68%）、科技方面的资金投入（占15.82%）、百姓对科技创新产品的市场需求不高（占9.18%）。

5、科技创新人才在创新过程中遇到的困难较多

受调查者认为，目前北京市科技创新人才创新过程中遇到的主要问题

是：科研经费不足（87.54%）、科研信息缺乏（23.49%）、研究时间得不到保证（23.13%）、科研设施较差（20.23%）、缺少创新伙伴（18.51%）、科研成果转化较难（58.36%）、科研制度不完善（37.01%）、生活环境较差（22.42%）、继续深造机会较少（28.47%）。

6、属地人才培训开发方面存在的不足

从被调查者反馈回来的信息看，北京市属地人才认为最近两年内获得的培训机会普遍不高，其中，获得培训时间少于1个月的占到了55.87%。

7、属地党政人才参与北京市经济与社会发展的深度不够

部分接受调查的属地党政人才或科技创新人才，认为参与北京市经济与社会发展的潜力还很大，希望得到北京更多的支持和鼓励。在对北京市人事局和北京市科委的有关领导访谈中，他们也有同感，普遍认为需要加大支持力度吸引属地人才更好地参与首都发展。

对策建议：

（一）继续优化人才环境，科学规划和搭建人才事业平台工程

具体措施的落实有以下两方面：

一是整合分布在首都不同系统、不同部门、不同领域的各类人才资源。根据中央和地方各级政府在京单位人才资源高度聚集的特点，按照"多种形式、多方协作、互惠互利、共同受益"的思路，鼓励支持市属各单位聘请中央在京单位人才到重要岗位兼职或者挂职，为首都培养专门技术人才和高级经营管理人才。

二是针对首都发展战略需要，争取国家有关部门更多的政治、经济等资源支持。人才政策不够灵活是目前北京市党政人才工作开展的一大障碍，这里有客观的原因，即身处首都北京人才政策受到较大的限制，可以多借鉴国内外其他城市的优秀经验，对现有人才政策进行合理的调整和完善。

（二）搭建和完善北京市创新人才交流平台

1、对于紧缺人才，市政府应该加强与人才所在单位、部门的联系，在留京户口指标、住房、创业基金等方面给予更大便利，为人才提供更多的挂职锻炼、实习、合作研究机会，促进属地人才与市属人才之间的交流。

2、以高层次人才为重点，鼓励企业与大学、院所联合，着力培养高级管理人才、高级技术人才和国际化人才。

3、保持属地高校、院所与当地政府之间的坦诚交流，信息畅通、人才与科研设施等资源共享。一方面，倡导和支持属地科技创新人才成为各级政府进行科学决策的智囊团，推动地方经济和社会发展；另一方面，促进属地高校、科研院所与社会的联系，为属地人才提供更多的教学、科研新课题，大大提高科研工作的针对性和实效性，增强其发展潜力，实现北京市科技力量的整合。

（三）突破机制瓶颈，加快以企业为主体的产学研结合

创新能力与科技资源不相匹配的根源，在于缺乏资源与应用互动的有效机制。不打破机制瓶颈，问题将长期存在，资源优势就无法转化为竞争优势。要通过科技政策、科技计划的导向和示范带动，大力支持和引导院所高校与企业、基础研究与产业应用、科技条件与企业创新需求、研发资源与实业资本之间的多种形式的结合。力争全面形成以企业为中心的、更加灵活高效的新型产学研结合机制和发展模式。

（四）建立与完善北京市科技创新人才"资源池"

所谓"属地人才资源池"就是指经过一定的鉴别程序，把符合北京市经济与社会发展需要的属地人才储备起来，形成一个动态管理的资源库，根据需要，可以方便地从资源库中挑选合适的人才。人才资源池的建立与保持一般有：制定组织所需人才的标准（能力和素质要求）、人才推荐与自荐、人才甄别、审批、建档以形成人才"资源池"、人才管理与开发、人才使用与考核、人才淘汰与更新等环节。

应由北京市科委牵头建立属地人才资源池，这是更好地甄别、管理与合理使用北京市属地人才的良好举措，有助于实现人力资源共享，最大限度地避免人力资源的浪费，提高人员的使用效率。

（五）改善创新环境与条件

为了更好地调动属地人才参与首都经济与社会建设的热情与积极性，必须大力推进体制创新、技术创新、管理创新，优化自主创新的环境，为科技人才提供更为舒适的科研环境、科研条件与生活环境。

（六）优化创新服务环境

按照《北京市国民经济和社会发展第十一个五年计划发展纲要》的有关规定，北京市在属地科技创新人才开发中，应切实从以下几个方面进一步优化创新服务环境：

第一，完善自主创新政策法规体系，为提高自主创新能力和建设创新型城市提供保障。

第二，构建全市统一的技术交易、企业融资、信息交流等平台，形成比较完善的创新基础设施体系。

第三，整合专业服务资源，围绕科技研发、企业融资、信用担保、孵化转化、法律服务等环节，健全社会化、市场化的中介服务体系。

第四，加强知识产权保护，建立知识产权评估制度，鼓励发展知识产权中介服务机构，严厉查处和制裁各种侵犯知识产权的行为，及时有效地处理知识产权纠纷，维护良好的创新环境。

二 提案的影响与效果

1、办理部门与意见

北京市人社局对该提案进行了办理，答复的要点如下：一、不断优化人才发展环境，积极采取措施，为属地人才发挥作用创造有利条件。一是积极搭建人才交流平台，为属地人才营造良好的人才交流环境。二是制定实施积极的人才引进政策，不断满足首都经济社会发展对高层次人才的需求。三是实施科技新星计划，建立完善科技创新人才后备队伍。四是积极创造条件，为属地人才提供职称评审服务。五是依托我市博士后科研流动站、工作站，加大培养创新型青年人才力度，不断推进产学研结合。六是选拔博士生和博士后到北京市挂职锻炼。七是充分发挥属地高层次人才在经济决策和技术服务中的重要作用。二、搭建首都科技条件平台，积极探索科技管理体制改革，不断完善科技创新创业服务体系。一是建设首都科技条件平台，将科技资源优势转化为企业竞争优势。二是推进科技管理体制改革，加快企业为主体的产学研结合。三是制定和落实相关政策措施，进一步优化有利于属地企业自主创新的良好环境。三、您的提案非常重要，已引起我市有关部门的高度重视。为进一步做好开发利用属地人才工作，市人才工作领导小组经慎重研究，将"探索建立与中央在京高校和科研院所的合作机制，有效整合首都人才资源，充分发挥区域人才优势"列为2009年重点工作，由市委组织部、市委教育工委、市人力社保局、市科委、市教委共同完成。我市有关部门将在总结实践经验、吸收利用以往研究成果的基础上，对开发利用属地人才资源做进一步系统、深入研究。

2、委员意见

满意。

三 相关评价

该提案利用专业特长，在调查研究的基础上，为北京市的人才开发和利用提出对策建议，提案具有很高的针对性、专业性，得到办理部门的高度重视，并及时转化为相关政策，为北京市人才工作的开展提供了理论指导。

★ 提案 13

关于注意600万大学生就业与农民工就业双重问题综合不满效应的提案（政协北京市第十一届委员会第二次会议提案 第1344号）（2009年）

一 提案内容

问题及分析：

目前我国一边是600万高智力的本科生与研究生的就业困难，另一方面是大量农民工返乡面临春节后外出打工无望的失意。有知识的人就业困难，没有知识的人就业也困难，社会与国外容易产生对于政府的不满情绪。目前北大、清华、人大等著名高校的研究生就业率非常低，不到20%，往年春节前至少有30%左右的大学生能够找到接收单位，就业问题基本解决。目前大学生心里基本一片恐慌，无心情过春节。如果春节后政府没有相应的救济策略，很可能产生游行事件，引发社会不安定因素。特别提请政府关心并且采取解决措施。

建议：

一、鼓励高校扩大研究生招生规模，吸纳本科毕业生；

二、扩大高校师资队伍。目前大部分高校受编制限制，许多高校院系只接收 1—2 名留学生，大量本国毕业的博士生被拒之门外；

三、允许并且鼓励各高校院系留一部分优秀博士毕业生做为助教或者博士后工作，待 1—2 年后再择业，不要赶他们离校；

四、扩大博士招生，允许部分优秀硕士生直接攻读博士；

五、发挥国有企业与事业单位吸纳大学生就业的主体作用，适当鼓励今年多招收大学生工作，以渡难关；

六、发展乡镇企业，组织大量农民工就近就业。发展职业教育，让农民工接受职业培训与学历教育，1—2 年课程考试合格后发给中专或者大专文凭。

二　提案的影响与效果

1、办理部门与意见

北京市经济和信息化委员会对该提案进行了办理，答复的要点如下：一、积极组织开展全市性乡镇企业职工和农民培训就业工作。一是及时传达贯彻全市农村劳动力培训与就业工作会议精神，提高认识，统一思想。二是分解目标。三是指导各区县、各乡镇充分发挥本地区乡镇企业吸纳农村劳动力的优势，促进本地区农民向二三产业转移。截至 2008 年底，全市共有乡镇企业 15.9 万家，职工人数达到 1399682 人，其中，本地职工为 848508 人，为安置农村剩余劳动力就业做出显著贡献。二、启动农村"4050"培训就业工程，促进农民就业增收。在我们的倡导和组织下，推出了海淀旗舰公司、怀柔汤河川手工艺品展示中心等一批带动农民就业的龙头企业和农民合作组织。与民政局有关部门共同组织了玩具协会、食用菌协会、经纪人协会等 15 家协会负责人座谈会，共同研讨协商了帮助农民发展手工业的途径和措施。到 2009 年 9 月，全市培训农村"4050"人员 38771 人，其中 25040 人实现就业，有力地促进了农民就业增收。三、积极培养乡镇企业培训骨干,提高培训质量。与中国职工教育和职业培训协会共同组织举办了京郊乡镇企业首期企业培训师职业资格培训班。与北京市工商局经纪人协会共同举办农村手工艺经纪人培训班。四、有针对性地开展教育培训工作,提高乡镇企业职工素质。我们紧紧围绕社会主义新农村建设和郊区经济社会发展的总体目标,立足于提高乡镇企业职工的整体素质,促进农民就业增收,开展了多种形式的培训。

市教委

内容保密不能查看

2、委员意见

基本满意。

三 相关评价

该提案针对大学生和农民工双就业难的问题进行了分析并提出了建议,为政府相关部门更好地解决就业难问题提供了新的思路和方法,受到办理部门的认可,以及大学生和农民工的好评。也转化为后来的国家政策。

★ 提案 14

关于北京市政府加大力度以创业促就业的提案(政协北京市第十一届委员会第三次会议提案 第 0238 号)(2010 年)

一 提案内容

问题及分析:

在国际人力资源和人才就业市场上,大学生创业是一个发展趋势,国外发达国家大学生创业率已达到 20%,对于国家的发展来说,一个国家发展到一定程度,就会产生有利于大学生创业的各种条件与环境,自然就会出现创业的局面,同时也就会缓解该国的就业形势。所以立足理论的角度,大学生创业的确是解决就业难的一条途径。

大学生创业对就业问题的直接影响在于:引领大学生就业观念的转变,

由被动地求职向主动创业转变；拓宽大学生就业思路，扩大就业的选择范围；培养培育大学生的实践精神、探索精神、冒险精神和创业能力，提高大学生的就业竞争力；培养大学生的事业心、进取心、敬业精神、创业精神。

大学生创业对就业问题的间接影响在于：创造就业岗位；形成经济增长与就业增长的良性互动；创业能力和创业精神的培养有利于塑造未来企业家群体；极大地推动社会的繁荣和发展，促进社会充分就业。

从长期来看，通过创业来解决大学生的就业问题无疑是一个现实而有效的办法。但是在我国，大学生创业这条途径并不畅通，大学生创业意识淡薄、创业能力不足，政府政策不配套，市场环境不支持。北京市政府可以在这方面有所作为，走在全国前列。

建议：

1、通过北京市教育工委要求北京市各高等学校、包括属地与所属各高校开设大学生创业的理论课程与实践课程，开发与提高大学生的创业意识与能力；

2、通过市政府各部门联合下发文件，从创业环境、创业服务、行政支持等方面优化创业的政策环境，同时要求各单位结合实际，制定具体的相关措施，对于大学生创业制定出相关的优惠政策；

3、修改工商税务银行相关规定，为大学生创业提供良好的市场环境。尤其是在银行开户、资金借贷、工商注册和税收优惠方面，应该降低门槛。目前银行开户要求数额大，工商注册仍然比较烦琐、要求高，税务管理一月一授权，优惠政策不明显、不透明。有政府政策，无市场配套支持。

二 提案的影响与效果

1、办理部门与意见

北京市人社局对该提案进行了办理，答复的要点如下：关于高校毕业生就业工作，在全面落实各项政策措施的基础上，以"四个机制"建设为基础，以开发就业岗位为重点，以就业促进工作为动力，以信息平台为支撑，促进高校毕业生实现充分就业。一是进一步加强四项工作机制建设。不断加强组织协调机制建设；不断加强政策整合机制建设；不断加强考核监督机

行政管理学的应用

制建设；不断加强交流培训机制建设。二是积极开发高校毕业生就业岗位。立足首都发展的重点产业和新兴产业规划挖掘就业岗位。三是深入开展就业促进工作。通过就业指导进校园、就业服务进校园、创业扶持进校园等形式，积极组织各类校园招聘会和宣讲会，帮助大部分的毕业生在离校前落实就业单位，争取实现毕业生初次就业率不低于 80% 的目标。四是加强信息平台建设。及时向教育部门反馈，促进高等教育改革，调整专业设置。

2、委员意见

基本满意。

三 相关评价

该提案提出通过优化大学生创业环境，解决大学生就业难问题，提案具有一定的针对性、可操作性，得到办理部门的认同和肯定。

提案 15

关于"十二五"时期优化北京市人口资源，更好实施人才之都建设战略的提案（政协北京市第十一届委员会第四次会议提案 第0564号）（2011年）

一 提案内容

问题及分析：

"十二五"时期是北京市中长期社会经济发展规划实现的基础阶段与关键期，2011年是北京市"十二五"社会经济发展规划实施的开局之年，发挥首都的政治、文化与综合发展的优势，面向全球与全国进行引才、聚才与用才，把北京建设成为世界人才之都，为北京市率先在国内实现现代化、建成世界城市目标提供一流的智力支持与人才保障。

人才之都的建设，不能全部通过引进人才来实现，更多的是需要建立在人口的基础上通过人力资源开发获得大量人才。因此，北京市人口素质状况如何决定着人力资源的质量，决定着北京市人才的质量与数量。

建议：

鉴于以上情况，我的建议是以战略规划指导人口资源管理的方向，以住房选址与开发优化人口资源的布局与质量，以产业发展优化人力资源的结构与质量，以项目开发促进人才资源的层级与质量。

一、针对未来50年的北京市产业发展战略与交通优化战略进行住房布局与居民区开发的统一规划。以规划调整与优化北京市人口资源的布局与质量，为北京市建设人才之都打好人口资源基础；

二、根据北京市社会经济发展中长期发展规划要求控制各企事业单位的人力资源开发与招聘，为人才之都建设做好人才队伍的主体建设。

三、以北京市十二五人才发展规划规范与优化北京市各支人才队伍的标准与数量，提升人才的层级与结构，为人才之都做好精英人才队伍的建设。

二 提案的影响与效果

1、办理部门与意见

北京市人社局对该提案进行了办理，答复的要点如下：一、"十二五"时期我市人力资源开发工作总体目标，到2015年，培养和造就一支数量充足、结构优化、布局合理、素质一流、富有创新和国际素养的人力资源队伍，初步确立获取和维系人力资源发展国际竞争优势的体制机制，全面支持和引领"十二五"期间经济和社会发展目标的实现。二、"十二五"时期我市人力资源开发工作基本原则，一是坚持以服务北京经济社会发展总体目标作为人力资源工作的根本出发点和落脚点。二是坚持人力资源优先。三是坚持高端引领。四是坚持内培与外引相结合。五是坚持实行开放式管理。三、促进人才资源开发的主要做法，一是在产业引才、项目引才上再下功夫，进一步发挥产业集群促进人力资源集群发展的作用。二是进一步创新人力资源吸引机制，面向海内外引才、聚才。三是促进央地、城乡和体制内外的人力资源一体化，形成人才资源开发的整体合力。

2、委员意见

基本满意，希望其他职能局室能补充做好相关工作。

三 相关评价

人才之都战略，早在 2005 年前后的提案中提出，人才之都的提出凸显了首都的历史与现实特点，中国最顶级的大学科研机构在北京，北京是全国大学最多的地区，是全国院士与高层次人才最多的聚集区，成为人才之都，具有得天独厚的条件。人才之都建设已经被列入北京市委市政府的文件中，提案的相关思想观点已经在 2016 年前后转化为国家的人才战略。

提案 16

关于北京市创建服务设计人才队伍，促进北京服务战略全面实现的提案（政协北京市第十一届委员会第四次会议提案 第 1134 号）（2011 年）

一 提案内容

问题及分析：

《北京市国民经济和社会发展第十二个五年规划纲要（草案）》与《2011 年政府工作报告》中均提出，要把北京市建设成为服务全国、辐射世界的生产性服务业中心城市。这一战略目标的设计具有前瞻性与科学性。北京市是中国的首都，是跨国企业总部基地，世界金融中心与文化旅游中心。北京市政府，一方面要致力服务于北京市的人民，服务于中央首长、中央管理机构、企业与高校、各种非政府组织与驻军部队，另一方面还要服务于世界各国大使馆与企业总部。提供金融服务、信息服务、商务服务、科技服务、流通服务、文化服务、管理服务等服务新业态。然而，实现北京服务战略的基础与核心是服务人才队伍的建设，提供北京优质服务的关键是服务设计人才的选拔与培养。

建议：

1、由于目前全国还没有形成服务设计人才的标准与队伍，所以北京市应该率先建立服务设计人才的素质模型；

2、依据所建立的服务设计人才的素质模型，进行选拔与培养相关人员；

3、对于所选拔与培养的服务设计人才，进行定期考评与鉴定，划分为不同级别与类型，发给不同的等级证书，享受不同的薪酬待遇。

二 提案的影响与效果

1、办理部门与意见

北京市人社局对该提案进行了办理，认为提案所提出的加强服务设计人才的选拔与培养具有建设性作用和重要的参考价值。答复的要点如下：一、我市设计产业人才引进工作概况：截至目前，已为各类设计产业人才办理落户北京1500多人，办理《北京市工作居住证》1300多人，为我市设计产业的发展提供了积极的人才保障和智力支持。二、进一步完善设计产业人才评价认定制度：2004年，建立了文体人才专家认定制度，成立了北京市文化创意产业人才认定委员会，各分会已认定各类优秀文体人才近400人。在全市范围内开展引进人才综合评价，获得了用人单位和人才的一致肯定。三、为现代服务业发展提供人才引进政策支持：一是引进金融产业人才；二是引进跨国公司地区总部人才；三是引进传统商业服务业人才。下一步，我们将认真研究、拓宽思路，结合实际工作积极采纳提案所提出的建议，大力吸引服务设计人才来京创业工作，为服务设计产业发展提供更加优质完善的服务。再次感谢您对我们工作的关心和理解，希望继续加强联系和沟通，共同做好我市的人才引进工作。

2、委员意见

满意。

三 相关评价

该提案已经转化为北京市委市政府的实际行动与政策。

提案 17

关于北京市试行 TDQS 系统建立结果导向的人才开发费用分配机制的提案（政协北京市第十一届委员会第五次会议提案 第 0251 号）（2012 年）

一 提案内容

问题及分析：

据了解，北京市 2011 年首次将公务员考试改为"一次考试，两次调剂"，首次将京外"985"院校中的优秀毕业生纳入公招范围。全面开展公务员初任培训、任职培训、专门业务培训和在职培训，共培训 32.2 万人次。北京市目前的人才总量达到 365 万，按照人均年培训开发费用 1000 元计算。开发培训费用高达 36.5 亿元。实际的开发培训费用可能远远超过这个数目。对于这样一个开发培训费用如何合理使用，如何分配，如何发挥最大效益，是特别值得我们研究的。目前的投入机制是按照人头下拨，或者按照项目与申请效益划拨。这样可能造成会叫的孩子有奶吃，而真正需要但是不会叫的孩子没有奶吃。因此，如何借助北京地区的智力优势建立一个科学而又省力的人才开发费用投入分配机制，对于优化北京市的人才结构、弥补不足，引导北京市人才开发水平整体提升与保持北京市在全国人才之都的领先地位与追赶世界城市的人才指数，都具有十分重要的意义。

建议：

1、北京市政府委托相关部门成立专门研究小组，对于目前国内外的人才开发方法、问题与策略进行专门研究；

2、研究发达国家与国内发达地区人才开发的相关经验与教训，调查发达国家与国内发达地区人才开发质量评价标准与实施情况、调查北京市各地区、行业与单位的人才开发的现状与问题，制定北京市人才开发质量评价体系；

3、TDQS 评价标准与结构如下：

（1）人才开发规划与战略的评价；

（2）人才开发过程的规范性评价；

（3）人才开发课程的合理性评价；

（4）人才开发方法科学性评价；

（5）人才开发的基础与投入评价；

（6）人才开发的效果性评价；

4、根据 TDQS 评价结果，对于所有的组织（企事业与机构）进行人才开发的方法与策略指导，全面提升他们的人才开发水平与效果；

5、实行结果导向投入机制。根据 TDQS 评价结果，对于所有的组织（企事业与机构）进行不同的政策支持与资金投入，改变目前按照人头与需求报告分发资金的传统做法。

二 提案的影响与效果

1、办理部门与意见

北京市人社局对该提案进行了办理，认为该提案提出的建立结果导向的人才开发费用分配机制，对加强基础调研工作，借鉴国内外人才开发的经验教训，进一步完善我市人才开发投入机制，提高资金使用效益具有重要的现实意义。答复的要点如下：目前，我市的财政经费投入在事前专家评估的基础上，根据项目不同，采取三种模式拨付，一是事前拨付，二是事中拨付，三是事后拨付。建立了事前有评估、事中有监督、事后有绩效评价的项目投入管理模式，有效地保证了资金的良性运行。下一步，我市将继续构建多元化人才发展投入机制，一是加大政府对人才发展投入规模，全力保障科技北京百名领军人才培养工程、绿色北京人才支撑工程、海外人才聚集工程等重大工程的实施；二是完善人才培养资助制度，设立博士后工作资助经费、科技创新团队建设等经费；三是推动社会、用人单位积极参与人才发展投入，鼓励非营利组织、慈善机构和个人投资人才资源开发。

2、委员意见

满意。希望条件成熟时进一步落实。

三 相关评价

该提案利用专业特长为政府人才开发建言献策，提案带有针对性、专业性，得到办理部门的高度重视，并转化为了相关政策，为北京市的人才开发带来深远影响。

★ 提案 18

关于优化北京市人才结构实施人口管理积分制的提案（政协北京市第十一届委员会第五次会议提案 第 0252 号）（2012 年）

一 提案内容

问题及分析：

北京市目前的人才总量达到 365 万，人才总量与质量都在全国之首。但是与世界发达国家相比，仍然存在距离。主要表现在结构性的矛盾上。自主创业型人才、高层次的领军人才与复合型的战略管理人才不足与大量一般性的人才饱和并存。人才引进过快过量与高素质与优秀紧缺人才不足并存。

2011 年 12 月 28 日，北京市人社局、市发改委等部门联合发布了《"十二五"时期人才发展规划》，首次公布本市紧缺专门人才开发目录。

目录涉及 17 类重点领域 280 个具体行业，不仅包括经济学家、医卫专家、科技领军人物等传统高端人才，也包括处置突发事件的谈判人才、现代物流高管、网络安全公安人员等新型专才。

据我们调查，目前北京市的紧缺人才不但表现在高端，而且在中低端同样存在很大缺口。相关数据见下：

目前阶段，全市公共人力资源市场需求总量和求职总量与上季度相比呈"一减一增"态势；与去年同期相比均呈下降态势，其中求职总量减少了 21183 人，减少 18.58%，减幅较大。

但是另一方面，某些职业与职位又出现了供大于求的现象。

调查过程中，我们还发现中关村的一些中小企业与中央驻京的一些事业单位在人才引进过程中出现了截然相反的现象。前者是因为缺乏进京指标好人才引不进来，后者是有不少进京指标但是引进人才后 1-2 年就跳走了，导致人才年年进，骨干月月缺。

第四章 人才之都 倡导建设

因此，北京市要成为全国人才之都，目前应该做的是优化人才结构而不是增加人才数量了，应该是巩固人才引进效能而不是追求人才引进的数量了，主要是考虑人才引进的需求而不是关注人才引进质量了。具体建议如下：

建议：

所谓人口管理积分制，是指北京市新进成年人口或者人才，依据北京市经济社会发展的战略规划要求，按照紧缺程度与需要程度评分落户，按照使用价值与效能发挥加分。从高分到低分优先办理家属子女进京户口，优先享受住房、医疗与子女就学等方面的福利。力求解决人才引进的优先性、公平性、合理性与有效性。具体建议如下：

1、北京市政府委托相关部门成立专门研究小组，对于目前国内外的人才引进方法、问题与策略进行专门研究；

2、研究发达国家与国内发达地区人才引进的相关经验与教训，调查发达国家与国内发达地区人才引进标准与实际待遇、调查北京市各地区、行业与单位的人才需要，预测未来5-15年经济社会发展战略需求，制定北京市未来5-10年人才引进数量、质量、比例与时间安排；

3、设计与实施人口管理的积分制度，通过实施人口管理的积分制度优化北京市的人才行业布局、比例结构、年龄结构、职称结构、种族结构、性别结构、层次结构与需求结构；

4、人口管理的积分制如下：

（1）依据北京市人才中长期发展规划的重要程度与当前的紧缺程度对于新引进或者留京的人才进行需求评分。分数从0-10分不等；

（2）依据北京市引导产业领域与地区对于新引进或者留京人才进行区域布局价值加分。分数从0-10分不等；

（3）依据用人单位对于新引进或者留京人才在组织中重要性与稀缺性进行使用价值加分。分数从0-5分不等；

（4）依据新引进或者留京人才在引进或者初次就业单位的工作时间进行使用效能加分。每年给予一定分数，例如12分；

（5）依据新引进或者留京人才在京工作创造的价值与突出成绩进行贡献业绩加分。每年给予一定分数，例如0-10分；

（6）根据每个新引进或者留京工作人才的总分，按照从高分到低分优先办理本人及其家属的落京户口，优先享受住房、医疗与子女就学等方面的福利。

（7）以上评分管理工作由北京市人才办与人社局联合负责，与相关部门与专家共同讨论与制定评分标准与规则，经过市委市政府批准颁发。人才办负责高层次人才引进与留京的评分管理工作，人社局负责其他方面人才与人员引进与留京的评分管理工作。

二 提案的影响与效果

1、办理部门与意见

北京市人社局对该提案进行了办理，答复的要点如下：一、面向普通来京务工人员的暂住证制度。北京市现行的暂住证制度是根据《北京市外地来京人员户籍管理规定》颁布实施的一项流动人口服务管理基础证件制度。以农民工为代表的外来务工人员是暂住证制度服务的重要群体，先后出台了《北京市外地农民工参加工伤保险暂行办法》、《北京市外地农民工参加基本医疗保险暂行办法》、《关于进一步加强高技能人才工作的实施意见》等一系列政策措施。二、面向一般性人才的工作居住证制度。针对不同人才群体，工作居住证分为五类：海外高层次人才工作居住证，留学人员工作居住证、外埠人才工作居住证、港澳台人员工作居住证和国内驻京机构人员工作居住证。目前，工作居住证的办理范围已经扩展到了本市区域的法人资格企事业单位，各类人才办理工作居住证已达5万多人。三、紧缺急需高端人才优先引进政策。为帮助企业开阔选才、用才视野，吸引更多优秀人才来京创新创业，打造世界高端人才聚集之都，从2010年起，我市开展了年度引进人才专项计划，已相继引进海内外人才3.8万人，弥补了部分学科、产业高端人才短缺的状况，有力地促进了首都科技创新、技术改造和产业升级。

2、委员意见

基本满意。希望在现有人才工作成绩上更上一层楼，加强交流，深入科学化，走在全国前列。

三 相关评价

该提案针对社会广泛关注的北京市积分制，提出了公平、合理的政策制定建议，得到政府部门的重视，同时也得到民众的广泛关注。法制晚报、搜狐网对该提案进行了报道。

提案 19

关于北京市七种紧缺文化人才及其开发的提案（政协北京市第十一届委员会第五次会议提案 第 0725 号）（2012 年）

一 提案内容

问题及分析：

中共北京市委积极贯彻落实中共十七届六中全会的精神，提出了把北京市建设成为中国特色社会主义先进文化之都的战略目标。鼓舞人心，切合北京市文化中心的地位与历史积淀的特点。但是在建设中国特色社会主义先进文化之都的过程中，队伍是基础，人才是关键，紧缺人才是瓶颈。然而，制约北京市文化人才队伍发展的紧缺人才究竟是哪些？如何开发与培养这些紧缺文化人才，需要我们进一步研究与探索。

建议：

一、高度认识与清晰界定北京市紧缺的文化人才。

当前北京文化事业、文化产业、文化市场发展的形势很好，国家重视、历史积淀厚实，发展快速，但是现实不容乐观。关键问题是人才跟不上，难以支撑与促进产业的持续与深入发展。目前北京市最为紧缺的文化人才有七种：第一，高素质的文化创意人才；第二，文化产业经营管理人才；第三，高级文化产品策划销售人才，第四，高级文化产品研发人才，第五，高级文化产业投资融资人才，第六，复合型的文化专业人才；第七，国际型的文化人才。这七种人才的开发与培养将是北京未来5-10年甚至更长时间需要着力解决的问题。造成这几种人才的缺乏，主要是文化产业发展历史短，文化事业管理体制机制不够健全，文化市场不够成熟，文化人才缺乏分类管理，目前的人才培养也没有成规模，缺乏科学性与专业性。

二、把握文化人才开发的重点与关键。

发展文化产业、文化事业与文化市场，建立促进人才队伍建设与开发的体制机制。

文化人才的培养开发与文化事业、文化产业发展、文化市场相互影响、相互促进。文化事业、文化产业与文化市场的振兴，首先要建立文化人力资源开发机制与体制，需要进一步建立和完善文化人才开发战略体系。政府应当重点扶持文化产业人力资源的开发和文化企业家的培养。只有在体制机制、政策和工作制度上全方位为人才特别是社会民营企业的人才创造良好的条件和环境，才能使全社会的创造力得到充分发挥，从而进一步推动社会主义文化大发展、大繁荣。

三、通过项目吸引与聚集国内外高级文化专业人才。

没有项目，人才难以聚集，难以锻炼，难以成长，难以展现。文化项目是对于国内外高级文化人才与领军人才的软性引进方式与有效利用。

分类建立文化人才素质模型，定位准确、打造首都各类文化人才核心竞争力是文化人才开发的关键。

文化管理人才应具备熟悉或者精通专业文化领域、把握该领域业务发展方向的专业素质，具备协调、组织、实施、控制等管理素质。具体讲，文化管理人才要有沟通能力；规划、计划能力，凡事尽量做到未雨绸缪；组织、协调能力，能全面解决问题，化解危机；针对高层领导，还要具备号召能力与独特的人格魅力。

四、建立科学激励机制，发挥团队作用。

文化创造与经营，通常是一个团队，人才开发和使用是相辅相成的，在一个团队中，要注意发挥每个人的潜能，以形成合力。

要发挥团队的整体作用，对关键部门要进行职责定位，各单位高层管理者起到引导、倡议、推动、监督的作用，核心岗位的工作人员起到相互协作、促进、借鉴的作用。

五、通过汇演方式，发现与评价文化人才。

总之只有做到定位明确、激励到位、制约有力，整个团队才能高效运转。对北京市文化人才的开发、激活，需要从以下几方面入手：一是科学定位，对首都文化发展战略、北京市政府文化管理职能、文化事业产业战略、部门职能、岗位职责进行定位；二是建立科学的人才测评、选拔机制，将合适的人放到适合的系统、部门与岗位上；三是建立绩效考评机制，引导、控制其工作行为；四是建立合理的薪酬管理体制，激励人才的工作热情；五是建立合理的文化人才开发体系，只有让优秀的人才永远保持与首都文化事业发展的战略与岗位要求相匹配的工作能力，北京市的文化事业与文化产业才会获得蓬勃与持续的发展。

二 提案的影响与效果

1、办理部门与意见

北京市委宣传部对该提案进行了办理，办理部门认真研究借鉴提案中提出的意见建议，对2012年宣传系统人才工作计划进行了补充和完善，启动了"在首都功能核心区开展文化人才管理改革试验区建设"的试点等相关工作。市人力社保局、市文化局、市广电局、市新闻出版局、市文物局等相关部门提出了会办意见，并在制定"十二五"全市人才发展规划等文件中，充分参考了提案中相关建议，将文化人才纳入了全市紧缺人才目录。提案提出的加强紧缺文化人才开发的重点和关键，也非常具有针对性和现实性。下一步，北京市将重点办好北京国际音乐节、北京国际戏剧·舞蹈演出季、"相约北京"联欢活动、北京中国广告节、北京国际图书节、北京国际摄影节、北京国际青年戏剧节、北京国际书画双年展、北京国际芭蕾舞比赛等品牌文化活动，充分挖掘中华民族传统节日的文化内涵，组织群众文化汇演，支持开展多种形式的群众文化活动，进一步提高发现和评价文化人才的制度化与科学化。

2、委员意见

满意。

行政管理学的应用

三 相关评价

该提案为发展文化人才工作提出了五方面的意见建议,得到办理部门的高度重视和肯定,及时转化为政府的人才工作计划相关政策,对北京市文化人才管理起到重要作用。

★ 提案 20

关于大力发展人力资源服务业的提案(政协北京市第十二届委员会第一次会议提案 第 0085 号)(2013 年)

一 提案内容

问题及分析:

汽车与房地产一直是北京市经济发展的两大支柱。为了改善交通与响应中央号召,也为了北京市的经济转型发展,北京市应该勇敢地走向科技发展、人文发展与绿色发展之路。但是这种发展模式的转变将需要一个循序渐进的过程。2011 年是调控初见成效的一年,但是也是北京市付出了巨大代价的一年。2011 年北京市机动车销售下降 44%,少了 40 万辆,汽车销售额由原来的 30%,下降到 18%,少了 12%。北京市某汽车销售公司连续 10 年 24% 的销售量下降到 3.8%。房地产市场销售下降了 14%,可能会更加大一些。可喜的是社会商品零售额有所增长,北京市 2012 年仍然保持了 8% 的增长目标。然而,我们目前成熟经济增长点的大幅度下降与新经济增长点培育过程的滞后性将给我们北京市经济社会发展带来巨大的挑战。因此如何依据北京市的优势资源尽可能多与快地建立新的经济增长点,就成为我们政协委员关心的问题。

建议:

1、大力发展人力资源服务业是必要的。

2013《政府工作报告》中明确提出了大力发展现代服务业、提高北京市服务业发展水平的目标。特别指出要做大做强信息服务业、科技服务业与商务服务业。这些服务业的发展首先依赖于人力资源服务业的优先发展。

2、大力发展人力资源服务业是可行的。

伴随着首都经济发展和社会公共服务需求的不断提升,旨在促进就业、通过市场调节就业和有效开发配置人力资源的人力资源服务业得到了长足的发展。2007—2011年,人力资源服务机构从915家发展到1056家,增长了15%;人力资源服务业从业人员从10251人增加到15116人,增长了47%;人力资源服务机构总资产从40.3亿元增加到68.4亿元,增长了70%;人力资源服务业经营性收入从95.3亿元增加到284.5亿元,增长了198%,实现净利润从1.4亿元增加到2.5亿元,增长了79%;人力资源服务业产业增加值年均增长36%;人力资源服务业年营业收入占地区生产总值的比重从1.1%提高到了2.1%。

3、进行长远规划与专门研究。

北京市政府委托相关部门成立专门研究小组,对于目前国内外的人力资源服务业的发展形势、挑战与策略进行专门研究。研究发达国家与地区咨询服务业管理的相关经验与教训,制定北京市未来5-10年咨询服务业发展的战略规划;

4、创新管理,政策优惠。

调查目前北京市人力资源服务业发展与管理实践中存在的问题,出台一系列扶持咨询服务业发展的新政策与新机制。包括税收、贷款、注册等方面新政策;

5、精细化发展与规模化发展战略。

人力资源服务业的领域应该细分,服务领域可以细分为企业人力资源服务、政府人力资源服务、金融人力资源服务、文化人力资源服务、教育人力资源服务、人力资源服务政策咨询服务等,或者细分为招聘、战略与规划、培训与开发、业绩考核与管理、薪酬与福利等。人力资源服务业是一种无烟产业、智力产业、创新产业与绿色产业。人力资源服务业的发展战略,一方面充分体现了北京市高端引领、创新驱动、绿色发展的战略,另一方面又可以发挥北京央地高端人才的智力优势,还可以吸引与聚集国内外高端人才前来北京创业与发展,让咨询服务业服务北京、辐射全国,走向世界。

二 提案的影响与效果

1、办理部门与意见

北京市人社局对该提案进行了办理，答复的要点如下：一、发展人力资源服务业具有重大意义。人力资源是国家重要的战略性资源，人力资源市场是落实就业优先战略和人才强国战略的重要载体，人力资源服务业是现代服务业中重要的新兴产业。充分发挥市场配置人力资源的基础性作用，促进人力资源的流动开发配置和素质提升，对促进人的全面发展和首都经济的可持续发展具有十分重要的现实意义。二、北京市人力资源服务业发展状况。一是积极推进统一的人力资源市场管理体制的建立；二是积极推进人力资源市场法制化建设；三是积极推进人力资源市场公共服务体系建设；四是积极推进流动人员人事档案公共服务管理信息系统建设；五是积极推进人力资源服务标准化建设；六是统筹规划和推进人力资源服务业发展。三、存在问题。（一）人力资源服务业对完善立法的呼声日高。（二）人力资源服务行业规范程度急需提高。（三）人力资源市场公共服务效能还不能充分满足日益增长的公共就业和人才服务需求。（四）人力资源市场信息化建设水平有待提升。（五）人力资源服务机构特别是民营机构整体实力有待加强。（六）人力资源服务业受经济形势和经济政策的影响较大。（七）对人力资源服务业的重视程度亟待提升。四、正在实施及需要进一步推进的工作。（一）积极推进人力资源市场立法。（二）加强人力资源市场发展的统筹规划。（三）完善人力资源服务业地方标准。（四）加强人力资源市场的统一管理。（五）完善人力资源市场公共服务体系建设。（六）大力促进人力资源服务产业发展。

2、委员意见

非常满意，希望进一步落实。

三 相关评价

该提案分析了发展人力资源服务业的深远意义，并提出专业性的建议，得到办理部门的充分肯定和认可，后来转化为北京市的相关政策文件。虽然人力资源服务业的发展面临的问题很多，但是在进行合理规划和创新管理等方面的努力下将有大的发展。中国新闻网、中央网络电视台、光明日报、中国文明网、和讯网、光明网、网易新闻、央视网、搜狐网等多家媒体对该提案进行了报道，受到社会的广泛关注。

提案 21
关于北京市建立人才科技交易中心促进科技创新中心带动京津冀协同发展的提案（政协北京市第十二届委员会第三次会议提案 第 1191 号）（2015 年）

一 提案内容

问题及分析：

政治中心、文化中心、国际交往中心、科技创新中心——这是 2014 年习近平总书记以及国家对北京的城市功能战略定位。关于前三个中心的拥有与保持，与全国其他城市相比，北京市具有绝对的优势与独一无二的地位。但是，对于其中第四个中心的建设与保持，并非容易与自然而然的事情。而是需要北京市政府尽早进行规划与努力建设，否则，就可能坐失良机。

这是因为，一方面，北京市成为全国科技创新中心，是北京市经济转型发展与人才优势发挥的必然选择，具有一定的优势。北京市目前是全国科技人才的培养开发中心，北大、清华、中科院等一大批高等院校与科研院所都在北京；北京是聚集各种科技人才最多的城市，有中关村等成功园区，是国内外各种人才创业发展首选之地。而且，与北京市定位人才之都的战略相匹配。

但是，另一方面，上海、武汉、西安、广州、深圳、天津、杭州、南京等城市的科技创新产业与人才也都不差，其中任何一个城市的科技创新与发展都有可能走在北京市的前面，从而导致北京市丧失全国科技创新中心的地位。

全国各个中心城市争创科技创新中心是大势所趋与人心所向。随着我国人口老龄化的出现，我国人口红利正在快速消失，如何从人口红利转向人才红利，促进与支持人才强国战略的实现与创新型国家的建设，进行经济转型发展，是摆在各个省市领导面前的一个紧迫问题。

人才红利的获取必须基于人才市场配置的机制激励，如果北京市委市政府领导率先在北京市建立人才交易中心，不但具有在中国抢先占领科技创新中心制高点的先机，而且具有探索人才强国的市场之路的示范意义，具有人才强国辐射世界、带动京津冀协同发展的效应；

目前我国各地中心城市人才资源不少，但是重视有余、激活不足，沉淀多激活少，利用有限浪费不少，管理较多尊重不够。所以，亟待从政府管理转向市场驱动，充分发挥市场配置机制的作用。北京市建立人才交易中心恰恰就是把人才管理由政府配置转向市场配置、由政府激励转向市场激励的创举之一。

所谓人才交易中心，就是人才以其才能、成果与产品在中心公开报价、提出资金支持需求、经营需求、股份需求、经营人才需求等合作与创业需求，再由市场管理人员通过一定的媒介向外界公开招标与寻求合作方，以便让人才的才能、成果与产品在社会经济建设中尽可能发挥作用。与人才交易中心对应的是举办人才交易会议，每年定期由人才交易中心面向海内外发布信息，吸引风险投资人、企业经营人、事业创建人、知识产权营销人以及人才者本身前来进行会面与洽谈，选择与寻找合作伙伴与购买交易者，把人才的人力资本、成果与产品转换为现实的生产力。

建议：

科技创新中心建设关键不在于人才的引进，因为北京是全国的人才之都，而在于人才创新活力的激发与集聚能力提升；京津冀协同发展，根本不在产业转移与协同发展而在于科技创新的引领；北京市人才战略定位应该是把目前的科技人才培养开发中心、集聚中心转变为科技人才创新创业中心与科技效益贡献中心。因此，尽快建立北京人才科技的产品成果交易中心，将可以加快首都科技创新中心的建设并且引领京津冀社会经济的协同发展。

二 提案的影响与效果

1、办理部门与意见

列入市领导参考（市政府）。

2、委员意见

基本满意。

三 相关评价

该提案建议率先在北京建立人才交易中心，政协会议上与后来提案办理中一直得到市政府的高度重视，作为市政府领导工作的重要参考，提案具有针对性、时效性和专业性。

被有些省市转化为实际行动。例如，2018年10月调研中发现重庆中国人力资源服务产业园即将建立类似机构。

★ 提案 22

关于京津冀一体化战略中建立高层次人才共享机制的提案（政协北京市第十二届委员会第四次会议提案 第 0181 号）（2016 年）

一 提案内容

问题及分析：

自从 2005 年开始，京津冀在廊坊签署了《京津冀人才开发一体化合作协议书》奠定了京津冀区域人才交流合作的基础。2005 年至今，十年中京津冀三地人才合作虽然不断深入发展，但是并没有见到满意的发展。目前比较突出的问题表现为以下四个方面：

（一）高层次人才结构与教育资源存在互补与各自优势

1. 拥有高学历人才的差异巨大（《中国统计年鉴》2010 年数据）

在职攻读博士、硕士获得学位的人数

2. 人才行业结构差异明显

根据资料显示，京津冀地区专业技术人员从业行业结构差异较为明显：河北省的专业技术人才分布排到前三位的分别是教育、卫生、社会保障人员，其中专业人才从事行业最少的是信息传输和计算机软件。天津市专业技术人才的产业分布与河北省具有类似之处，从事人数最少的也是服务业。北京市的专业技术人才分布排到前三位的分别是教育、工程技术、卫生技术等三大领域，金融类等却面临人才不足的困境。这表明各地区产业结构，人才结构的分布不均。

3.高层次人才教育资源的分布严重不均衡

（二）人才战略缺乏统一规划，产业同构导致人才流动不合理

从《国家中长期人才发展规划纲要（2010-2020）》中可以看出，北京未来的发展方向是国际型大都市，尤其在科教、文卫、社会等公共区域内培育和引入全球顶尖人才。天津和河北两地主要集中在工业和经济两方面，缺乏专业型人才，而且没有相应的引入机制。这两个地区紧缺的人才主要集中在石化、设备制造、医药、新型材料、金融、财务、电子商务、物流管理和环境保护等方面，人才需求重复。由于各地缺乏统一的发展规划，导致他们在决定主导业务时，不能从全局利益的视角出发，无法实现统筹发展，造成产业间同质化严重，增强了对人才、科技和资本的争夺，最终造成这三个地区不能根据自身特色进行发展，无序的竞争局面给资源带来较大的浪费。

（三）人才协作统筹层次较低，难以形成深度有效的高层次人才协作机制

由京津冀省级机关牵头，连同机关部门共同签订人才协作事宜。京津冀分属于两大直辖市和河北省，行政区域各自独立，其内部市场机制发育水平不高，所以在经济、社会和环境保护方面沟通不畅，没有形成长期高效的互认机制，实现诸如跨省份的社保统筹、户籍问题、专业技术职务的任职资格、博士后工作合作协议、专家信息库建立、人才间沟通的平台等，这些都要在更高级的筹划下进行全方位的协作，其他相关单位共同参与才能实现有关事项的落实。目前的联席会议对于这三个地区间的人才协作来说，规模较低，不同层级行政主体之间缺乏推进联动的积极性。

（四）人才的马太效应，使地区间经济差距悬殊导致高层次人才分布不

均衡。

因为这三个地区在经济水平、教育、人才数量、员工素养与工作条件上存在着较大差距，区域间不可避免地存在内部竞争关系。北京因为经济发展迅速、文化环境好、医疗卫生条件高等硬件环境对周围区域的人才具有较大的吸引力，使得高端人才竞相涌入北京，津、冀特别是河北的高层次人才不断外流。河北目前具有国家级别的学科、实验室和工作站等与北京、天津相比，存在非常大的差距，高层次人才外流使得处于弱势地位的河北的人才短缺现象加剧。

建议：

按照习近平总书记的指示，北京要建立首都的"四个中心"，在京津冀一体化发展中发挥龙头带动作用。然而如何建立首都北京带动的机制与动力，目前并没有见到具体的方案。从上面问题分析可以发现，北京的优势主要是人才及其带来的产业与事业发展，因此要发挥首都北京的带动作用，也在于发挥首都北京的人才优势与作用，鉴于京津冀的地理相邻与环境相异，目前最为有效的是建立京津冀高层次人才的共享机制。具体建议如下：

（一）统一高层次人才开发使用共享战略规划，打破"一亩三分地"的思维定式

目前京津冀三地高层次人才分布严重失衡，例如中关村一地就汇聚了全国一半左右的院士资源，远远超过天津、河北两地。并且受制于政策障碍、市场分割等因素，三地在高层次人才引进、培养、专业布局和远景规划等方面，都处于各自为政的局面，高层次人才并没有流动起来，更没有形成合力。京津冀一体化发展的关键在于人才发展的一体化战略，其中最为核心的是高层次人才开发战略，因此京津冀三地亟待构建一体化的高层次人才共享战略机制。建立高层次人才共享机制，关键在于智力资源的共享。一方面要在现有基础上进行定期交流两院院士、享受政府特贴专家等高层次人才信息库，建立三省市博士后管理部门之间的定期联系制度，建立高层次、高技能人才柔性流动机制和三地引智工作信息互通与成果推介合作机制，共享引智项目和专家；另一方面，应站在国家大局和区域协同发展的高度，根据区域内京津冀不同地域的功能定位和产业结构调整的需要，做好高层次人才开发与使用的统筹谋划，加强高层次人才服务的政策设计与引导，通过智力资源与科研成果的共享与分享，达到高层次人才在京津冀不同产业与事业的发展上获得红利与分享，达到区域内高层次人才的共有、共用与共享，实现区域内的高层次人才的同效、同利与同酬。

（二）加强津冀两地高层次人才引进载体建设，规划首都北京高层次人才的溢出驱动战略

当前北京正在加快调整和疏导北京的非首都功能，一批产业、院所、高校将会迁出北京。这种现象，可以称之为"产业溢出"，为此津冀两地应加强载体建设，提升工业园区、楼宇经济、创业创意社区的软硬件环境，提升对重大项目和高层次人才的承载能力。然而，在京津冀一体化发展中，首都北京对于津冀两地光有"产业溢出"不行，必须有相应的"人才溢出"。津冀两地相对北京来说，高层次人才比较匮乏，如果没有高层次人才的支持，津冀两地可能不愿接受北京的"产业溢出"，而且"溢出"的产业在津冀也无法落地发展。因此首都北京在"产业溢出"的同时必须有计划有组织地进行高层次人才溢出的战略规划。津冀两地一定要积极主动对接，实现高层次人才的引进和落地发展。

（三）建立人才租赁机制与健全制度衔接配套机制，发挥首都北京高层次人才服务于京津冀一体化发展的驱动作用

通过健全和发展联席会议制度，由这三个区的相关领导人员组成京津冀发展委员会，负责该范围内的经济、科教、社科、人才等方面的协作与发展，对目前高层次人才方面的一些政策与制度进行融合，对高层次人才的培育、引入、应用、流通、激励、保障等制度进行改革与完善，形成新的体系，从而为吸引更多的北京高层次的人才投身到天津与河北等区域协调发展中提供政策和制度保障。政策的建立和完善具体包括：

1.提高国家与地方政府对于高层次人才引进专项资金的投入。进一步加大高层次人才专项资金投入额度，使引进的高层次人才在天津河北地区的物质待遇与北京趋同，并重视高层次人才引进资金的到位和落实。

2.建立高层次人才租赁制度。依据"错位发展"原则，京津冀各地高层次人才各有优势与差异，各地、尤其津冀两地对于北京的高层次人才具有

租赁的客观需要；根据京津冀地区地理"相邻相近"的现实，京津冀区域内高层次人才没有必要进行户籍、档案、养老保险转移与家庭的迁移，京津冀应该尽快建立高层次人才的租赁制度，河北应该花费一定的精力、财力与人力，尽快进行专家工作站、公寓楼、人才特区与高层次人才服务区等基础设施建设、高层次人才服务区等环境优化建设，吸引京津两地的高层次人才。

3.完善首都北京高层次人才服务津冀的特殊激励制度。研究高层次人才的分配激励办法，将高层次人才的户籍、档案与社保保留北京，收入与支援服务津冀发展的岗位职责、工作绩效、实际贡献及成果转化的效益直接挂钩；鼓励首都高层次人才以专利、技术、科研成果、发明、管理创新等要素参与当地的收益分配。尤其鼓励北京合同制与尚未落户的高层次人才分期分批到津冀两地工作2—5年，依据其在当地贡献与时间，在落户北京方面进行一定幅度的加分，有条件的可以在当地落户，暨发挥北京高层次人才服务京津冀协同发展的作用，又在一定程度上疏解了首都的人口压力。

（四）在京津冀高校与科研院所建立高层次人才柔性引进机制

京津冀高层次人才共享机制的建立重在使用不在拥有。柔性引进机制是一种富有弹性的灵活用人机制，是高层次人才资源共享的一种主要机制。对于亟需的紧缺人才和高层次人才，各地的高校与科研院所可以通过项目式、合作式、兼职式、聘用式等引智方式，对人才做到不求所有，只求所用，最大限度地发挥首都北京高层次人才服务津冀两地的作用。通过柔性引进，建立良好的人才整体开发机制与环境，实现高层次人才资源在京津冀的合理配置和高效利用。在岗位设置上，改变传统的固定岗位的做法，由重视实体引进转向重视智力引进。高层次人才资源共享是一个系统工程，要求人事部门打破传统的"用人必养"和"人才单位所有制"的观念，树立"机会成本"和"人才社会所有制"的观念，变刚性引进为柔性引进。

（五）在京津冀建立统一的高层次人才信息库

三地应按照统一的分类标准，着手研究建设包括高层次人才基本信息、高层次人才发展平台信息、高层次人才政策信息在内的信息数据库，以便为今后高层次人才的需求、流动、结构调整和平台建设提供政策参考。高层次人才不同于一般人才，更不同于一般的生产要素，其具有高智能、高效率、创造性以及高效益等特点，若市场信息发生不对称，即高层次人才无法找到施展自己才华的市场，那对社会影响或负效应将超出一般人才和其他生产要素。为此，要搭建完善的高层次人才资源信息共享平台，加快推进京津冀三地高端人才信息库的对接共享，促进三地高层次人才信息交流共享。

结语：

目前京津冀三地高层次人才不论从结构，质量还是整体分布表现出明显的高低不平的现状。作为人才高地的北京，其城市承载力与资源环境之间的矛盾逐渐突出，由于交通成本、时间成本和竞争压力的加大，其优势已经大打折扣。所以首都北京应该从京津冀一体化发展的战略上来规划与创设好首都高层次人才发展的空间、生活的环境和创业的平台，与京津两地共同打造与解决好高层次人才所关心的发展环境、科研基础条件、子女就学、收入落差和高房价等现实需求，这样才能让他们愿意来，留得下，为京津冀一体化发展贡献自己的智慧与力量。京津冀三地无论现在还是未来都存在高层次人才发展的区位优势及劣势，如何从体制机制上促进他们的合作与流动，实现资源共享，共创良好的环境氛围，需要我们今后在实践中不断地摸索与发展。因此建立京津冀一体化发展战略下的高层次人才共享机制势在必行！

二 提案的影响与效果

1、办理部门与意见

北京市委组织部对该提案进行了办理，认为该提案聚焦京津冀人才一体化共享机制建设情况，对当前三地人才结构和教育资源差异大，人才流动不合理、人才协作统筹层次低、人才马太效应明显等问题进行了深入分析，找准了区域人才一体化发展的弱点、难点和缺点，提出了针对性强的意见建议，完全符合区域人才发展实际，为进一步做好人才一体化发展工作具有很强的启示借鉴作用。北京市委组织部会同市科委、市教委和市人力社保局，认真梳理了近年来京津冀人才一体化发展共享机制的建设情况，并围绕提案中提出的问题建议，结合区域人才一体化发展实际，明确了下一步共享机制的建设思路,为更好推动京津冀人才一体化发展提供制度保障。下一步,将充分借鉴提案中的建议,着力在共享机制的领域、内容上丰富完善,形成符合京津冀人才发展实际的共享体系。

2、委员意见

基本满意。

三 评价

该提案针对京津冀的人才提出向着更好、更高层次发展的意见,为办理部门提供了很好的工作思路,受到办理部门的充分认可和赞同,对推动京津冀人才一体化发展起到积极作用。京华时报、人民政协网、中国网、中国青年网、华龙网、大众网、贵阳网对该提案进行了报道,同时人民政协网对该提案进行了专稿报道。引起了河北省政协委员与人大代表的高度重视。

★ 提案 23

关于促进法治政府建设加快推进人力资源市场立法工作的提案
(政协北京市第十二届委员会第四次会议提案 第0597号)(2016年)

一 提案内容

问题及分析:

北京具有丰富的人力资源和人才资源优势,近年来,产业结构调整和升级换代也催生了人力资源服务业的发展。2014年9月,北京市人民政府出台《关于加快发展人力资源业的意见》,开启了人力资源服务业发展的新征程。截至2015年底,全市人力资源服务机构达1197家,其中经营性服务机构719家,北京地区人力资源服务业产值已达1400亿元,且呈逐年增长态势。总体看,以市场为导向的就业机制日渐成熟,标准化信息化建设日趋完善,人力资源市场已成为促进就业和人力资源开发配置的主渠道。同时,经营性人力资源服务领域发展迅速,非公经济组织占到人力资源服务机构的60%以上，市场化、国际化程度不断提高，人力资源服务业业态发展日益多样化，形成了包括求职招聘、职业指导、咨询顾问、素质测评、人才培训、高级人才寻访、招聘洽谈会、招聘网站、人力资源外包、劳务派遣等在内的多层次、多元化服务领域，在科技、金融、商务、文化创意等产业发展集中地区形成了一批人力资源服务产业集聚区域。人才市场与劳动力市场的整合融合工作全面推进，进一步提升了公共就业和人才服务效能和工作水平。

但是目前机构众多、参差不齐、鱼目混杂、市场混乱、黑中介事件时有发生，严重扰乱了北京市的人力资源市场秩序。

党的十七大以来，中央就人力资源市场建设作出一系列部署，明确要求加快建设统一开放竞争有序的人力资源市场。近几年来，北京市在人力资源市场整合改革、人力资源服务许可"先照后证"改革和加强事中事后监管、行业标准化和诚信体系建设等方面采取了一系列改革措施，取得了积极成效。但是，统一的人力资源市场管理法规一直未出台，还存在着服务机构运作不规范、政府部门监管职责不清晰、规范新兴业态和行政执法查处依据不充分等问题，亟需通过立法来加强市场监管，维护市场秩序，人力资源市场立法工作滞后，一定程度上制约了北京人力资源服务业的规范健康可持续发展。这与当前北京市产业转型升级需要大力发展人力资源服务业不相符、与建设人才之都需要规范有序的人力资源法规保护不相符，与法治政府建设需要人力资源市场管理立法不相符。

建议：

党的十八届三中全会提出要发挥市场在资源配置中的决定性作用，同时也要更好发挥政府的作用。十八届四中全会提出全面依法治国的总目标和重大任务。人力资源是坚持和强化首都城市战略定位，加快构建"高精尖"经济结构的重要战略资源。人力资源市场是重要的要素市场之一。处理好政府与市场的关系，应该建立相对完善的法规体系，加强对人力资源市场的规范化管理，明确市场各方主体的责权利关系，依法行政。

因此，建议北京市加快推进人力资源市场立法工作，按照《中共中央关于制定国民经济和社会发展第十三个五年规划的建议》"统筹人力资源市场"

的要求，尽早出台《北京市人力资源市场条例》，为人力资源市场发展营造良好的法制环境，为治理北京的人力资源市场管理提供法律保障。

二 提案的影响与效果

1、办理部门与意见

北京市人社局对该提案进行了办理，认为提案中深刻分析了北京人力资源市场发展过程中存在的问题及其原因，并提出按照中央统筹人力资源市场的要求，尽早出台《北京市人力资源市场条例》，为人力资源市场发展营造良好法治环境的建议，对于进一步促进我市人力资源市场健康发展极具参考意义并具有推动作用。该提案提出的建议也充分体现了加强人力资源市场立法工作的社会呼声，我们将认真研究您的宝贵意见，进一步做好《北京市人力资源市场条例》的研究制定工作，通过立法，处理好政府与市场的关系，明确人力资源市场各方主体的责权利和行为规范，为人力资源市场规范健康发展提供良好的法治环境。下一步，将认真做好以下工作：进一步改进人力资源市场管理工作，重启人力资源市场立法工作，继续做好《北京市人力资源市场条例》研究制定工作。继续深入研究新形势下人力资源市场建设发展规律，广泛听取意见建议，在市政府法制办和市人大的指导下，进一步做好条例草案修改完善工作，争取早日出台《北京市人力资源市场条例》。

2、委员意见

基本满意。

三 相关评价

该提案针对目前北京市有关人力资源市场相关法律的缺失，建议尽快立法，以填补人力资源市场的法律空白，为人力资源市场的发展和管理提供法律保障起到关键性的作用，受到了办理部门的高度重视，并及时转化为重要工作政策文件。该提案后来被国家相关部门重视，促进国家相关部门在2018年7月出台发布了国家《人力资源市场暂行条例》，参考网站：www.mohrss.gov.cn/SYrlzyhshbzb/dongtaixinwen/buneiyaowen/201807/t20180717_297505.html。

第五章

立足教育　爱护学生

师者，育人者，德之大也。作为一名教育工作者，不仅要教书，而且也要时刻关心爱护自己的学生，把学生当成自己的孩子一样照顾，同时也要对教育工作本身进行思考，就如何加强教育体制改革提出建议。本章共计3件提案，每件提案包含提案内容、提案的影响与效果和评价三部分。

提案 1

关注女生安全，加强女研究生宿舍管理的问题的建议（政协北京市第十届委员会第五次会议提案 第 0345 号）（2007 年）

一 提案内容

问题：

前不久大白天，在北京林业大学女研究生宿舍发生了一起骇人听闻的杀人焚尸事件，女研究生品学兼优，担任学生干部，但是因为不愿意继续与其男友谈恋爱，该男友即身带汽油，大白天到该女研究生宿舍，先把该女研究生掐死后再把汽油洒在她与自己身上点燃焚尸。本提案提出后，学校管理没有太大改善，所以再次提出。

分析：

自从大学生允许结婚后，大学对于女大学生的管理就不太严格，或者男女合住同一栋同一层，或者门卫登记与看管放松。尤其对于女研究生管理特别松。由于研究生必修课程比较少，机动时间比较多，一周内经常在外居住学校不闻不问。无论白天晚上男生在女生宿舍过夜同居多次，学校根本不知道。我电话调查过几所大学保卫部门与学工部学生处，都表示对于女研究生在外随意过夜的行为不便管理。可是家长把孩子送到学校，又以为学校会严格管理。对于在外过夜等行为毫无所知。只有出事后才可能知道。

这样不但影响了学生的学习，而且败坏了学风与校风，埋下了许多不安全隐患。

建议：

1、男女分开在不同宿舍住，严格进出人员门卫查管登记制度；

2、要求学校在每层楼与进门安装电子监控设备，及时记录进出人员及其进入房间的时间；

3、加强女研究生外出居住过夜的报告制度；

4、加强宿舍管理员与研究生班级学生会或者班主任定期查访制度；

5、对于有问题的学生，加强与导师或者家长的沟通制度。

二　提案的影响与效果

1、办理部门与意见

北京市教委对该提案进行了办理，办理部门表示在大学生公寓安全管理方面已开展的一定的工作，在标准化大学生公寓建设方面、辅导员入住学生公寓方面、大学生科技创安方面、大学生安全教育方面、学生自我管理与自我服务方面等做了大量工作，高校学生公寓的整体安全防范基础设施建设得到了有力加强，整体安全防范能力得到了提升，学生的安全防范意识和自护自救能力有了一定程度的增强，但是工作中仍然存在一定的不足与问题。该提案对市教委的下一步工作的开展提供了指导，市教委将加强学生公寓楼安全管理工作，杜绝发生学生安全事件，努力为广大师生员工创建安全、稳定、和谐的校园环境。

2、委员意见

希望尽快落实，比较满意。

三　相关评价

此项提案针对正在发生的社会事件，准确抓住事件背后反映出的学生安全问题，不仅发挥了一名政协委员的作用，更是体现出作为一名教育工作者对学生的关心与爱护。

★ 提案2

关于为北京创建世界一流大学改善环境优化办学条件的提案
（政协北京市第十二届委员会第二次会议提案 第0274号）（2014年）

一　提案内容

问题及分析：

目前北京大学除了北边与东边，南边与西边部分地段还比较混杂。南边的居民房大部分是用于出租或者商业用房，真正住的人不太多；西边的南段与北段，基本上也是商业用房。由于这些用房地处较偏、较小与不成规模。一方面，商业长期以来成不了气候，经营价值有限；另一方面，又在一定程度上影响了北京大学的教学、交流与周边环境整治、制约了北京大学的环境美化与南校门的改造，并且一直存在交通的安全问题与隐患等。

建议：

1、北京市政府与海淀区政府能够出面引导与鼓励北京大学南边与西边的居民与商业用房所有者支持与帮助北京大学环境改造，优化办学条件，把这些地段划归北京大学办学之用；

2、北京市政府与海淀区政府能够支持与帮助北京大学委托相关企业通过市场方式实现南边与西边的居民与商业用房所有者拆迁中的经济补偿或者另外给予住房置换；

3、由于海淀桥至101中学这段颐和园路并非交通要道，目前两边分别有中关村大道与圆明园西路。因此建议先对于圆明园进行东扩，把目前圆明园西路改道到圆明园西路上。让北京大学南边成为草地绿化或者南大门带一个广场，西边整体得到扩充至圆明园西路，改善北京大学目前的办学条件与环境。北大南边的交通路段也同样可以改造，向北四环南移。

如果能够在市委市政府的大力支持与帮助下，北京大学将可以有一个比较完整的校园环境，更快更早更好地步入世界一流行列。

二 提案的影响与效果

1、办理部门与意见

海淀区政府对该提案进行了办理，海淀区政府对此提案非常重视，认真分析提案提出的问题，召开政府全体会议集体研究。在办理过程中，积极与委员进行沟通，听取委员的意见。具体答复要点如下：对于北京大学南边以及西边的环境整治与优化的建议，非常有利于北大创建世界一流大学的战略实现，我区非常重视，将积极配合并且做出诸多工作予以解决。海淀区政府现正在进行三山五园地区规划研究，将会对三山五园地区进行整体规划设计，改善与提升城市环境；同时也在大力推进两园之间环境整治，将对挂甲屯、一亩园等村庄进行拆迁腾退。三山五园地区规划以及两园之间村庄搬迁完成后，北京大学周边环境问题将得到解决。对于北京大学西扩问题，北京大学西侧现状建设有万泉文化公园、北京邮电疗养院、海淀体育中心、芙蓉里居住小区等，扩展学校用地需进行搬迁，相关工作推进难度大、成本高、周期长。对于取消海淀路和颐和园路问题，目前北京交通堵塞问题较为严重，考虑到城市路网密度和区域交通流量，还需经过各项论证，若将其纳入北京大学校区，也会增加北京大学管理成本。下一步，我区将积极配合协调推进校园周边环境整治、校区范围选址论证等工作，为北京大学改善环境、优化办学条件、创建世界一流大学创造有利条件。

2、委员意见

基本满意。

三 相关评价

此项提案立足北京大学的发展，为建设世界一流大学，营造良好的办学环境和条件提出了具体建议，受到海淀区、北京市文化局、北京大学等部门的高度重视与肯定。

★ 提案3

关于北京市实现12年义务教育的提案（政协北京市第十二届委员会第五次会议提案 第0692号）（2017年）

一 提案内容

分析：

北京市是中国的首都，习总书记把其定位全国文化中心。目前北京市许多方面都走在全国前列，经济发展水平处于先进行列，但是目前北京市的义务教育年限却与全国一样，仍然是9年制。这与首都与文化中心的大都市地位不相匹配。朝鲜首都平壤的社会经济发展水平远比北京低得多，但是平壤早就实行了12年义务教育，为什么北京不去实现呢？

分析：

其原因主要在于以下几个方面：

1. 目前国家没有要求，对于实行12年义务教育还没有足够的认识；

2. 北京市的社会经济发展水平远超过了实现12年义务教育的实力，因为增加3年多了一些事情，相关部门不愿为此付出太多；

3. 由于独生子女政策，目前家庭非常重视子女教育，一般都会读到高中毕业，甚至北京常住人口中大学普及率都在全国前列。所以实行不实行12年义务教育，区别不大，实际意义不大。其实不然，提出12年义务教育，对于提升首都形象与文化形象，具有重要意义。

建议：

1. 北京要建成全国的文化中心，又是中国的首都，应该尽快通过人大立法，在北京市实现12年义务教育；

2. 如果在北京市整体实行12年义务教育目前条件不成熟，可以在海淀、西城等教育发达的地区实行12年义务教育；

3. 如果在整个区无法强制实行12年义务教育制度，可以在全北京市各个区选择一些发达学校实行12年义务教育制度。

二　提案的影响与效果

1、办理部门与意见

列入上报国家相关部门的信息。

2、委员意见

希望能够引起相关部门的关注与重视。

三　相关评价

实行中小学12年义务教育，是国家与政府进行人力资源开发的基础工程，也是国家人力资本投资的重要内容。大势所趋，人心所向，受到国家相关部门的高度重视，我国北京市、上海市等部分发达地区已经在行动中。

第六章

城市建设　人口管理

　　城市建设是城市管理的重要组成部分，涵盖城市基础设施、人口、规划、人居环境等各项内容。其中，城市基础设施是城市的根基，是城市活动中产生的人流、物资流、交通流、信息流的载体，是城市可持续发展的重要基础条件；人口管理是城市建设的重要内容，人口的规模、素质等都影响着城市的发展；合理规划城市是城市建设和管理的依据，是城市未来发展、合理布局和综合安排各项建设的综合部署。本章提案围绕城市规划、城市建设、城市运行等不同阶段的具体内容提出意见建议，其中的人口规划、居住证发放、垃圾分类等提案受到社会广泛关注以及办理部门的高度重视，转化为相应的政策得到执行，受到较好的评价。本章共计11件提案，每件提案包含提案内容、提案的影响与效果和评价三部分。

提案1

关于控制北京市人口规模的提案（政协北京市第十一届委员会第二次会议提案 第0214号）（2009年）

一 提案内容

问题分析：

根据2005年世界城市人口规模排名，中国北京已经跻身全球20个最大城市之一、排名第18位。目前北京的人口已经接近2020年的1800万规划目标，按照目前的增长速度，2020年北京市的人口规模总量将达到2800万，将排名第2位。因此如何控制北京市人口总量保证首都政治与社会安全已经成为我们不可忽视的重大问题。

建议：

1、优化产业结构调整，积极发展高科技产业与大力发展现代服务业，限制劳动密集型企业，在增加经济实力的同时降低劳动力增长速度，并且引导就业人口素质提升；

2、严格执行计划生育政策，鼓励少数民族与独生子女家庭少生与优生，控制人口自然增长率；

3、严格控制买房转户口行为，优化人口质量提高留京进京人口素质标准；

4、优化投资与生活环境建设，优化人口结构，鼓励国外人口、全国各地区与各民族人口按照全国比例结构均衡分布，但是要求进京少数民族少生优生；

5、根据国际大都市人口变化的规律：城市化、城市郊区化、逆城市化（城市中心区空心化）与再城市化四个阶段，完善迁移人口的审批与管理，控制与优化各城市区域的人口变化与密度；

6、加速主城区向卫星城的产业转移，加速主城区人口向卫星城的集聚；

7、加强外来人口与低学历人口的教育培训，提高北京市人口整体素质。

二 提案的影响与效果

1、办理部门与意见

北京市人口计生委对该提案进行了办理，办理部门高度重视，组织市流管办、市发改委、市民委有关部门进行讨论和研究，并表示该提案符合科学发展观的要求，针对"人口规模控制"提出了许对具有针对性和可操作性的措施，建议高瞻远瞩，未雨绸缪，对今后的人口发展形势把握准确，处处从提高人口素质的角度，以此为基础达到调控人口的目的，是比较可行的措施。从建议中体现出委员对人口发展工作的高度重视和支持，对首都科学发展的热诚期待。委员的拳拳之心也将化为改进工作、提升水平的信心和动力。根据建议，办理部门将提案中第1条、4条、5条、6条、7条的建议融进以下的工作思路（第2条和第3条建议已经得到严格执行）：转变经济发展方式，实现以业控人；加强城乡接合、"城中村"、地下空间等城市区域综合治理；有效控制中心城人口规模，积极引导人口有序迁移；建立新的人口管理与服务模式，改善外来人口服务；完善人口管理法规体系，制定人口疏散与引进人才的综合配套政策；大力发展扶持社会经济，减轻首都外来人口压力；研究建立人口调控的宏观管理机制；加强京津冀区域合作，提升周边中小城市的人口疏解能力。

2、委员意见

同意。希望把我们提案中的建议落实在具体措施中，并予以适当体现。

三　相关评价

该提案具有前瞻性，为控制北京市人口规模工作提出了多种思路，受到办理部门的肯定和认同，并及时转化为市政府的相关政策。

★ 提案2

关于北京市政府做好居住证发放工作，提升北京市人口素质的提案（政协北京市第十一届委员会第三次会议提案　第0235号）(2010年)

一　提案内容

问题及分析：

为了有效保障外来人员在北京市工作生活的正当权益，北京市政府将把外来人员的暂住证换发为居住证。这充分体现了北京市政府对于外来人员的尊重，体现了外来人员与本市人员的平等与和谐社会建构的精神，也体现了北京市政府对于外来人员由管理为主到服务为主的转变。

但是，由于北京市是中国的首都，一方面具有政治、文化与经济方面的特殊性，是许多人向往的工作地与居住地。另一方面，城市的承载能力十分有限，交通、水资源紧张、生活资源消耗巨大、环境污染问题日益严重。实行暂住证制度对于外来人口的控制具有一定的便捷性与灵活性。将把外来人员的暂住证换发为居住证后，外来人口将基本享受北京市公民同等待遇，北京市政府对于外来人口控制的灵活性将逐渐丧失，城市的负担将逐渐增加。而且负担将由暂时性转变为永久性，不可逆转。因此，居住证制度的实施对于北京市政府来说是一把双刃剑。如何利用暂住证换发为居住证的机会，发挥它们对于北京市的人口居住地的布局优化与人口素质提升的价值与作用，特别值得我们思考。

建议：

1、全面盘查北京市的人口居住情况与布局现状，通过各区县不同居住证指标的控制对于目前人口居住的高密度地区进行调节控制；由目前过度集中向适度分散调节。这样不但可以有效缓解目前天通苑与望京等人口居住高密度地区的交通压力，而且可以改善优化北京市人口的居住环境。

2、全面盘查北京市的各产业人力资源的需求情况与布局现状，通过对于紧缺人才产业与支柱产业人才居住证发放指标的倾斜，来优化与调整北京市的人力资源与人才结构，保证与促进北京市的产业结构调整、优化与升级。由传统服务业向现代服务业发展，人口聚集由劳动密集型人员向技术技能型人才转变，由一般服务型人员向创新创业型人才转变；

3、全面盘查北京市的人口素质情况与布局现状，全面研究国内外其他城市的居住证发放标准，根据北京市未来城市发展战略与人才战略，精心研究人口素质模型，制定科学准入标准，全面控制与提升北京市未来人口的素质。

二 提案的影响与效果

1、办理部门与意见

北京市委政法委对该提案进行了办理，办理部门对该提案高度重视，会同有关部门对提案内容进行了认真分析研究，提案中提出关于"北京市政府做好居住证发放工作，提升北京市人口素质"的建议，对做好实施居住证制度的调研工作十分重要，特别是"利用暂住证换发为居住证的机会，发挥对北京市人口居住地布局优化和人口素质提升的价值与作用"丰富了调研工作的思路和视角。将会在实行居住证制度和人口规模调控等方面工作中统筹考虑提案的建议，扎实做好相关工作，进一步提升政府公共服务管理水平，推动我市人口资源环境的协调可持续发展。

2、委员意见

满意。

三 相关评价

该提案针对北京市换发居住证政策提出意见建议，得到办理部门的充分认同和肯定，丰富了部门的工作思路，为推动北京市人口发展和管理起到了积极的作用。法制晚报、凤凰网对该提案进行了报道，受到社会的广泛关注。

★ 提案3

关于北京市分街道配备铲雪车的提案（政协北京市第十一届委员会第三次会议提案 第 0242 号）（2010 年）

一 提案内容

问题分析：

自从首钢搬迁、综合治理后，北京于 2008 年成功举办了奥运会。自那以后，北京的气候好了许多。天蓝了，春夏秋冬分明了。北京每年冬天都会下好几场大雪，但是每次下大雪后，主要靠人工铲雪，又累又慢，好些天小区与道路积雪不化。不但影响市民出行，而且经常引发交通事故。与国外相比，我们明显落后。不但影响大国大都市的形象，同时也让市民怨声载道。前不久北京出现了50年不遇的大雪，主干道基本上都是撒融雪剂除雪，但是30万-50万吨的融雪剂撒下去，虽然有效解决了北京主干道路清雪的问题，但是也带来了道路的伤害与环境污染。老百姓称之为"北京咸鸭蛋"问题。

建议：

1、以北京市市政市容管理委员会为主体，可以按照行政管理区域成立铲雪车队，负责本地区主干道除雪工作；

2、在北京市内分街道配备2-5台铲雪车，在清洁队中成立小分队，负责街区与小区的铲雪工作；

3、1万人（或者按照街区面积）居住规模以上的小区至少配备1辆铲雪车，物业管理费每平米1.5元以上的高档小区，费用从小区物业管理费中支出。物业管理费1-1.5元的中档小区，小区与街道共同分担；物业管理费1元以下的低档小区，由街道出资或者划拨铲雪车。

二 提案的影响与效果

1、办理部门与意见

北京市市政市容委对该提案进行了办理，办理部门表示该提案建议对首都环境卫生管理工作起到积极促进作用。答复要点如下：针对提案中提出的配备铲雪车的问题，已向市政府提交报告，重点解决街巷胡同和人行道的除雪机械配备。此报告正在审议过程中。针对在小区配备铲雪车的问题，将加大社会单位的扫雪铲冰执法检查工作力度，督促有关单位落实有关规定。进一步研究执法检查保障措施，切实解决社会单位、居民区，特别是物业管理小区的街巷胡同扫雪铲冰问题。针对居民居住地区的扫雪铲冰问题，各区县正在制定方案，协调安排资金解决街道办事处、乡镇人民政府负责的辖区道路扫雪铲冰机械能力工作。

2、委员意见

比较满意，希望督促落实。

三 相关评价

此项提案受到政府部门的充分肯定和赞同,既是对政府部门工作的鞭策,又是对政府部门工作的鼓励与支持。

★ 提案 4

关于建立北京市人口居住证发放标准的提案(政协北京市第十一届委员会第三次会议提案 第 0835 号)(2010 年)

一 提案内容

问题及分析:

外来人员在这里指在北京市工作、居住在 1 个月以上的外来人口。随着北京市的建设与发展,外来人员越来越多。暂住证的发放主要是要依据来京工作人员的意愿与工作时间,如果居住证发放没有专门的标准,只是依据外来人员的意愿与工作时间进行发放,那么居住证的发放对于北京市的人口及其结构的调整与优化就没有太大的意义。

建议:

1、进行北京市人口状况盘点,在了解人口居住的地区分布情况、了解人力资源的产业结构需求情况、了解人才紧缺的情况与了解保证北京市居民平均生活水平的经济标准要求的基础上,制定居住证发放的标准;

2、根据北京市各地区居住人口的密度区别性地分配发放名额,达到北京市各地区居住人口均衡化发展的目的与调节功能;

3、根据北京市产业结构优化调整的需要区别性地分配发放名额,保证与促进北京市各产业结构的调整与优化;

4、根据每个人的专业、技能与北京市的需求情况确定发放的时间顺序;

5、根据每个人在北京市工作生活的时间与贡献确定发放的时间顺序;

6、确定居住证发放的经济条件标准,确保外来人员在北京能够达到一般的生活水平与生活能力。

二　提案的影响与效果

1、办理部门与意见

北京市委政法委对该提案进行了办理，答复的要点如下：一、我市研究实施居住证制度的有关情况。今年，市流管办会同市公安局开展了关于我市实施居住证制度的调研工作。调研围绕居住证申领对象范围与条件、居住证与居住登记关系、证件载体、证件记录信息与信息采集方式、证件办理流程与费用、制证机关与设备以及居住证的法律性质、适用对象、与上位法之间的关系等立法问题，居住证附加的服务管理功能、与现行证件（暂住证、工作居住证）如何衔接、与本市户籍制度如何衔接等问题进行调研。目前，调研工作正在积极推进，力争年内形成研究实施居住证制度的立法调研报告，向市委市政府进行汇报。

二、加强居住证发放标准的研究工作。我们将在下一步的居住证立法调研工作中，认真参考您和其他委员的重要建议，对居住证的社会服务功能和社会管理功能开展调研论证。在社会管理功能上，一是要研究做好与北京市人力社保部门发放的工作居住证的衔接；二是要研究各区域人口情况与发放居住证的关系，使居住证在调节各地区人口均衡分布上发挥作用；三是要研究居住证的发放对象范围，有效调控流动人口增速、增量。在城市社会管理功能方面，要研究如何发挥居住证相关作用，为推进社会建设和构建和谐社会服务。

2、委员意见

对答复基本满意，希望抓紧落实与推进。

三　相关评价

此项提案得到政府部门的高度重视，为北京市人口居住相关工作的政策制定提供了一定的思路。同时，新京报、搜狐网等多家媒体对此提案进行了报道，引起了社会的广泛热议。

提案 5

关于小城镇和新农村建设中鼓励建筑设计具有民族和地域文化特色的提案（政协北京市第十一届委员会第四次会议提案 第0505号）（2011年）

一 提案内容

问题及分析：

千百年来，古人尚能给今人留下无数辉煌的优秀建筑，其中也包括具有地域文化特色的民居建筑。改革开放三十年，城市建设日新月异，然而各城市"千楼一面"，城市中的高楼大厦都不同程度地雷同相似，主要建筑物都是互相仿造，既无传统文化风格和地域文化特色，又不具有真正意义的现代性。

进行小城镇建设和新农村建设，必须从"文化"深度和高度上进行认识。要有"文化"上的长远规划和综合设想，才能给子孙后代留下布局合理、环境生态优美、具有发展空间、体现中华民族特色的美好家园和文化遗产。

建议：

一、对地方有关部门进行指导，增强其对小城镇和新居建设中"文化特色"的意识，采取措施促使各级政府领导予以重视。

二、组织专家队伍，设立专项基金，进行本地域历史、文化、民族、传统与现状的调查研究，召开专门会议研讨制定出体现地域文化特色的设计方案或指导性方案。

三、下级政府应组织专业人员根据上一级的指导性方案，调查研究本地区的历史和文化，设计出有地域文化特色的民居建筑设计，以供广大群众选用。在建筑材料上要凸显地方特色，尽可能因地制宜，就地取材。

四、对于小城镇建设、新农村建设的设计方案和实际样式，组织交流和评比，促进各地区设计水平不断提高，并着重凸显本地区的地方特色。

五、组织专家与网民进行投票评选优秀设计与建筑样本，分设国家特等、一、二、三四个奖项，每3年评选一次。

二 提案的影响与效果

1、办理部门与意见

北京市规划委（首规委办）对该提案进行了办理，办理部门将提案建议及时纳入工作计划中，具体为：注重历史文化名村名镇的保护工作，保留地域文化特色；进行地域历史、文化、民族及传统与现状的调查研究；组织制订体现地域文化特色的指导性设计方案。通过评优工作促进设计水平不断提高；通过标准制定强调村镇建设具有民族及地域文化特色。办理部门表示该提案中的建议和意见将在后续工作中继续落实。

2、委员意见

满意。

三 相关评价

此项提案针对目前城市建设需要融入文化特色进行了分析，并提出具体实施建议。同时得到了办理部门的认同，转化为部门的相关工作内容。

★ 提案6

关于北京市先进文化之都战略与城乡物质文化建设的提案（政协北京市第十一届委员会第五次会议提案 第0721号）（2012年）

一 提案内容

问题及分析：

中共北京市委积极贯彻落实中共十七届六中全会的精神，提出了把北京市建设成为中国特色社会主义文化之都的战略目标。鼓舞人心，切合北京市文化中心的地位与历史积淀的特点。但是在建设中国特色社会主义先进文化之都的过程中，具体内容是什么，阶段目标是什么，实现手段是什么，目前还比较模糊，需要我们进一步研究与探索。

建议：

一、要把北京市建设成为社会主义先进文化之都的战略目标进行分解与落实。北京市是全国的历史文化名城、京剧发源地与京文化中心，所以北京市先进文化之都的战略目标首先应该体现在艺术文化、历史文化与北京地方文化等方面；其次，因为北京市是中国的政治中心，所以先进文化之都应该体现在政治文化方面；再次，因为北京市是中国的旅游中心，所以先进文化之都应该体现在旅游文化方面；前面的文化主要体现在精神文化层面，除此之外，还应该体现在餐饮文化、服饰文化与建筑文化等物质文化方面。其中建筑文化是物资文化中最具特色与影响性的文化元素，应该把他们做实做好。

二、几百年来，古人尚能给北京留下无数辉煌的优秀建筑，改革开放三十年来，北京市各区县的城镇建设日新月异，然而各区县的城镇"千楼一面"，城镇中的高楼大厦都不同程度地雷同相似，主要建筑物都是互相仿造，既无传统文化风格和地域文化特色，又不具有真正意义的现代性。

因此把北京市建设成为具有中国特色的社会主义先进文化之都，特别应该落实在小城镇建设和新农村建设的工作中，必须从"文化"深度和高度上进行规划与设计。这样才能给子孙后代留下布局合理、环境生态优美、具有发展空间、体现中华民族特色的美好家园和文化遗产。因此北京市政府应该对各区县有关部门进行指导，增强其对小城镇和新居建设中"文化特色"的意识，采取措施促使区县各级政府领导予以重视。具体措施建议如下：

1、组织专家队伍，设立专项基金，进行本地域历史、文化、民族、传统与现状的调查研究，召开专门会议研讨制定出体现地域文化特色的设计方案或指导性方案。

2、下级政府应组织专业人员根据上一级的指导性方案，调查研究本地区的历史和文化，设计出有地域文化特色的民居建筑设计，以供广大群众选用。在建筑材料上要凸显地方特色，尽可能因地制宜，就地取材。

3、对于小城镇建设、新农村建设的设计方案和实际样式，组织交流和评比，促进各地区设计水平不断提高，并着重凸显本地区的地方特色。

4、组织专家与网民进行投票评选优秀设计与建筑样本，分设北京市特等、一、二、三四个奖项,每3年评选一次。

二 提案的影响与效果

1、办理部门与意见

北京市委宣传部对该提案进行了办理,答复的要点如下:一、对我们工作的指导作用和重要意义。提案对于北京市城市建设总体规划具有重要指导意义,尤其是近年来,在城市化进程加快的背景下,小城镇建设和新农村建设工作显得尤为重要。对于指导建设布局合理、环境优美的小城镇和新农村,形成具有独特风格和文化品位的首都特色建筑风貌也具有非常重要的现实意义。

二、关于我市促进建筑设计发展的有关情况。近年来,为促进我市建筑设计业长效发展,提升我市建设设计整体水平,我市市级财政部门多渠道安排资金促进我市城市建筑水平的提高,尤其是小城镇建设和新农村建设工作,力求从空间布局、环境生态、文化遗产等多方面综合促进城市建筑文化品位的提高,增强小城镇和城乡新居的文化特色。

三、关于推动城市建设文化品位提高的具体举措。根据建议,将以文化资金统筹机制为契机,加强与规划、建设等相关部门之间的沟通协调,拓宽现有政策及资金渠道,不断促进首都城市建设文化品位的提高。

2、委员意见

基本满意。

三 相关评价

此项提案对北京建设文化之都的具体内容进行了分析、阐述,并提出了切实可行的建议,得到政府部门的高度认可和赞同,对于北京城市建设战略规划具有深远影响。

提案 7

关于百望山后加快购物、餐饮等生活设施建设的提案（政协北京市第十一届委员会第五次会议提案 第 0730 号）（2012 年）

一 提案内容

问题及分析：

海淀区是中关村高新技术改革区，是北京市经济社会发展的快速区。百望山前已经没有多大建设空间了，新区建设与房地产发展空间，均在百望山后。但是，目前百望山后我们很难找到一家像样的百货商店、饭店与吃饭的地方，绿化环境是北京市的一流地区，但是购物、餐饮、交通却是北京市比较落后的地区。因此，目前一到节假日，城里的人出去百望山后郊游，山后的人都进城里购物与餐饮。目前，南北交通要道只有圆明园西路与中关村大街（虽然 13 号线的西段也承担了一定的交通任务，但是十分有限）。这种交通现状远远满足不了北京当前发展北移的战略需要，在一定程度上，也制约了海淀区北部的发展。

更为严重的是，目前保利西山林语、百旺家园、天秀、百旺茉莉园、百旺杏林湾、中海枫涟、西山一号院等都已经成为大规模居民区，颐和园西路与中关村大街北延线每天交通十分拥堵，每天上下班时间 14 公里足足走上 1 小时甚至时间更长，给广大百姓生活工作带来很大不便。

建议：

1、加快山后百货商场、餐饮生活设施的建设，方便居民生活，引导居民就地购物、餐饮与健身锻炼，减少交通压力；

2、目前山后小区居住率比较低，其中主要原因之一就是生活不像城里方便。因此，应在每个小区周边加快生活便利店的建设，提升居住率减低空房率；

3、延长 4 号线至百旺茉莉园、百旺杏林湾等海淀区北部地区；

4、延长 10 号线至香山与保利西山林语、黑龙潭等；

5、在海淀与昌平之间沿着百望山东边的京密引水渠开设新轨道交通。

二 提案的影响与效果

1、办理部门与意见

市规划委（首规委办）

内容保密不能查看

海淀区政府的答复要点如下：海淀区政府对此提案非常重视，立即责成区商务委研究办理。区商务委与北部相关职能部门、商业企业代表等分别召开了座谈会，征求了各部门及企业的意见，会后积极与各部门进行沟通，并多次到百旺茉莉园、中海枫涟等社区周边进行调研，以保障此提案的顺利办理。并且，将加强北部地区商业规划与空间规划的衔接工作，增强商业规划实施的操作性，继续推动北部地区的商业尽快发展，以满足居民生活及多层次的消费需求。同时，积极争取各方支持，引导社会投资力量对北部地区资源进行整合提升，从而加快北部地区的商业开发建设步伐，进而提供让群众满意的消费环境。

2、委员意见

满意，希望尽快推进落实。

三 相关评价

此项提案聚焦民众生活，为广大百姓的生活便利提出意见建议，该提案得到办理部门的重视和肯定，推进了百望山周边的建设，得到民众的广泛支持和欢迎。

★ 提案 8

关于北京市创新城镇化建设战略的提案（政协北京市第十二届委员会第一次会议提案 第 0084 号）（2013 年）

一 提案内容

问题及分析：

党的十八大报告在"加快完善社会主义市场经济体制和加快转变经济发

展方式"中明确指出，解决好"三农"问题是全党工作的重中之重，城乡发展一体化是解决"三农"问题的根本途径。北京市与全国其他省市相比，城镇化程度比较高，但是与世界一流大都市相比，仍然存在差距。这种差距主要是周边的郊区的外在硬件与设施建设上。北京市的城乡差距与国内其他地方相比较不大，但是与世界发达国家相比较，还是比较大。这种差距也主要表现在城镇建设的硬件设施上。

建议：

1、参考北京市城区中上水平的标准，规划建设北京市郊区的居民区，并且分期分批推进。主要表现在水电卫生等生活设施建设、人口管理与社会保障、商贸业建设与管理、居住和道路交通规划与建设方面；

2、创新城镇化的规划建设战略，变过去集中县城投资建设为分散投资乡镇建设；变新地址建设城镇为改造建设人口聚集旧中心区；变以政府所在地为中心建设城镇转向以商业发展为中心建设城镇。

3、此外，对于远郊区与边远山区中一些比较分散的农户，尽力动员集中新选交通便利的地方新建商贸中心城镇。变年年分散扶贫为兴建城镇化新农村。

4、做好北京市周边城镇化建设，减少首都中心区拥挤现象与居住密集难题。由于北京市周边郊区空气清新环境优良，目前因为城镇化程度低于生活便利，所以大家都愿意在中心区购房居住，不愿到远郊区居住。如果把北京市周边城镇化建设好了，将来大家就会自愿选择到周边郊区去居住与生活。目前美国等发达国家70%以上的白领阶层都是居住生活在都市的远郊区而不是中心区。

二 提案的影响与效果

1、办理部门与意见

北京市发展改革委对该提案进行了办理，办理答复要点如下：

一、北京市城镇化已步入稳定发展的高级阶段

北京城镇化发展已到了从外延扩张向内涵发展转型的临界点，需要更加注重由规模扩张向质量提升转变，全方位提升城市品质和居民生活质量；

更加注重由城市郊区化向郊区城镇化发展转变，实现城乡区域协调发展；更加注重由市域内城镇发展向区域城市群协同发展转变，加快规划和建设首都经济圈；更加注重包容发展，稳妥推动不同群体全面融入，增强城市发展内在动力。

二、北京市推进城镇化的主要工作

近年来，市委市政府高度重视城镇化工作，以规划为引导，创新机制体制，研究制定并出台实施了一系列促进本市城镇化发展由规模扩张向质量提升转变的政策措施，在城镇化规划构想、体系构建以及制度创新方面取得了一定进展。

三、北京市城镇化仍有巨大发展空间

当前，北京正处在转型发展的攻坚阶段和全面建成小康社会的关键时期，城镇化在稳定经济增长、推动城乡一体化、促进区域协调发展等方面有巨大潜力。未来，北京城镇化的主要思路是以解决制约首都可持续发展的突出问题为出发点，以城市发展新区和小城镇为着力区，以提升全体市民的福祉为核心，以增强人口资源环境承载力为支撑，以首都经济圈和市域城市群为主体形态，以体制机制创新为动力，统筹推进城市的郊区化扩散和郊区的城镇化集聚，全面提升城镇化发展质量，在全国率先形成城乡一体化新格局。

2．委员意见

满意，希望进一步落实提案相关建议。

三 相关评价

此项提案针对北京市城镇化建设问题，提出了具有创新性的意见建议，为城市的发展提供了指导方案。

提案 9

关于制定会议废品回收制度的提案（政协北京市第十二届委员会第一次会议提案 第0628号）（2013年）

一 提案内容

问题及分析：

北京市是个会展中心，每年数以千计的各种会议在北京市召开。会议召开完毕，会产生许多废品。这些废品有些是当废纸废料直接处理；另外一方面，却有许多会议嘉宾证、鲜花架子、易拉宝支架等，是可以直接回收利用的。或者被公司直接回收利用，或者被会议举办方直接回收利用。可是，目前北京市没有相关的管理条例与政策，以至于造成了许多不必要的物质浪费。

建议：

北京市相关管理部门出台文件与回收管理条例，要求各会议举办方与会议用品提供方，均要对会议用品与废品进行回收，并且给予一定回收金。这样一方面可以减少会议垃圾对社会与环境的污染，另一方面可以有效降低会议成本，产生一定的经济效益。

二 提案的影响与效果

1、办理部门与意见

北京市商务委对该提案进行了办理，提案中建议制定会议废品回收制度，给予办理部门重要启示。一方面可以促进垃圾减量，实现资源循环，降低会议成本，同时也是落实中央八项规定的积极实践。结合提案建议，商务委对下一步工作进行了安排，一是会同相关部门贯彻落实《北京市生活垃圾管理条例》，按照《北京市加快推进再生资源回收体系建设促进产业化发展意见》的有关精神，全面推进再生资源体系建设。二是坚持"政府引导、协会倡导、市场运作"的思路，调动回收企业、会议举办方、会议用品提供方的积极性，发挥行业协会的作用，加大对会议用品回收的宣传，在全社会树立循环节约理念；会同有关部门研究支持政策，为"绿色北京"建设做出贡献。三是继续引导回收企业延伸回收网络，拓宽回收品种，进一步加强与会议举办方、会议用品提供方等社会单位的对接，开展分类回收。

2、委员意见

满意。

三 相关评价

此项提案视角独特，指出了一直被忽略的问题，受到了政府的高度评价。为更好地建设绿色北京提供了重要启示。

★ 提案 10

关于深化推进垃圾分类工作的提案（政协北京市第十二届委员会第二次会议提案 第 0808 号）（2014 年）

一 提案内容

问题：

垃圾分类工作，欧洲人做得不错，日本人做得不错，台湾人也做得不错。虽然目前北京市垃圾分类工作有进步，有的小区也做得不错。但是垃圾分类工作与发达国家与台湾相比，相差甚远。

北京市要建设成世界性城市，雾霾天气我们处理比较困难，交通问题我们也不可能一下子解决，但是垃圾处理问题我们是可以有所作为的。

分析及建议：

垃圾处理从源头做起，变讨厌行为成快乐之举。具体建议如下：

1、政府每年购买一定数量的垃圾袋、垃圾桶与清洁工具，发放给小区清洁工，每个小区配备 1-2 辆垃圾车；

从早上 6 点到晚上 10 点，清洁工每隔 4 小时左右在每户门口路过一次。垃圾车上伴随着"北京欢迎您"，或者"清洁北京人人行动歌"，音乐要悠扬轻柔，歌词要唤起每个居民清洁北京的责任感与积极性；

2、改变目前居委会按户发放垃圾袋与垃圾桶的平均做法，这种做法暨成本高又效果差。应该变户户平均发放，为奖励分类先进。只要按照要求分类好的垃圾可以换取一定数量的垃圾袋、垃圾桶或者清洁用具；

3、政府规定只有用换取来的垃圾袋装的垃圾，才会被垃圾车收走。否则乱放乱扔将受到一定的处罚，并且张贴布告在小区内通报，或者通报所在工作单位；

4、一些可以被回收的垃圾，譬如纸张、金属、塑胶品、大件垃圾，则清洁工或雇佣其他回收专门机构支付略低于或者同于市场的收购费用；

效果预测：如果采用以上建议，则可能达到以下效果：

1、小区垃圾不落地，实现清洁北京的治理目标；

2、小区消灭垃圾桶，保证清新（无臭气）北京；

3、垃圾清运工变成物资回收员与小区卫生督导（管理）员，变垃圾清运工不愿干为积极干；

4、让小区居民积极参与清洁北京市活动，唤起北京市民做卫生市民的意识；

5、垃圾分类回收从源头做起，实现循环经济，实现低碳生活；

减少每个小区垃圾箱设置、维护、清运与填埋带来的系列费用，大大降低北京市垃圾总处理费用。

二 提案的影响与效果

1、办理部门与意见

北京市政市容委对该提案进行了办理，办理部门认为该提案意见建议有很强的针对性、操作性和前瞻性、趣味性。垃圾分类工作是实现垃圾处理减量化、资源化、无害化的基础，是构建资源节约型、环境友好型社会的重要组成部分，也是一项具有长期性、广泛性、复杂性、艰巨性的社会工作。该提案中有很多新鲜观点、创新思维和改革思路，需进一步领会和消化，在未来的工作中继续学习、吸纳。

2、委员意见

基本满意。

三 相关评价

此项提案为进一步推进垃圾分类工作提供了新的思路和解决方案，受到办理部门的充分认同和肯定。

★ 提案 11

关于做好城市人性化规划与管理、所有北京属地公共经营场所与社区配设公共厕所的提案（政协北京市第十二届委员会第五次会议提案 第 0250 号）（2017 年）

一 提案内容

问题：

我们所调查的北京市居民小区，95% 没有公共厕所。我们涉及的北京属地公共经营场所 95% 没有提供公共厕所服务，客户在周边 500 米内也找不到公共厕所。去年海淀区某小区 300 多户居民小区停水 30 小时，小区内外附近没有厕所。海淀区上地与西城虎坊桥附近的某银行上下两层，地方不小，就是不给客户提供公共厕所。有位上了年纪的老顾客，憋着尿上下楼不给拉，走到旁边 50 米的旅馆不给拉，无奈之下按照银行服务员指示跑了 800 多米远的一个大型宾馆去拉尿。但是因为控制不住半路上拉了一裤子，让人笑话不已，老人因此得了抑郁症。类似情况，在看病的诊所、药店、银行、加油站、小型饭馆与商店等公共经营场所随处可见。上厕所很小的一件事情让市民、居民忍受了难以忍受的困扰。

分析：

之所以造成上述问题，主要原因如下：

1.主要是因为北京市工商注册与经营地点的审查中对于公共厕所配置缺乏要求，疏忽了客户在经营排队等候中大小便方面的需求。工商部门关注的是经营机构开展业务方面的条件，而不是公共厕所等顾客方面的非业务需求；

2. 经营机构怕麻烦，或者出于成本控制考虑，不愿给顾客提供相关的公共厕所，能省事则省。并且无人与相关机构的监督与提醒；

3. 住宅区开发商，同样是能够省事就不给建设公共厕所。建立公共厕所，一要占地，二要投资。因此，规划委与住建委没有要求，就基本不建公共厕所；

4. 市政府相关部门，在城市建设规划上突出业务导向，缺乏人性化意识，没有把人性化的城市规划做到位，具体到公共厕所建设等小事与每一种公共设施规划上。

建议：

1. 从住宅区规划设计把关，做好公共厕所建设。目前小区缺乏厕所问题，由于反映的是建筑商与政府对于公共服务的意识淡薄，所以新建小区应该要求所有小区建筑商首先建好公共厕所；老旧小区厕所的建造的基本材料与工时费用，可以以政府拨款与居民捐款的方式解决，开发商负责实施与维修费用；

2. 从公共经营机构审批把关，做好公共厕所配套服务。凡是开设银行、药店、诊所、加油站、饭店、商店等的机构，应该在经营机构内部或者周边300米步行距离内具有公共厕所的配套服务设施。

3. 从城市规划与改造入手，要求公共道路公共汽车站与地铁站周边步行200米范围内设置公共厕所；

4. 加强规划委、住建委、工商局、市政管委、社工委的年检制度，要求住宅区开发商、经营机构与街道办限期补建公共厕所。

二 提案的影响与效果

1、办理部门与意见

北京市城市管理委对该提案进行了办理，办理部门高度评价，并会同市规划国土委、市住房城乡建设委进行了认真研究，答复的要点如下：提案中反映的问题是多年一直在积极解决的老大难问题。我市随着旧城改造，拆除了大量公厕，建设单位在建设过程中，不按照规划要求，配套建设公厕，导致我市公厕数量逐年减少，公厕分布越来越不合理，加之我市沿街单位不主动开放公厕给市民使用，造成有些地区市民如厕困难。为解决这一问题，将开展如下工作：推进居住小区配建公厕，倡导社会公厕对外开放，及时更新手机公厕查询软件点位信息，扩大查询范围。

2、委员意见

基本满意。

三　相关评价

此项提案针对发生在百姓身边的小事，提出加强城市公共服务的建议，受到办理部门的高度重视。该提案对在未来更好地推进公厕建设，更好地发挥相关部门合作力量，共同协作具有很强的指导意义。

第七章

社区治理　堵疏结合

　　社区治理是国家治理体系与治理能力现代化的基础，基础工作要做牢、做实。目前社区治理主要包括社区服务、社区文化、社区环境和社区治安等内容。北京市作为首都，正向着世界性城市、大国首都与宜居城市的目标发展，其中社区治理是特别应该注意的问题之一。本章提案内容涵盖社区管理、控制房价、清除小区、垃圾分类、小区配套设施、社区治理法律法规、创新治理模式等等社区治理各环节中涉及的方方面面，为开展社区治理工作提供一些思路和方法，受到办理部门的认同和肯定，同时部分提案受到各大新闻媒体报道，受到社会的广泛关注。本章共计12件提案，每件提案包含提案内容、提案的影响与效果和评价三部分。

提案 1

关于世界性城市建设中社区管理的提案(政协北京市第十一届委员会第三次会议提案 第 0832 号)(2010 年)

一 提案内容

问题及分析:

目前北京市正在向世界性城市、大国首都与宜居城市的目标发展,令人振奋。其中特别应该注意的问题之一是社区建设与管理问题。

这些年,北京市的社区建设取得了许多成功的经验,但是也存在一些问题。例如,生活区与工作区域的划分与规模过大,造成了天通苑、望京与沙河等社区规模过大、居住人口过于拥挤、人均生活设施短缺,交通困难,学校、医院等其他社会保障机构措施不配套问题突出。因此,如何改善与优化北京市社区状况与布局的问题,特别值得我们关注。

建议:

1、在天通苑、望京与沙河等超过 10 万居住人口的超大型社区周围,鼓励发展第三产业,提高居民生活满意度;

2、在北京市城区及其周边地区严格控制社区规模,把居住人口控制在 1.5 万人左右,以两万人规模为上限;

3、通过系列政策性的优惠措施,一方面引导大型社区的人口向 3000-5000 人的小型社区分流居住,另一方面,引导零散居民向 0.5 万 -1 万人口的中小型社区集中居住。

(注:在这里,我们把 5000 人以下的称为小型社区,0.5 万 -1 万人的为中小型社区,1 万 -2 万的人口居住区为中大型社区,5 万 -9 万的为特大型社区,10 万以上的为超大型社区)

二 提案的影响与效果

1、办理部门与意见

北京市民政局对该提案进行了办理,答复的要点如下:一、关于社区与居住区概念界定。社区是指聚居在一定地域范围内的人们所组成的社会生活共同体。目前城市社区的范围，一般是指经过社区体制改革后作了规模调整的居民委员会辖区。现代居住区的一般概念为人们日常生活居住的地方，它具有一定的人口规模和用地范围，并为城市干道或自然界限所包围的相对独立的地区。二、关于社区规模调整。提案中提出的"在北京市城区及其周边地区严格控制社区规模，把居住人口控制在1.5万人左右，以2万人规模为上限"和"通过系列政策性优惠措施，一方面引导大型社区人口向小型社区分流，另一方面引导零散居民向中小型社区集中居住"的建议非常好，对优化社区布局、完善社区服务、提升居民生活满意度等具有积极意义。我们将及时把您的意见和建议向市政府反映，以期在今后新居住区规划建设中科学合理地谋划布局。三、关于提升社区服务水平。关于"在天通苑、望京与沙河等超过10万居住人口的超大型社区周围，鼓励发展第三产业，提高居民生活满意度"的建议非常好，具有积极的指导意义。尽管近几年，我市社区服务建设步伐逐步加快，社区服务的项目和质量都取得了长足进展，但相对于居民的社会需求而言仍显滞后，因此，今后全市将继续坚持以保障和改善民生为出发点和落脚点，以居民需求为导向，以居民满意为第一标准，不断完善社会化的社区服务体系。

2、委员意见

基本满意。

三 相关评价

此项提案为更好地建设社区提出了具体的方案，为办理部门工作的开展提供了指导性的建议，受到了办理部门的充分认可和肯定。

★ 提案2

关于综合治理控制房价高涨的提案（政协北京市第十一届委员会第四次会议提案 第0491号）（2011年）

一 提案内容

问题及分析：

住房仍是民生之本，但是目前北京市等国家少数城市的房价高得离奇。

北京市目前五环以内的房价平均大约3万左右。要花350万－400万的费用才能买一套比较像样的住房。如果按照一个硕士毕业生工作35年，年均12万-13万元收入计算，除去吃饭、交通、住房与其他必要费用，每年估计剩余8万，40年还买不起一套住房。美国纽约3层的联排别墅30万美元就可以买到，30万美元在中国北京只能够买60平米的高层单元住房。

我们的政府对此非常着急，出台过许多有效措施，但是道高一尺魔高一丈。目前政府出台的贷款控制政策起到了一定效果。但是对于那些一次性付款的炒房者来说，是无济于事。相反，受影响的往往是那些工薪阶层的人士。那些因为以前贷过款但是目前无住房的人需要贷款买房时甚至还深受其害多付利息。

建议：

鉴于以上情况，我的建议是分类管理，放开市价与限制基价，综合治理。

一、对于北京市民进行住房情况调查，依据调查结果进行分类。包括炒房类，住房多余类，富裕类，宽裕类，需要改善类，紧缺类，困难类。

二、对于以上不同类别的市民施行不同的住房政策。困难类进行廉租房政策；紧缺类，进行低息贷款政策；需要改善类，进行优惠贷款政策；其他类实行严格贷款或者高息贷款；炒房类实行罚款政策。

三、目前的房屋买卖，卖房者处处受优待与保护，买卖过程中许多费用都是买房者出，不太合理。应该从法律规定，让卖房者支付相关费用。

四、政府应该根据调查结果建造充足数量的廉租房与经济适用房。

五、基本保障房进行限价，高端房放开市场价格。

六、对事业与公有制单位低价给予一定的住房用地，限价分给职工，并且规定其中建立一定数量的公寓楼与廉租房。

二　提案的影响与效果

1、办理部门与意见

北京市住建委（市政府房改办）对该提案进行了办理，办理部门高度重视，会同市发展改革、财政、规划、国土、文物等部门进行了认真研究，制定了落实方案，提出有针对性的改进措施和下一步工作思路。一是加大保障性安居工程建设力度,全面完成保障性住房建设任务。二是大力发展公共租赁住房,推动住房保障向"以租为主"转变。三是强化住房保障各环节的监督管理,打造保障性住房全程"阳光工程"。四是全面推进首都功能核心区人口疏解和棚户区改造工作,多措并举解决中低收入家庭住房困难。五是进一步完善住房保障政策体系,加快建立完善基本住房保障制度。六是进一步加强调控和监管力度,促进房地产市场平稳健康发展。

2、委员意见

基本满意。

三 相关评价

此项提案针对北京市严峻的房价问题进行了分析并提出了建议,受到办理部门的高度重视。提出的意见建议已经被市委市政府的相关部门采纳,为控制北京房价与促进房地产的健康发展起到了积极作用,同时受到民众的广泛好评。

提案3

关于实现清洁北京市、小区垃圾不落地的提案(政协北京市第十一届委员会第五次会议提案 第 0250 号)(2012 年)

一 提案内容

问题及分析:

北京市要建设成世界性城市,垃圾处理问题不可忽视。目前许多小区居民倒垃圾,都是一个垃圾箱,有些地方虽然设有分类的两个垃圾箱放置在那里,但是,不管是厨余饭菜、还是废弃的其他物品,都是统统扔在垃圾箱中或者旁边。清洁工无法再进行分类,居民们仍然是不太愿意或者没有时间进行分类。一方面臭气熏天、造成环境污染;另一方面,无论是清洁工还是居民,都对于垃圾处理当成一种负担与被迫行为。同时,还造成资源浪费。

建议：

1、政府每年购买一定数量的垃圾袋与清洁工具，发放给小区清洁工，每个小区配备1-2辆垃圾车；

2、从早上6点到晚上10点，清洁工每隔4小时左右在每户门口路过一次。垃圾车上伴随着"北京欢迎您"，或者"清洁北京人人行动歌"，音乐要悠扬轻柔，歌词要焕发每个居民清洁北京的责任感与积极性；

3、只要按照要求分类好的垃圾可以换取一定数量的垃圾袋或者清洁用具；

4、政府规定只有用换取来的垃圾袋装的垃圾，才会被垃圾车收走。否则乱放乱扔将受到一定的处罚，并且通报所在工作单位；

5、一些可以被回收的垃圾，譬如纸张、金属、塑胶品、大件垃圾，则清洁工或者通知其他专门机构会支付略低于或者同于市场的收购费用；

效果预测：如果采用以上建议，则可能达到以下效果：

1、小区垃圾不落地，实现清洁北京的治理目标；

2、小区消灭垃圾桶，保证清新（无臭气）北京；

3、垃圾清运工变成物资回收员与小区卫生督导（管理）员，变垃圾清运工不愿干为积极干；

4、让小区居民积极参与清洁北京市活动，唤起北京市民做卫生市民的意识；

5、垃圾分类回收从源头做起，实现循环经济，实现低碳生活；

6、减少每个小区垃圾箱设置、维护与清运与填埋带来的系列费用，大大降低北京市垃圾总处理费用。

二 提案的影响与效果

1、办理部门与意见

北京市市政市容委对该提案进行了办理，该提案提出的意见和建议对于垃圾收集方面的作业工艺、保洁员职责以及政策机制和市场机制等方面的工作具有指导意义。结合提案内容进行下一步重点工作：一是源头控制，规范垃圾收集，开展再生资源积分有奖换物的试点工作。二是配合相关部门研究公共财政可持续的投入机制，比如您提出的政府每年发放垃圾袋的问题。二是夯实基础，加强运行管理，扎实推进垃圾管理工作。三是继续加强专业检查和区县自查的工作，完善监督检查考评体系。四是继续深入持续开展社会宣传动员，努力为建设"人文北京、科技北京、绿色北京"和中国特色世界城市提供良好的城市环境保障。

2、委员意见

同意，满意。

三 相关评价

此项提案为小区垃圾分类提出具体有效的解决方案，解决了垃圾分类的不易执行的问题，并且进行了效果分析，受到了办理部门的采用，并制定了相关的工作内容。

提案 4

关于改进北京市小区管理问题的提案（政协北京市第十二届委员会第一次会议提案 第 0087 号）（2013 年）

一 提案内容

问题及分析：

党的十八大报告"在改善民生和创新管理中加强社会建设"中明确指出，要在加强与创新社会管理中增强城乡社区服务功能。北京市社区建设各方面走在全国前列，但是也还存在一些值得改进的问题。

一、住户小区居民楼发生房顶漏水与房屋维修问题，物业与建筑商长期相互推诿不管，业主无处维权自费维修，导致不交物业费引发社会矛盾；

二、住户小区居民交的物业管理费收支账目长期不公布，小区维修建设多年不投入，居住环境退化与恶化，导致业主不愿交物业管理费引发社会矛盾；

三、小区购房后因出国、工作地远等实际原因导致无人居住，业主没有开通供暖，物业却要求业主缴采暖费，业主不愿缴导致社会矛盾。

建议：

1. 市政府相关部门组织调查，北京市各地小区物业管理问题与经验，总结与评选先进小区；

2. 在政府部门设立小区管理机构，听取居民业主困难诉求，研究修改北京市小区物业管理办法，要求物业公布物业管理费收支账目，定期听取居民委员会与所在小区政协委员人大代表的意见，检查监督物业管理部门行为，及时维修房屋问题，有效维护居民正当权益；

3. 对于目前北京市集中供暖小区采取政府与物业管理部门分级补助采暖费的办法，用于小区公共部分的暖气运转。业主购房没有搬进居住，物业很难找到业主缴采暖费，找到业主也因为没有享受暖气而拒绝缴纳。

二 提案的影响与效果

1、办理部门与意见

北京市住建委对该提案进行了办理，答复的要点如下：一、关于小区居民楼发生房顶漏水等房屋维修问题：（一）房屋屋面属于住宅共用部位，按照国家有关规定，开发建设单位承担其保修期限内的维修责任；保修期满后的维修费用，由住宅专项维修资金支付。（二）工程维修条件中防水工程质量保修期限不低于 5 年。保修期满后，屋面防水出现规定情况之一时，应重做整个屋面防水。物业服务企业应当依据该标准确定是否符合维修条件。二、关于小区居民交的物业管理费收支账目长期不公布问题：2010 年，市住房和城乡建设委出台了办法，要求企业每年一季度将项目的收支情况在物业管理区域内公示，接受业主监督，本市物业项目费用收支情况公示工作已实施三年，效果较好。三、小区购房后因出国、工作地远等实际原因导致无人居住，业主没有开通供暖，物业却要求其缴采暖费问题：市财政局明确规定"供热单位应当直接向用户收取采暖费，用户与供热单位签订合同的，由合同约定的交费人支付供暖费；未签订合同的，由房屋所有权人或承租人向供热单位按规定支付采暖费"。四、您提出的市政府相关部门组织调查，总结与评选先进小区；在政府设立小区管理机构，听取居民业主诉求，建立代表和委员监督员机制，检查监督物业管理部门行为问题：

（一）按照全国物业管理示范项目考评标准的要求，本市每年有若干的物业项目参加全国及本市考评工作，至今已有246个项目获得北京市物业管理示范小区、大厦称号。（二）目前在本市十七个区县（含经济技术开发区）均设立了物业管理部门，具体负责辖区内的物业管理工作的监督检查工作。同时市住建委开通了咨询热线、网上答疑解惑；市、区县建委、房管局均设立了信访接待部门，及时解决居民和业主反映的物业管理和服务问题。（三）您提出定期听取居民委员会与所在小区人大代表、政协委员的意见，检查监督物业管理部门职责的建议，我们将在今后的具体工作中进行认真研究和落实。

2、委员意见

1、对于第一点与第三点答复部分满意部分不满意；2、对于第二点答复满意；3、对于第三点答复不满意。没有具体解释，只有执行的指示。

三 相关评价

此项提案反映了发生在小区内住户身边的实际问题，指出存在的问题并提出改进的意见，受到广大民众的支持与广泛关注。

★ 提案5

关于改进北京市行政区域管理滞后贴近服务百姓生活问题的提案（政协北京市第十二届委员会第二次会议提案 第0272号）（2014年）

一 提案内容

问题：

党的十八大报告与十八届三中全会报告"在改善民生和创新管理中加强社会建设"中明确指出，要在加强与创新社会管理中增强城乡社区服务功能。2014年1月16日王安顺市长在政府工作报告中特别强调政府管理要为民、便民与利民，在第二部分第（六）条中明确指出"建成一刻钟社区服务圈，让群众在家门口就能享受到10大类60项基本公共服务"。但是目前北京市

行政管理学的应用

社区建设中还存在一些被忽视与亟待改进的就医、邮件、社会保障与上学等民生问题。这些问题与中央要求、北京市领导的施政报告目标存在较大的距离。

分析：

随着北京市新建住宅小区迅速的发展，新建小区内增加了许多新的配套社区卫生医疗中心、学校、邮电所等便民设施。北京市原来划定的行政乡镇、街道所建设的各种卫生、学校与办公位置不再是中心了，不再是方便居民看病、上学与邮寄的最近的公共服务设施了。但是我们目前在行政管理的实践中，仍然遵循着原来的行政区域划分，要求老百姓不能到家门口就医、上学与邮局取包裹与汇款，却要花费更多的时间坐车、开车、打车到很远的原定的行政中心位置去看病就医、上学与取包裹汇款，给老百姓带来许多交通困难、拥堵、甚至车祸，老百姓很是抱怨。

以我所在的海淀区为例。我曾经到中海枫涟旁边不到300米的社区医疗中心（该中心至少已经开设3年多了）调查，发现来那里给小孩接种保健就医的病人都是来自2-5公里外的上地地区的居民，而住在周边不到300米的中海枫涟、春夏秋冬园区与百旺茉莉园中上千户的居民的小孩却要到4公里外的青龙桥社区卫生中心去接种保健就医；我有位老邻居住在中关新园，小区内离他家不到30米有一个邮局，已经开了3-4年了，能够邮寄包裹与汇款，但是每当他领取包裹与汇款时，却责令他到3里外的中关村邮局去领取，或者横跨马路到2里路外学校中心位置的邮局去领取。他说我的收件地址写的就是中关新园这里，我这一大把年纪了为什么不把包裹与汇款邮寄到我最近的邮局呢？邮递员无语以答，只是说我只是负责送包裹单与汇款单的。

由于上述类似的情况整个北京市可能都在一定程度上存在，所以特别建议如下：

1、市政府相关部门组织调查，北京市各地住宅小区中目前新设立的医疗卫生中心、邮局、学校等生活设施的数量、质量与布局情况，以及了解目前老百姓抱怨的问题；

2、在政府部门设立小区管理机构或者职责，听取居民业主困难诉求，研究修改北京市行政区域管理办法，定期听取居民委员会与所在小区政协人大代表的意见，及时解决老百姓的就近医疗、上学、邮局与购买生活用品的问题，提高北京市民幸福指数；

3、取消目前预防、接种、保健、就医报销、邮局与一般学校（名校可以适当限制）的居住行政区域限制。

二 提案的影响与效果

1、办理部门与意见

北京市委社会工委对该提案进行了办理，提案中涉及的社区居民未能享受便利的社区基本公共服务，甚至在有些社区，居民要舍近求远寻医赴学、办理邮寄等问题，是社区居民关注的热点，需要着力研究解决的重点问题。办理部门表示将进一步完善社区服务体系，健全社区服务管理机制，不断提升社区基本公共服务质量和均等化水平，着力抓好掌握社区需求，加强与首都高校及科研院所的合作，稳步推进基本公共服务全覆盖工作向新建社区、城乡接合部和农村地区延伸，进一步完善社区基本公共服务设施配套建设等方面的工作。

2、委员意见

基本满意。

三 相关评价

此项提案以海淀区小区为例，分析了小区周围欠缺的公共服务的问题，并提出了改进北京各地的公共服务的建议，受到了办理部门的认同，受到民众的广泛好评。京华时报、人民网、中国新闻网、凤凰网、环球网对该提案进行了报道，受到社会的广泛关注。

★ 提案6

关于尽快出台相关治理条例，依法加强北京市社区建设和管理的提案（政协北京市第十二届委员会第三次会议提案 第0176号）（2015年）

一 提案内容

问题及分析：

居民小区是城市治理的基本单位，是众多组织管理的交叉点与汇集点。每个小区都有居民委员会、业主委员会、物业公司、街道办事处或者村委会、乡镇等数个管理机构共同进行管理，有时还与开发商有关联。但是有时候却是谁也没有去真正管理或者服务业主，小区成为了众多组织争权夺利的地方。因此，目前中国许多城市的居民小区都处于杂乱状况。北京市也不例外，居民不愿给物业交费，物业控制资源或者随意上涨管理费与资源费，业主委员会与居委会不作为或者乱作为。由于社区内涉及的利益主体众多，如何理清物业公司、业主委员会、居民委员会、原来开发商以及相关管理机构的管理关系，发挥他们在社区治理中的作用与价值，依法有效保护各方利益，是目前北京市贯彻落实中共十八届三中、四中全会精神面临的重要问题。

我们的调查表明，尽快研究与出台相关社区治理条例，依法加强北京市社区建设和管理已经成为目前迫切需要解决的问题。目前北京市社区管理实践中存在的问题主要表现如下：

一是物业公司、业主委员会难以真正代表业主意愿，和居民的意见出入大。物业公司与业委会从少数人利益出发，一意孤行，违背广大居民愿望开展一些事项。例如某小区居民楼发生房顶漏水，需要进行房屋维修，找到物业公司、业主委员会都不管，物业公司与建筑商长期相互推诿不管；另外一个小区同样发生房顶漏水问题，物业只给推荐维修的师傅（外面临时找来的，估计收取住户维修费后有一定提成），业主委员会说无法使用大修基金。大修基金不知道为什么使用这么难？业主无处维权，最后只能自费维修，导致业主不愿交物业费，引发社会矛盾；

二是业主委员会和物业关系不清，有的和物业成为利益共同体，危害业主利益。有些情况下，业主委员会是没有任何正式的资金来源的，需要资金时首先要同物业管理公司协商，这在某种程度上降低了业主委员会的独立性，造成业主委员会财务工作不规范。有时候得到物业公司的特别关照，甚至贿赂，因此丧失了代表广大业主的立场，与物业互为利用，危害业主利益。有的物业公司与业主委员会联结利用电梯广告等业主公共资源获得收入发奖金，账目不清。住户小区居民交的物业管理费收支账目长期不公布，小区维修建设多年不投入，居住环境退化与恶化，业主反映问题一直不解决，导致业主不愿交物业管理费，引发社会矛盾；

三是物业公司、业主委员会与居委会由于缺乏经验，不能有效地开展管理活动。

在组建业主委员会时，筹备组很少宣传讲解业主大会、业主委员会成立的目的和对广大业主的作用，只是提到一些程序性的步骤，结果是无法调动最广泛业主的积极性和主动性，不能有效开展管理活动。例如，某小区2014年10月11日下午4点-12日下午5点，整整25小时所有10栋住房4层楼以上的住户一直因为自来水管破裂修理不好而没有水，恰逢周六与周日，居民们十分愤慨。这么破的物业管理，根本没有应急处理能力。业主委员会与居民委员会无能为力，业主居民家中无法吃饭，更无法大小便。无法做饭，可以外出解决，但是无法大小便确实十分难受。

四是工作不作为，收费不合理、业主不交费导致各方矛盾恶性循环。

居委会与业主委员会形同虚设是当前北京市多数小区业主反映的普遍现象。在绝大多数住宅小区，很多情况下业主不管碰到什么问题，往往不会想到业主委员会，而是物业公司。因而物业公司管理处的员工每天几乎都在处理业主的相关或不相关的投诉案件。有的小区，业主购房后因出国、工作地远等实际原因导致无人居住，业主没有开通供暖，物业却要求业主缴采暖费，业主认为不合理不愿缴，导致社会矛盾。有的物业公司与开发商勾结，利用控制的地下停车库业主公共资源高价收取费用、或者随意提高物业管理费等，导致业主有意见不愿交物业费。物业费不交，物业公司无法运行，导致管理服务不到位，物业公司与业主之间形成矛盾的恶性循环。

五是业主与居民有意见无处投诉,只能听其自然。

物业管理不好,居民没有投诉渠道。2014年10月12日电话咨询114,只有一个北京市物业行业管理协会的电话,还没有人接听。

建议:

北京市政府相关部门加强对于社区建设与管理的指导、培训、考核与规范管理,把依法治国的精神落在基层、落在社区,让北京市在贯彻落实党的十八届四中全会的精神、成为依法治市的首善之区,走在全国的前列。在出台的业主委员会管理条例中,应该体现以下相关内容要求:

1. 在业委会选举产生等环节,严格规范相关程序与监督,避免个别人操纵。应该逐渐建立半职业化或职业化的业主委员会委员制度。

2. 对于物业公司与业委会资金实行审计制度,请第三方开展审计,避免业主个人监督不了业委会的局面。

3. 加强对物业公司、居委会与业主委员会成员的培训,提高他们的思想、政治素质和专业水平,同时还要充分发挥业主监督与参与业委会工作的积极性。

4. 在全市或者区县范围内宣传物业公司、居委会与业委会的先进典型,曝光有问题的物业公司、居委会与业委会,充分发挥网络媒体作用,令有问题的社区管理机构有所惧怕。建立对物业公司、居委会与业主委员会的工作投诉及纠纷进行及时处理与监督的机制。

5. 理清街道、乡镇基层居委会组织、业委会与物业公司的关系,加强对业主委员会的指导。协助他们组建成一支高素质、有权威、有信誉、能正确发挥作用的业主委员会队伍,严格按规定开展日常工作。

6. 强化居委会、业委会与业主的联系,提升居委会与业委会代表广大业主对于物业公司的监督职能与力度。

二 提案的影响与效果

1、办理部门与意见

北京市住建委对该提案进行了办理,答复要点如下:一、关于物业管理区域内各主体之间的关系,街道办事处、乡镇人民政府负责对辖区内业主大会、业主委员会的成立及活动进行协调、指导和监督，协调处理纠纷；物业管理区域内，业主大会、业主委员会应当积极配合相关的社区居民委员会依法履行自治管理职责，支持社区居民委员会开展工作，共同做好物业管理区域内社区建设等相关工作；社区居民委员会应当协助街道办事处、乡镇人民政府指导、监督社区内的业主委员会开展工作，维护居民的合法权益。二、关于业主大会建设，规范业主委员会行为，《指导规则》对各行为进行了具体规定。三、关于物业服务企业的监督管理，规定物业服务企业应于每年一季度公示上一年度物业服务情况，建立信用评价体系。制定定期评定物业管理考评结果。四、关于物业管理市场主体培育，针对物业企业项目负责人、街道办事处相关人员、业委会成员等进行了多次培训。五、下一步工作：一是鼓励各区县人民政府充分整合行政资源，明确各相关部门在业主大会组建中的职责分工，建立考核机制，把业主大会的组建、规范运作纳入部门、街道的考核内容；发挥社会组织在业主大会组建中的作用，积极探索向有经验、有专业能力、有公益心的社会组织购买辅导业主大会建设的社会服务。二是配合各区县人民政府在积极推动住宅区业主大会组建的同时，加强对业主大会规范运作的指导和监督，确保业主大会健康有序发展。三是配合各区县人民政府从源头入手，切实抓好业主大会负责人、业主委员会委员和工作人员的准入、考核、评价和培训。五是推动物业管理地方立法，为创建和谐社区营造一个良好的法律环境。

2、委员意见

基本满意。

三　相关评价

此项提案通过调查研究，深入分析了当前社区治理中存在的各方矛盾等问题，并为政府相关治理工作提出意见，受到办理部门的高度重视，推动了物业管理立法的工作，并转化为相关市政府政策。

行政管理学的应用

★ 提案7

关于追查与了解违规开发建房问题小区，依法对于百旺茉莉园2期等小区业主利益进行有效保护的提案（政协北京市第十二届委员会第三次会议提案 第0177号）（2015年）

一 提案内容

问题：

居民小区是城市治理的基本单位，是政府管理的神经末梢，是众多组织管理的交叉点与汇集点。物业小区成为了众多组织争权夺利的地方，也成为了百姓业主受害难以得到政府保障的地方。因此，目前中国许多城市的居民小区都处于杂乱状况。北京市也不例外，居民不愿给物业交费，物业控制资源或者随意上涨管理费与资源费，有的业主委员会与居委会不作为或者乱作为，有的开发商私自在有限的土地上超标盖房与违规建房，政府相关部门不作为或者默认开发商违规开发的现状，民不报官不究。即使业主百姓举报，有的政府部门也相互推诿或者设卡不办，最后的苦果都是让小区业主买单与居民百姓吃下。所以特别建议北京市督查室组织力量对于百旺茉莉园等业主反映有问题的小区进行调查，了解违规建房、违规销售等非法行为，依法作出适当处理，保护业主百姓合法权益。

分析：

以百旺茉莉园2期小区为例，小区面积只有6.74公顷，相当于100亩地，规划委批准属于中高档小区项目，但是目前建造了4栋11层高楼，8栋9层高楼，7栋4-5层平房，4栋3层商住两用住房，如果住满，一共23栋754户人家要入住。十分拥挤，属于过度开发建房，严重侵害了业主百姓的利益。

自从2006年开发以来，目前入住住户仅限于6栋9层高楼，7栋4层楼；按照入住率70%计算，目前真正入住的不到260户。但是目前小区内已经车满为患，8点后回小区的车已经很难找到停车位了。

最近住户反映，当时开发商在百旺茉莉园2期存在违规过度开发建房行为，两排的住房面积实际开发了三排住房，楼与楼之间十分拥挤，相互距离很近。与百旺茉莉园1期相比，显得过度密集（一期14.7公顷批准建造35栋，二期面积6.74公顷不到一期的一半，但是住户数量与建房数量远远超过了一期的半数18栋）。由于过度密集与违规开发，因此自2006年建成以来，近8年的时间有6栋楼一直没有销售出去或者让人入住。但是最近在小区北边4栋11层的高楼与西边建的两栋9层的楼房，却陆续开始有人转卖房子、有住户入住。11层高楼每层8户，11层共88户，其中有一栋66户，因此总共将有384户要入住，如果地铁开通后按照80%的入住率计算，意味着小区还要增加340多户家庭，比目前的住户增加一倍还多，这怎么办？如果目前允许重新入住，势必会为日后的小区管理、车位安全与小区内老百姓生活带来严重后果。

该小区2013年4-8月曾经因为业主与物业发生冲突导致小区管理混乱与瘫痪，如果目前允许重新开卖与入住，将来的物业管理会更加困难与混乱。

建议：

1. 北京市政府应该组织相关部门对于2006年以来一直无人入住的6栋高楼的买卖情况进行调查，是否存在违法违纪情况，是否存在违反中央八项规定？这些住房是集体卖给谁了（据本人电话物业调查说是2013-2014年被某单位团购）还是一直没有出售？什么时间买卖的？为什么其他房子有住户这6栋却一直闲置了近8年？为什么单位团购不见集体搬迁进入而是目前零星住户搬入？是否存在作为单位员工福利分房目前进行转卖的现象？目前小区居民对此疑虑重重，想了解物业与业主委员会却无人解答，咨询政府相关部门却又以个人与居民不便了解住房信息为由不给查询与咨询的帮助。由于380多户新业主入住必然会影响小区现有业主的相关权益，该居民区业主应该有一定的知情权，应该给居民业主一个解释，对于目前业主担忧的问题给出一个合理的解决方案与补偿。

2. 如果调查确实存在违规过度开发现象，建议小区北边的四栋11层的高楼不能够作为住户用房开卖，只能够作为办公用房，并且把围墙内移动到11层高楼的南边。

3. 北京市政府组织力量进行调研，尽快对于目前一些问题比较严重的小区进行了解，依法对于百旺茉莉园等小区管理问题进行有效治理，在全国

二 提案的影响与效果

1、办理部门与意见

海淀区政府对该提案进行了办理，答复要点如下：一、关于规划审批情况，提案中提到的"百旺茉莉园2期小区"是由北京德成兴业房地产开发有限公司、北京德成置地房地产开发有限公司共同开发建设，项目坐落于东北旺乡西北旺新村二期GII地块内。规划审批阶段不存在违规现象；关于小区停车位问题，建设单位根据小区实际情况，提供出一套停车位解决方案，协调相关部门在小区周边施划停车位、将预售停车位优先针对GII区业主销售等；关于围墙问题，茉莉园GII区南侧围墙符合规划要求，不存在缩紧现象。现小区南侧代征绿地已移交园林部门。二、关于房屋销售情况：1.该项目具有北京市国土资源局、北京市发展和改革委员会等部门出具的相关文件，明确了定向销售对象，相关文件可通过政府信息公开向发文单位或北京市住房和城乡建设委员会申请政府信息公开查询。2.该项目取得预售许可证后开始销售，未发现茉莉园西里项目存在违法违规销售行为，也未接到关于该项目的投诉或信访。三、关于物业管理情况，茉莉园小区于2013年9月组建首次业主大会，成立了业主委员会，并在马连洼街道办事处申请办理了备案。通过业主大会选聘了北京首欣物业公司为小区提供服务，物业委托合同于2015年12月期满。物业区域内的物业管理方式、服务内容、服务等级、收费标准、停车管理方式等属于小区重大物业管理事项，应由全体业主共同决定。

2、委员意见

基本满意。

三 相关评价

此项提案针对百旺茉莉园小区存在的管理问题，指出其中存在一些民众无法了解到的问题，强调了信息公开的重要性，并且建议政府对全市小区进行排查，解决百姓最基本的日常生活中遇到的问题，该提案受到政府部门与民众的广泛关注，市住建委、规划委与海淀区相关部门一起到百旺茉莉园2期进行现场办公处理，增加了车位。

提案8

关于安装电子探头，促进垃圾分类工作有效推进的提案（政协北京市第十二届委员会第三次会议提案 第0179号）（2015年）

一 提案内容

问题及分析：

北京市要建设成世界性城市，雾霾天气我们想彻底改变比较困难，交通问题我们也不可能一下解决，但是垃圾处理问题我们是可以有所作为的。

垃圾处理，进行立法管理；垃圾分类，进行依法管理。安装电子探头，垃圾分类他律与自律相结合。具体建议：

1、向发达国家学习，垃圾问题依法治理。垃圾问题涉及政府、民间与居民多方行为与利益，应该向欧美与亚洲的发达国家学习，进行立法依法管理；

2、垃圾分类，实行他律与自律相结合。每个小区垃圾袋放置处装有探头，谁不按照要求分类乱丢垃圾，按照探头找人，把垃圾丢回他自己家门口；

3、让居民自己买垃圾袋为环保付费。政府每年购买一定数量的垃圾袋、垃圾桶与清洁工具，发放给小区清洁工，每个小区配备1-2辆垃圾车；居民出钱从清洁工手里购买垃圾袋作为垃圾运费或者清洁工补助费；

4、改变目前居委会按户发放垃圾袋与垃圾桶的平均做法，这种做法暨成本高又效果差。应该变户户平均发放，为奖励分类先进。只要按照要求分类好的垃圾可以按照比例换取一定数量的垃圾袋；

5、从早上6点到晚上10点，清洁工每隔4小时左右在每户门口路过一次。垃圾车上伴随着"北京欢迎您"，或者"清洁北京人人行动歌"，音乐要悠扬轻柔，歌词要焕发每个居民清洁北京的责任感与积极性；

6、政府规定只有用换取来的垃圾袋装的垃圾，才会被垃圾车收走。否则乱放乱扔将受到一定的处罚，并且采用布告的方式在小区内通报，或者通报所在工作单位；

7、一些可以被回收的垃圾，如纸张、金属、塑胶品、大件垃圾，则清洁工或雇佣其他回收专门机构支付略低于或者同于市场的收购费用。

效果预测：如果采用以上建议，则可能达到以下效果：

1、小区垃圾不落地，实现清洁北京的治理目标；

2、小区消灭垃圾桶，保证清新（无臭气）北京；

3、垃圾清运工变成物资回收员与小区卫生督导（管理）员；

4、让小区居民积极参与清洁北京市活动，唤起北京市民做卫生市民的意识；

5、垃圾分类回收从源头做起，实现循环经济，实现低碳生活；

减少每个小区垃圾箱设置、维护与清运和填埋带来的系列费用，大大降低北京市垃圾总处理费用。

二 提案的影响与效果

1、办理部门与意见

北京市政市容委对该提案进行了办理，答复要点如下：一、关于在小区垃圾袋放置处装电子探头，需与相关单位协调配合，因此目前在全市范围内的小区安装专门针对垃圾投放的摄像头还不具备条件。但是为了更好地指导市民的垃圾分类工作，各区县结合自身特点优势，大胆创新管理机制和分类模式。通过试点厨余垃圾交付换积分，专业化公司进行分类投放、收集、处理等形式，调动居民的积极性，使垃圾分类达标小区日常运行效果显著提高。二、市财政局和市政市容委联合下发通知，从2010年起到2014年，每年由市财政从预算中安排专用于市对区县政府垃圾分类系统建设项目的补助，以加强垃圾分类设施、设备的配置。三、下一步将结合国际经验和其他省市的探索，采取这些措施：1、加强居民宣传，确保源头高质量流。2、推进规范站点建设，挤压低端废品收购。3、科学配置车辆组建运输队伍，构建顺畅物流体系。4、建设大型集中分拣处理中心，提升循环利用效率。

2、委员意见

基本满意。

三 相关评价

此项提案为进一步推进垃圾分类工作，提出向国外先进经验学习，使用科技手段等方法，加强垃圾分类工作的有效进行，并且拓展了政府部门的工作思路，受到办理部门的认同。

提案 9

关于提高首都治理体系与治理能力建设现代化水平、分系统成立科学行政专家顾问咨询委员会的提案（政协北京市第十二届委员会第三次会议提案 第 0431 号）（2015 年）

一 提案内容

问题及分析：

目前北京市各单位组织的领导班子处于新老交替与换届，中央在京的许多直属单位与科研院所与高校内部的中层领导班子也在大量更替换届。我所知道的许多高考制度恢复后的 77、78 与 79 级毕业的优秀大学生正陆续从领导岗位上退下来，这批人经历了上山下乡锻炼、改革开放前后的主体认知与市场经济与计划经济的鲜明对比，经历相对丰富、素质比较高，责任心强，忧国忧民，而且身体较好，如何继续有效发挥这些人的智慧与作用，值得我们关注。

另一方面，在新上任的中层与单位负责人之中，尤其是科研院所中的领导班子，不少是回国优秀人才或者 70 后的年轻人，他们相对缺乏本土中国或者中国"文革"与改革开放的鲜明认知，特别需要专家、老干部与前任领导的大力支持与指导。

建议：

为了更好地把北京市建设成为国际一流与和谐宜居之都，应该充分发挥所有人才的作用，尤其要注意有效发挥中央与地方在京单位的属地人才的作用，因此具体建议如下：

1、按照北京市经济社会发展需要，分系统成立科学行政专家顾问咨询委员会，突出不同专家顾问咨询委员会的特色与功用，提高北京市治理体系与治理能力建设现代化的水平。具体由各系统依据行政管理问题需要，联系与选用各位专家顾问。但是最后所有专家顾问以市政府名义聘请，提高聘请档次；

2、改变过去北京市政府总体具体聘请与选用的做法，成为由各委办局与系统分开聘请与选用。这样既可以增加专家顾问聘请的数量，最大限度地借用与利用北京市范围内的各种人才，又可以提高专家顾问聘请与选用的针对性与有效性；

3、改变过去由人才所属单位先推荐后聘用，转变为由用人系统先聘请后报送人才所属单位备案。这样可以提高专家顾问选用单位的自主性与被聘用专家顾问的自尊性与满意度。

二 提案的影响与效果

1、办理部门与意见

北京市人社局对该提案进行了办理，答复要点如下：一、我市专家咨询委员会建设情况：据了解，目前市政府部分委办局如市政府法制办、市规划委等部门根据工作需要也设立了由相关领域专家组成的咨询组织，这些咨询组织各具特点、形式多样。但是正如您在提案以及当面交流中所指出，我市在专家咨询的组织架构、工作方式和制度规范等方面都有待进一步完善和改进。二、下一步工作计划：在提案中提出的内容及相关建议，对当前全面深化行政体制改革与科学行政具有重要的启发性。将积极采纳和借鉴您的意见和建议，会同有关部门，在深入调查研究的基础上，结合做好2016年市政府专家咨询委员会换届工作，对我市专家咨询工作进行整体设计和统一的制度规范，广泛地吸纳各领域专家和权威人士充实政府决策咨询机构，最大限度地发挥他们的聪明才智，为政府各部门科学决策提供依据，提高政府治理体系与治理能力。

2、委员意见

基本满意。

三 相关评价

此项提案得到政府部门的采用,有效提升了政府专家委员会的建设水平,为更好地加强专家咨询委员会的专业化建设具有指导意义。

提案10
关于建立服务评价机制创新社区治理新模式的提案（政协北京市第十二届委员会第四次会议提案 第0599号）（2016年）

一 提案内容

问题及分析：

目前，北京市街道社区管理中存在的突出问题在于街道虚弱无抓手，实行行政职能二分法；社区软弱在服务，居民不认同。具体表现在如下四点：

一是治理主体参与度低。社区是一个多主体独立并存、各方人士共居的生活自治区域。服务需求旺盛，行政管理淡化。城市基层管理层面，涉及到街道办事处、居民委员会、居民、业主委员会、包含物业服务公司、开发商在内的经济实体等多个主体。而在实践中，街道办事处起到了主要作用，居民委员会成为具体行政工作的承担者，而其他主体的参与性则非常有限，多数社区甚至尚未成立业主委员会。在所有主体中，个别主体内部的参与性同样不强。以居民业主为例，作为社区的主要成员，多数业主参与治理的积极性尚未得到调动，多数业主限于时间、精力等原因不愿参与社区相关工作；参与社区工作的业主又难以代表广大业主的意见。

二是治理主体的责权利不清晰、不匹配。一方面，街道办事处、居民委员会、居民、业主委员会、包含物业服务公司、开发商在内的经济实体等主体在社区治理中的责任、权力、利益缺少明确的划分。目前尚无法律、法规或办法充分考虑多方主体共同参与社会治理的统一规定与规范，因此，缺乏对各方主体在社区协同治理中责任、权力、利益的明确规定。出现问题相互推诿，有了权利相互争夺。另一方面，对于法规覆盖的主体而言，存在责权利不配，责大于权，利不抵责的情况。例如对于街道办事处、居民委员会往往赋予其基层城市管理中的多项行政职责，但却并未向其提供与之匹配的行政权力与财政支持。

三是治理主体间缺少协商共治的意识与机制。一方面，各方硬性的制度执行与利益诉求难免存在差异；另一方面，居民服务需求无定式，具有一定的突发性与责任模糊性，制度规定外的协商是解决社区具体问题的重要方式。在权责划分并不清楚的情况下，目前对于涉及多方的问题，各主体间对责任的推诿现象比较明显，缺少相互协商、共同解决问题的意识与机制。因此，亟待建立一种联系与引导社区中各方主体进行协商的机制。

四是治理过程法治保障不足。第一，缺少统一综合管理的法律。城市基层管理涉及具体的人民群众生活细节，现有法规政出多门，覆盖范围不足。造成无法可依或者有法各异。缺乏执法统一的主体与标准。第二，当前的城市基层管理以法规、政策、办法为主，缺少相关立法，因此在实践上缺少法律的强制性效力，导致实施受阻。第三，现有法条体系性不足。目前北京市城市基层管理的法规主要来自北京市政府以及各直属部委出台的文件。然而，不同文件出台方针对同一领域的条文缺少系统性，部分条文甚至要求相左（住建部与北京市关于业主大会与业主委员会的一些指导意见相互矛盾），造成了现实执法困难。第四，现有立法落地性不足。多数法规条文只规定应当如何，并未指出违法规定的惩罚措施；只规定应达成目标，未指出目标的具体标准，在城市基层管理中立法的操作性不强。

建议：

城市基层管理改革的难点是由管理向治理转变，重点是以服务居民为导向。近年来，北京市在基层管理体制上进行了有效的探索与改革，目前又准备出台《关于深化街道社区管理体制改革的意见》，这是夯实基层基础，提高首都治理现代化水平的又一重要举措。

我们认为，建立国际一流的和谐宜居之都的基础在社区，难点在社区，关键仍然在社区。建立科学的评价机制与法制化，是破解城市基层管理难点与社区治理的有效方法。以评价机制促进管理转型，促进多方协商共治，促进治理体系与治理能力的现代化。

基于服务评价体系的建立与实施，主旨是吸引广大社区居民积极参与社区治理的设计、监督与评价，基于评价、评议、反馈与引导等环节的设计，把业主委员会、经济实体、居民委员会与街道办事处等不同管理主体纳入到规范化与制度化的流程中，形成合力，提高基层治理效率与效果。具体建议如下：

1、进行科学的工作分析，实行社区治理主体职能三分定位。物业公司等经济机构为市场主体、政府管调控、居民为自治主体。通过工作分析，建立三方治理工作职责清单，各方实行权责精细化、办事评价化。

2、将多元主体纳入考评，提高各方参与度。一方面，将街道办事处、居民委员会、居民、业主委员会、包含物业服务公司在内的经济实体、其他社会组织等主体纳入基层管理的评价体系中，增强各主体的参与性。各方可以是考评方、可以是被考评方，也可以既是考评方也是被考评方，建立自评、他评、互评相结合的多种评价体系。另一方面，针对不同主体的特点，设定不同的考评角色与考评内容，提高评价针对性与有效性。所有的评价，可以委托第三方进行。第三方通过匿名网络调查等形式实施，以随机验证码进行识别，降低评价风险与成本。

3、明确评价目标，以评价引导服务转型。目前，城市基层管理中主要矛盾与问题，大部分来自于责任信息不对称与服务不到位。因此，评价实施前要借助媒体与召开动员会，对参与评价主体各方进行宣讲，明确评价目标与内容；评价中，要进行培训与示范，引导参与评价各方恪守原则与依据内容进行评价；评价后，要进行数据核对与误差分析，保证评价结果的公正性与真实性。在城市基层管理中，基于服务的评价机制，要求各主体在社区治理中应当实现的目标，即负有何种责任。通过评价，可以引导评价方熟悉评价方的服务责任、引导被评价方明确自己的服务职责。明确的评价目标为服务提供了可以参考的标准，被服务方不同评价结果对应着不同的激励模式，从而可以有效引导基层管理主体进行服务转型，切实按照被服务方的需求达成其服务目标。

4、在反馈中引导协商行为，指导促进治理水平提升。基于服务的城市基层评价机制，除了其监督考评作用，更多的可以在反馈结果中起到聚焦各方进行协商，在协商中进行指导与提升治理水平的作用。因为评价后要求及时把相关的评价结果面对面或者其他形式反馈给各参与主体。在这个过程中可以召集街道办事处、居民委员会、居民、业主委员会、物业服务公司、开发商等主体共同参与或分别参与，帮助被评价者找到其不足，分析当前服务水平与目标服务水平间差距的原因，并就未来改进与提升管理与服务质量提出相关的措施与建议。当问题涉及多主体时，可以形成多主体协商机制，彼此扬长补短、直抒胸臆，共同分析、共同解决、共同提高。

5、法定评价体系，使评价有"法"可循。进行北京市地方立法，颁发《北京市基层治理与服务评价条例》。在《北京市基层治理与服务评价条例》中，应该对于考评方与被考评方的责权利、考评流程与时间、考评的标准、考评方法与奖励惩处进行明确界定，特别要突出社区居民的主体地位，基于社区中各方主体的利益相关性与博弈性进行评价机制的设计。首先，评价本身需要制度化，从制度上保证城市基层管理评价的合法性，连贯性，确保其能够产生长效作用。第二，评价体系本身必须坚持"法治"思想，评价的过程是依照评价方案严格实施的过程，通过科学设计，保证评价的公允性。第三，评价指标设计除了包括对服务结果进行评价，还要包括对服务过程的评价，即督促主体在城市基层管理中依法办事，零越权、零不作为。

总之，城市基层管理涉及方方面面，需要也应当有基层的各个主体共同参与、协同治理。通过制定基于城市基层服务评价的管理体系，可以充分调动各主体的能动性，将基层服务、政府监督与管理提升一体化，从而提高北京城市基层治理水平。提升社区治理水平可以为首都北京建设成为国际一流和谐宜居之都打下坚实的基础。

二 提案的影响与效果

1、办理部门与意见

北京市委社会工委对该提案进行了办理，该提案深刻分析了当前北京街道社区管理中存在的突出问题，并提出通过建立社区服务评价机制促进社区管理转型、促进多方协商共治、促进社区治理体系和治理能力现代化的建议,对我们进一步推动首都基层社区治理极具参考意义。办理部门表示将结合提案建议,逐步从过去的注重社区"硬件"建设,向完善社区治理制度等"软件"建设方向转变,加快推进社区治理体系和治理能力的现代化,着力加强与完善社区治理体系、强化社区自治功能、加强社区服务、探索建立社区治理评价体系四个方面工作。

2、委员意见

基本满意。

三 相关评价

此项提案从四个方面指出北京社区治理中存在的问题,提出以服务居民为导向的意见建议,受到市委领导的充分肯定与办理部门的高度重视与肯定,有效改进了政府部门的工作方向。

提案 11

关于进行供给侧改革、住建的工作从增量型管控转向陈旧问题居民区优化改造的内涵式发展提案(政协北京市第十二届委员会第五次会议提案 第 0245 号)(2017 年)

一 提案内容

问题:

2016 年 5 月下旬,市委十一届十次全会审议通过了《中共北京市北京市人民政府关于全面深化改革提升城市规划建设管理水平的意见》(以下简称《意见》),这是首都城市发展史上具有全局性、战略性和务实性的文件。该文件明确表示,北京市要按照中央城镇化工作会议、中央城市工作会议的明确要求和工作部署,进一步做好新时期全市城市工作,努力走出一条城乡一体、内涵集约的发展新路,建设一个让国家和人民更加满意的首都。

首都近年来的发展取得了明显的进步,但是目前问题仍然不少。其中最为突出又被忽视的问题是 10 年前一些居民区住宅区的优化改造问题。我们课题组调查过丰台与海淀区的许多小区，发现 10 年前建造的居民住宅区都存在停车难、管理混乱、公共设施缺乏与老化、私搭乱建、停水停电等情况，尤其对于停车难的问题居民极不满意。这些居民除 8 小时工作外每月 75%的时间均生活在一个不方便与不满意的居民小区中。这种不满的情绪长期积累下去显然会严重地影响广大居民对市政府的满意度与对首都的满意度，影响《意见》目标的实现。

分析：

之所以导致这些住宅区的居民对于市政府甚至首都极其不满的情绪主要有以下几方面的原因。

1.市政府规划缺乏预见性。过去的住宅区规划的主要考虑是住房内在居住的面积与方便性，对于住房外在的环境与配套公共设施建设比较忽视。随着广大人民生活水平的提高、见识的扩大以及周边新建小区的发展，大家意识到小区周边的公共生活设施越来越落后，从而引发不满情绪；

2.市政府相关部门对于建造商存在监管不力与职责疏忽问题，没有代表未来居民与人民政府的角度对于建造方案进行审批。以我提案多次的海淀区茉莉园小区二期为例，2004—2005 年建造，距离中关村十多公里，位于海淀区的山后地区，长期交通不便，属于远郊区，为中高档联排别墅小区，但是其住户与车位配比率实际不足 1∶0.5，住房容积率仅与市内标准接近，远没有达到山后远郊区别墅区建造的标准，甚至 2 期的容积率大大低于 1 期的标准。百旺茉莉园 2 期（6.74 公顷。一公顷等于 10000 平方米，15 亩地），规划委批准建造 21 栋楼，目前建造了 23 栋（3-4-5-9-11 层不等），面积（一期 14.7 公顷，35 栋楼，3-4-5-9-11 层不等）

3.市政府住建委前些年忙于住房外向扩展式发展，忽视了住宅小区内涵式的优化设计问题，对于车位与公共厕所等公共生活设施配套的建造没有明确要求，并且监督不到位。除我们列举的茉莉园小区 2 期外，其他丰台区的许多老旧小区同样存在居民停车难的问题。10 年前，有车的家庭比较少，现在大部分家庭都有车，居民停车难的问题，越来越尖锐。与此同时，我们调查的小区 95%都没有公共厕所。停车难与公共厕所缺位的问题，已经成为百姓极度关心与感受深切的问题，已经成为建设国际一流和谐宜居之都的短板问题，居民为此经常发生车辆事故、邻居不和，极大地影响了百姓的日常生活。

建议：

1.对于目前2006年前完工的小区进行调查与摸底，了解目前小区居民居住中面临的生活上存在的不方便问题，从中筛选出那些与政府前期管理疏忽有关与严重制约居民日常生活的问题，形成市政府为民办实事的问题清单；

2.市委市政府成立小区公共设施优化改造委员会，市财政拨付一定资金，由住建委与规划委负责在小区周边部门与内部寻找一块空地，招商引资，为陈旧与问题小区建立公共停车房，内部包括停车楼层、公共厕所与日用品食品服务商店。采用政府出地或者出50%的资金、服务商或者原开发商配套资金建房，竞标引进服务商，限价收费，体现政府为居民提供公共服务的半市场化治理模式；

3.从外向增量型的住宅区建设转向老旧小区的改造与优化建设。如果说10年前北京人住房比较紧缺，需要解决的问题是人均面积不达标的话，那么目前的现状是工作满10年以上的大部分北京人住房已经达标或者有些过剩了。因此，目前北京市住建委应该进行供给侧改革，工作重心应该进行转移，严格控制住宅区的增量建造，引领并且加大投入，加强陈旧问题小区的改造，进行内涵式优化发展，解决百姓住得舒心、满意与称心的问题，尤其惠及老旧与问题小区的百姓，帮助他们解决日常生活中停车与公厕的困难。

4.对于2017年以后的住宅区开发商，实行便民生活居住高标准建造战略规划审批制度，甚至引进居民志愿者参与审批的流程。充分体现居民住宅区审批，由市政府与市民共同治理城市的新理念，提高首都城市治理体系和治理能力现代化水平，率先全面建成内涵式小康社会，加快建设国际一流和谐宜居之都。

二 提案的影响与效果

1、办理部门与意见

北京市住房城乡建设委对该提案进行了办理，答复要点如下：一、在老旧小区改造方面，完成 1582 个，建筑面积 5850 万平方米老旧小区的综合整治。二、关于居住区配建公共服务设施方面，政府加大公共财政投入，担负起"保基本、兜底线"责任的同时，采取多种方式积极引导社会资本参与居住公共服务设施的投资、建设和运营管理。三、关于推进试点项目的综合整治改造工作，将参考提案中的宝贵建议，按照国家有关法律法规，研究制定新阶段老旧小区整治的配套政策、管理规定、技术规范，健全管理体制，探索城市有机更新新路子。

2、委员意见

基本满意。

三 相关评价

此项提案提出在城市住宅区的建设和管理过程中要以人为本，提升小区机能，改善群众生活水准为目标，受到办理部门的高度重视，对政府相关部门开展工作有很好的指导意义。

★ 提案 12

关于重视与着力解决好社区停车难问题的提案（政协北京市第十二届委员会第五次会议提案 第 0247 号）（2017 年）

一 提案内容

问题：

2014 年习近平总书记视察北京并发表重要讲话，明确了首都城市战略定位和战略目标，指明了新时期首都工作方向，在首都发展史上具有里程碑意义。两年多来，全市上下坚决贯彻习近平总书记重要讲话精神，深入落实首都城市战略定位，着力构建"高精尖"经济结构，下大力气治理人口过多、交通拥堵、房价高涨、环境污染等令人揪心的问题，努力补齐城市发展短板，在建设国际一流和谐宜居之都的道路上迈出了坚实步伐。

但是目前问题仍然不少。其中最为突出又被忽视的问题是一些问题居民区住宅区的停车难问题。

我们课题组调查北京市40多个社区，发现10年前建造的居民住宅区95%都存在停车难的问题。其中海淀区百旺茉莉园2期情况比较严重，有一定的代表性。因为停车难等服务不到位，导致居民不愿缴纳物业费，居民因为不按时缴纳物业费又导致物业公司不愿提供相关服务，业主与物业矛盾激化，居民与居委会关系不和，因为车位紧张，居民之间抢车位停放相互闹矛盾，车辆出入不便发生事故不断。尽管这些问题不是当前政府的过失，我们可以不去为以前的政府买单，但是，2016年5月下旬，市委十一届十次全会审议通过了《中共北京市委北京市人民政府关于全面深化改革提升城市规划建设管理水平的意见》（以下简称《意见》），在《意见》中市委市政府郑重承诺，要突出百姓获得感，坚持以人民为中心的发展思想，围绕人民关心的问题、身边的问题、感受深切的问题，推出一批叫得响、立得住、群众认可的解决问题硬招实招。所以，面对目前北京市普遍存在的社区停车难的问题，我们实在无法回避与拖延了。

分析：

上述问题的存在主要是以下几方面的原因。

市政府规划缺乏预见性。过去的住宅区内，很难找到几户人家买车，现在，大部分家庭都有车，甚至有的家庭一户有2-3辆车；

市政府相关部门对于当年开发商存在监管不力与职责疏忽问题。以我提案多次的海淀区茉莉园小区二期为例。2004-2005年建造，距离中关村十多公里，位于海淀区的山后地区，长期交通不便，属于远郊区。身为中高档联排别墅小区项目，但是其开发商实际的住户与车位配比率加上地下车库不足1：0.5，设计不到位或者实际与设计存在差距，这显然既不合符当时交通困难与别墅项目的设计要求，也不符合眼下居住的需要。我们调查的许多小区当时设计时根本就没有停车位的设计。

由于居民停车难，大家就存在抢车位停放的矛盾。因为无法保证停车，物业无法收费，物业无法收到费用因此提供的服务大打折扣。进而引发了业主与物业、居民与居委会以及业主与业主之间的矛盾等社区管理问题。停车难的问题已经成为百姓极度关心与切身之痛的问题，已经成为了目前制约和谐宜居之都建设中的短板问题。

建议：

通过市社工委对于 2006 前完工停车问题比较突出的社区进行调查与摸底，了解目前社区居民住户与车位的比例，尤其要关注北三环与南二环以外停车问题突出的社区，从中筛选与排列出解决的先后顺序；

通过市规划委与住建委在小区周边寻找一块空地，招商引资，为小区建立公共停车房，采用政府出地、服务商或者原开发商建房，限价收费，竞标引进服务商，体现政府为居民提供公共服务的半市场化模式；

对于 2017 年以后的住宅区开发商，市住建委按照住宅区的位置与周边交通状况，实行严格的户均车位比例审批制，对于车位不达标的住宅区项目不予批准。

海淀区茉莉园小区 2 期的南边，与 1 期相比，有一块 10 亩左右的荒地，自从 2005 年以来一直空闲，既没有绿化也没有管理，杂草丛生。据说有军事电缆线经过，但是前后左右都有军事电缆线，为什么 1 期与百旺公园都可以开发为民所用，只有这块荒地就不能。事实证明，军民共建更有利于保护电缆。因此，建议北京市政府出面与军队的相关部门进行协调，开发为社区可以享用的停车用房或者绿化停车场，以便解决当前茉莉园小区停车难的突出问题。把茉莉园停车难问题的解决作为一个示范点，为其他社区解决停车难的问题探索一条路径。

二 提案的影响与效果

1、办理部门与意见

北京市交通委对该提案进行了办理，答复要点如下：提案对推进停车设施规划建设及鼓励政策研究，推进居住区停车设施建设及立体停车建设发展提出了意见建议。根据代表、委员提出的建议意见，我市积极采取各种措施，开展了以下工作：一是组织各区依据城市公共停车场专项规划，开展各区停车专项规划和十三五期间社会公共停车场年度建设规划编制工作。二是挖掘潜力，缓解居住区停车难。三是公共停车场建设方面，起草了《关于加强本市停车场建设的意见》（草案），在规划落地、土地保障、投融资、配套商业、简化流程、设施验收等方面寻求各相关单位最大共识。四是P+R停车场建设方面，从建设、经营、维护、管理、补贴几个方面规范驻车换乘停车场建设管理工作。五是将结合交通影响评价工作进一步加强停车场规划验收工作，研究建立规划国土部门和交通部门共同验收、检查机制，由规划国土部门会同交通部门共同开展停车场建成后的规划验收、停车场挪作他用巡查检查工作。

2、委员意见

基本满意。

三 相关评价

此项提案基于调查研究，指出社区停车问题普遍存在急需解决，并进行了深入的分析，提出社区停车设施的建设意见，受到办理部门的认同与肯定。北京晨报、人民网、大燕网、中国首都网对该提案进行了报道，受到社会的广泛关注。

第八章

首都建设　亮点纷呈

2014年习近平总书记考察北京提出"四个中心",即全国政治中心、文化中心、国际交往中心、科技创新中心,要求努力把北京建设成为国际一流的和谐宜居之都。同时由于北京的重新定位,使得北京开始疏解非首都功能,重新更新了城市的布局。本章主要针对首都的建设方面,提出了奥运会期间北京在体现人文关怀方面的建议,以及人才建设和人口方面的建议等等。本章共计6件提案,每件提案包含提案内容、提案的影响与效果和评价三部分。

★ 提案1

关于奥运会期间外国运动员交通工具实行多语广播的建议（政协北京市第十届委员会第一次会议提案 第0629号）（2003年）

一 提案内容

问题：

作为2008年奥运会主办地的北京，要充分体现人文奥运的思想与国际化大都市的形象，在交通服务方面，借鉴国外好的经验，提高服务质量。

例如，新加坡机场在通知旅客登上新加坡至日本大阪的班机时，先使用英语然后又用日语广播一次。在催促旅客登上新加坡至广州的班机时，先用英语播报一次，然后又使用北京普通话重播一次，最后还用广州方言——粤语进行第三次播报。充分体现了"以人为本"的服务理念，值得北京人文奥运借鉴。

分析：

运动员并非全部能听懂英语与汉语，出行时可能感到不方便，容易有异国他乡之感。如何使外国运动员在北京期间感到出行方便，乘坐公共交通工具进入场馆是经常的事情，如果只有汉语与英语播报与介绍，对相当一部分不懂英语与汉语的外国运动员来说是无效的。他们无法听懂有关语言感到不方便，同时也无法理解与领略北京的人文精神与风貌。

建议：

1.在北京主要景点交通车上配置多语种自动按钮解说广播器，类似英国旅游城市的城市景点游览车，让每个到北京观光旅游的外国客人能充分领略北京古代的人文精神与风貌；

2.在奥运期间，为不同国家运动员的交通车配以参赛国的母语广播与介绍，既让他们没有语言听力障碍又让他们了解北京，真正体验北京人文奥运的精神所在。

3.从2005年开始招募大学生志愿服务导播员与解说员，要求懂英语并接受所服务参赛国母语的培训。例如愿意担当俄国运动员服务的志愿者，专门进行俄语培训，愿意担当日本运动员的服务的志愿者接受日语培训。

二 提案的影响与效果

1、办理部门与意见

奥组委对该提案进行了办理，办理部门表示该提案建议非常具有建设性，主要答复要点如下：为了把2008年北京奥运会办成最为出色的一届，充分体现"人文奥运"的理念，制定了相关计划，一是整理和研究有关资料，准备借鉴国外成功经验，结合我国国情和奥运交通服务上需求的实际，拟定相关的计划。二是与北京公共交通总公司取得了联系，建议在奥运期间，北京的公共交通车辆上使用多语种的语音服务系统。三是与北京首都机场有关部门积极协商，建议他们奥运期间，在机场候机大厅增加语种，改进语言服务系统，为乘客提供便利。四是奥运期间，为了方便市民与外国运动员、官员和前来观看比赛、观光的旅游者进行语言上的交流，我们已经制订了计划，届时将公布奥运服务热线（包括提供语言服务的热线），向社会提供多语种的同声传译服务。五是奥运期间将招募大量有外语专长的志愿者（主要来自在校大学生），经过培训和测试后，直接输送到为奥运会提供服务的场馆和有外事活动的岗位上。

2、委员意见

对答复满意。希望以后查看落实情况。

三 相关评价

此项提案得到奥组委的认可与赞同，并及时转化为当时奥组委工作文件，为提高奥运会期间的服务水平提供了指导。该提案受到新浪网、北京娱乐信报的报道。

★ 提案 2

关于有效落实习总书记首都"四个中心"指示在北京市建立人才交易中心的提案（政协北京市第十二届委员会第三次会议提案第0173号）（2015年）

一 提案内容

问题：

政治中心、文化中心、国际交往中心、科技创新中心——这是2014年习近平总书记以及国家对北京的城市功能定位。关于前三个中心，与全国其他城市相比，北京市具有绝对的优势与独一无二的地位。但是，对于第四个中心的定位，并非容易与自然而然的事情。而是需要北京市政府尽早进行规划与努力建设，否则，就可能错失良机。

分析：

这是因为，一方面，北京市成为全国科技创新中心，是北京市经济转型发展与人才优势发挥的必然选择，具有一定的优势。北京市目前是全国人才聚集最多的城市之一，是国内外人才创业发展首选之地。而且，与北京市定位人才之都的战略相匹配。

但是，另一方面，上海、武汉、西安、广州、深圳、天津、杭州、南京等城市的科技创新产业与人才也都不差，其中任何一个城市的科技创新与发展都有可能走在北京市的前面，从而导致北京市丧失全国科技创新中心的地位。

全国各个中心城市争创科技创新中心是大势所趋与人心所向。随着我国人口老龄化的出现，我国人口红利正在快速消失，如何从人口红利转向人才红利，促进与支持人才强国战略的实现与创新型国家的建设，进行经济转型发展，是摆在各个省市领导面前的一个紧迫问题。

人才红利的获取必须基于人才市场配置的机制激励，如果北京市委领导率先在北京市建立人才交易中心，不但具有在中国抢先占领科技创新中心制高点的先机，而且具有探索人才强国的市场之路的示范意义，具有人才强国辐射世界的效应。

目前我国各地中心城市人才资源不少，但是重视充分、激活不足，沉淀多激活少，利用有限浪费不少，管理较多尊重不够。所以，亟待从政府管理转向市场驱动，充分发挥市场配置机制的作用。建立人才交易中心恰恰就是把人才管理由政府配置转向市场配置、由政府激励转向市场激励的创举之一。

建议：

所谓人才交易中心，就是人才以其才能、成果与产品在中心公开报价、提出资金支持需求、经营需求、股份需求、经营人才需求等合作与创业需求，再由市场管理人员通过一定的媒介向外界公开招标与寻求合作方，以便让人才的才能、成果与产品在社会经济建设中尽可能发挥作用。与人才交易中心对应的是举办人才交易会议，每年定期由人才交易中心面向海内外发布信息，吸引风险投资人、企业经营人、事业创建人、知识产权营销人以及人才者本身前来进行会面与洽谈，选择与寻找合作伙伴与购买交易者，把人才的人力资本、成果与产品转换为现实的生产力。

二 提案的影响与效果

1、办理部门与意见

列入领导参考（市政府）

2、委员意见

基本满意。

三 相关评价

该提案受到政协会议中市委领导的重视，多家媒体进行了相关报道，2018年在重庆中国人力资源服务产业园调研中发现，提案中的相关建议得到了实现。

★ 提案 3

关于有效落实首都"文化中心"战略，政府、高校与市场共建高品位的"挂甲屯文化中心广场"的提案（政协北京市第十二届委员会第四次会议提案 第 0229 号）（2016 年）

一 提案内容

问题及分析：

习近平总书记提出，北京要建立首都的"四个中心"。"文化中心"应该是"四个中心"建设的核心任务。十三五规划中，着力建设全国文化中心是北京市政府致力完成的第五大任务。但是如何建立中央领导人与北京乃至全国人民满意的"文化中心"，一直是北京市历届领导人与广大市民关注的问题。

1、挂甲屯地区是北京市规划中给北大的教育预留地。由于北大没有能力完成房屋拆迁工作，因此长期未能有效发挥与利用北京市政府给予的建立世界一流大学的优惠政策；

2、挂甲屯属于海淀区典型的"城中村"，房屋建成年代久远，破损严重，私搭乱建现象普遍，平房区内居住人口众多，居住条件和居住环境较差。在一定程度上影响了北大的周边环境优化；

3、当前，习总书记要求北京首都要建设"四个中心"成果显著，但是目前"文化中心"的建设相对滞后。北大一直希望充分发挥社会服务的功能，为北京市、尤其是海淀区的文化发展战略贡献力量，但是一直没有找到合适的机会。

4、目前北京市购物广场越来越多，但是文化广场却越来越少，尤其高品位的文化中心更加奇缺。

文化海淀战略近年来虽然发展比较快，成果明显，但是在文化建设方面仍然有许多空白点。目前北大清华中关村附近方圆 5 公里甚至更远范围，没有像样与高品位的文化中心，尤其没有发挥好北大清华等优势高校优势文化资源的影响作用。广大市民没有机会分享北大丰富的文化资源。所谓温饱问题解决了，精神空虚增加了，文化品位没有了。海淀名牌高校云集，有知识没文化。这与北京要建立"国际大都市"与"文化中心"的战略极不相符。

建议：

借助市场与社会中介力量，北京市政府、海淀区政府与北京大学在挂甲屯区域共同建立"海淀—北大文化中心广场"，共建与共享若干重要文化公共服务设施，既充分开发和利用该区域的土地和文化历史资源，同时集中展示北大百年来在文化、艺术、历史、考古、教育等方面的积淀与多学科交融成果。实现科技、文化与历史的有效融合，将"海淀—北大文化中心"打造成为具有重要影响力的文化产品和文化区域，希望能够得到北京市与海淀区政府的大力支持和帮助！因此具体建议如下：

1、北京大学把艺术学院、考古博物馆、歌剧院与高科技博物馆等文化设施规划在挂甲屯区域建立"海淀—北大文化中心广场"中，并且负责管理与设计，达到世界一流水平。平时面向社会与广大北京市民、乃至全国游客开放，实现义务讲解、培训与服务，每月定期举办名教授免费讲座、举办中小学生与青少年参观活动；负责面向社会募捐部分资金用于文化设施与场馆建设、运转与维护。

2、北京市与海淀区政府负责提供土地与前期拆迁工作，负责住户的住房安置工作与部分资金补偿，不超过1/3；

3、借助市场力量，允许北京大学与社会中介机构面向海内外进行资金筹集与募集，捐赠方或者出资方可以购买文化中心广场设施与场馆的租用权与署名权。所筹集与募集的资金用于住户拆迁与安置补偿。

二 提案的影响与效果

1、办理部门与意见

海淀区政府对该提案进行了办理，办理部门表示提案中分析了当前挂甲屯周边的环境情况，与文化建设工作中存在的困难问题，并提出通过政府、高校与市场合作共建高品位的"挂甲屯文化中心广场"的相关建议，对进一步推动与完善挂甲屯周边地区文化建设与战略规划工作极具参考意义。办理部门结合提案内容，从加快推进挂甲屯地区建立"文化中心广场"的建设工作和积极探索与解决挂甲屯地区拆迁腾退、资金来源等问题两方面加强与完善建设文化海淀工作。

2、委员意见

基本满意。

三 相关评价

此项提案得到政府部门的充分认同和肯定，为解决首都城市建设和文化建设提供了有效的解决方案和思路。后来也得到市政府相关部门的解决落实。

⭐ 提案4

关于建设国际一流和谐宜居之都中应加快改进市民生活中不宜居问题的提案（政协北京市第十二届委员会第四次会议提案 第0593号）（2016年）

一 提案内容

问题及分析：

今年政协第四次会议，倡导委员为如何把北京首都建设成为世界一流的和谐宜居之都建言献策，大家非常积极。目前从上到下，大家是做大不做小，关注宏观问题疏忽微观问题，热心解决交通、雾霾与房价等长期努力甚至一时无法解决的问题，忽视身边亟待解决与能够解决的民生事情。大部分是从人口、生态、经济、社会与京津冀一体化建设等大的方面提案，这对于北京市政府非常有价值。但是，我们在这当中，也注意到有些民生小事不容忽视。把北京市建设成为国际一流的和谐宜居之都，固然是每个北京市民渴望的事情。但是怎么建设，从什么方面入手，值得我们思考。大家首先想到的便是城市规划，产业布局与发展战略，人口控制与交通拥堵等大问题与难问题。但是我认为与此同时，应该从关注目前北京市一些不宜居的民生小事改善上着手。检验首都北京宜居不宜居的真理标准，不是专家与官员的评价，而是广大市民与居民日常生活中的感受与评价。

例如，目前北京市居民小区绝大多数没有公共厕所。如此一件小事一直困扰不少小区。去年海淀区某小区 300 多户居民小区停水 30 小时，小区内外附近没有厕所，上厕所很小的一件事情让市民、居民忍受了难以忍受的困苦。同样，该小区因为下雨，电梯一年中多次停开，让家居十多层高楼的老人小孩一层一层爬上爬下，同样忍受难以忍受的困苦。目前网络购物与物流带动了社会经济发展，倡导物流送货到小区，但是由于小区内找不到厕所，因为身体不适造成了外来送邮件、送货与办理公务人员尿裤子，十分尴尬。同样，北京市马路边、加油站与银行等公共场所也很难找到厕所。显然这里的厕所问题不是一件小事，其中折射的是开发商、经营者与政府对于公民进行公共服务意识的淡薄。

如果这些民生基本生活中的小事情得不到很好解决，空气污染、房价高扬与交通拥堵等问题一时又无法解决时，可能就会引起百姓与社会对于北京市政府与领导建设国际一流和谐宜居之都的施政纲领不信任。具体建议如下：

建议：

北京市政府相关部门或者号召市民志愿者成立首都北京不宜居问题排查与社区生活改善治理小组，深入社区与街头群听百姓诉求与请求。把所有北京市百姓目前认为不宜居的民生小事列出清单并且进行分类，逐一渐进抓紧落实解决。

1、对于小区内基本设施完善的问题解决，应该从规划设计把关。例如，目前小区缺乏厕所问题，由于反映的是建筑商与政府对于公共服务的意识淡薄，所以新建小区应该要求所有小区建筑商首先建好公共厕所；老旧小区厕所建造的基本材料与工时费用，可以从政府拨款与居民捐款解决，开发商负责实施与维修费用；

2、对于交通不便的问题的解决，应该从补充与改线着手，实行公共交通无缝衔接。例如对于每个临近小区的地铁口与公共汽车站，开设小区内 5-10 分的流动交通车；非临近小区的地铁口 5 分钟步行范围内，都应该补充至少一个公共汽车站。如果无法开设公共汽车站的地方，应该有三轮车等代步微型交通工具；

3、对于菜市场、购物、饭馆、就医与上学等生活设施缺失问题，应该从扶持、引导与补贴等经济、市场与行政等手段进行引导与补充发展。目前因为非首都核心功能的疏解把原来居民小区的菜市场与便民市场全部撵走了，造成了四环与五环以外不少小区居民生活的不便。应该从规划上把关，从补充建设上，让居民能够在步行一刻钟的范围内上中小学、就医、购物、买菜、吃饭、公园游玩等，感觉幸福北京、和谐北京与宜居北京。

二 提案的影响与效果

1、办理部门与意见

北京市规划委对该提案进行了办理，办理部门表示该提案对于工作具有重要的启示与促进作用，与部门的工作战略不谋而合，并指出了工作中的薄弱点。结合提案，办理部门在以下方面不断完善居住配套设施，深化社区服务体系建设，提高居民生活便利度。一是深入社区倾听需求，提升民生服务能力；二是完善居住服务设施，破解小区公厕难题；三是加快交通设施建设，解决出行不便问题；四是深化一刻钟服务圈，补齐配套设施短板。

2、委员意见

基本满意。

三 相关评价

此项提案从小事情出发，关注百姓身边的小问题，真正地想百姓之所想，急百姓之所急，受到百姓欢迎。

★ 提案 5

关于在旅游立法中要求旅游区域通过公共信息发布平台公开举报邮箱与电话的提案（政协北京市第十二届委员会第五次会议提案第 0697 号）（2017 年）

一 提案内容

问题：

北京不但是中国的首都，要建成全国的文化中心，而且也要建成全国的旅游中心。北京市旅游资源十分丰富，古代与近现代文化与文物的种类非常多，但是目前北京市在旅游方面存在不少问题，例如黑导游与黑旅游公司事件，时有发生。一方面亟待立法与规范，另一方面是需要我们加强监督与管理，否则将严重地影响首都旅游的形象。

分析：

1.旅游业长期以来的发展与管理不够规范。社会一直认为旅游是吃喝玩乐的事情，让人高兴与开心是旅游业发展的最主要目标。因此，长期以来，缺乏规范与法律制约，最近我们国家与社会才开始对于一些不文明的旅游行为进行规范与制约管理。

2.由于旅游业运营一般都是比较分散，一个导游一支队伍，天南地北，难以管理是常态。导游与旅客，公司与游客基本上是一次性的买卖，所以诚信难以形成与约束。

3.由于旅游业工资收入比较低，导游收入有相当一部分是来自旅客景点与导购费用的提取，这一直是全国旅游业的潜规则，大家见怪不怪了，在一定程度上纵容了黑导游与黑公司的行为。

4.目前黑导游与黑公司之所以可以为所欲为，主要是来北京旅游的客人，大部分是首次或者对于北京比较陌生，遇到问题，不知道通过什么渠道与途径进行及时举报，等回到家乡后更是投诉无门。

建议：

在北京市旅游立法中，应该有专门的条文，要求旅游区域通过公共信息发布平台公开举报黑导游与黑旅游公司行为的邮箱与电话，在公共场所公布举报电话与邮箱。公布后要求旅游管理部门定期进行巡视，保证每个旅游景点与旅游线路周边的移动信息畅通与举报电话与邮箱在电子屏幕上的实时开放，保障每个游客能够自由方便进行举报，可以表达自己对于某个导游、景点与管理人员的评议、表扬等意见。

二 提案的影响与效果

1、办理部门与意见

北京市旅游委对该提案进行了办理，办理部门表示提案中所提出的问题客观存在，对于如何解决问题的相关建议对于下一步工作启发比较大，具有参考价值。提案中提到的问题和不足都将在旅游立法与行业监管中进行认真思考和解决，并且为下一步工作提供了思路。

2、委员意见

基本满意。

三 相关评价

此项提案得到政府部门的认同与肯定，有效改变了北京市旅游乱象，受到北京市民和来北京旅游的市民的好评。

提案6

关于在疏解首都非核心功能的同时要发挥高科技作用做到便民与疏解人口同时兼顾的提案（政协北京市第十二届委员会第五次会议提案 第 1029 号）（2017 年）

一 提案内容

问题：

近 3 年来，北京市政府在贯彻落实习近平同志 226 讲话指示精神方面做出了多方面的努力，在首都办公区与人口疏解工作中取得了显著成绩。但是，我们也同时发现，在疏解首都办公区与人口过程中，也把许多类似建材市场、服装市场、菜市场生活服务产业疏解了，让老百姓要跑很远的路去办公办事，这在很大程度上，影响了老百姓的日常生活。如何在疏解非首都核心功能的同时保障老百姓的正常生活，使北京市真正成为一个国际一流的和谐宜居之都。

分析：

之所以造成上述问题，主要原因如下：

1.主要是因为目前建材、服装与菜市场等与百姓日常生活密切相关的商业与产业，都是劳动人口密集型的。因此，这些劳动人口密集型的商业与产业首先成为了疏解的对象，在人口疏解的同时这些与百姓密不可分的产业也消失了；

2.目前北京市委市政府办公核心区位于天安门附近的台基厂，大家上班与办事交通方便，但是带来了车辆拥堵。同时与中央核心办公区中南海太近，应该有所区分，因此目前需要把一些部门搬迁到通州第二办公区；

3.之所以造成目前鱼和熊掌不可兼得的情况，主要是因为我们的思路仍然停留在传统的产业经营模式与管理模式上，没有从高科技的视角、尤其没有从互联网等现代化手段的方面进行创新改革；

建议：

1.利用互联网技术，让与百姓生活密切相关的建材、服装、菜市场等产业的经营模式进行创新改革，实行总部、信息流市场与物流市场相分离。总部与信息流经营市场留住在北京市内，尽量留在原地，建在各社区，建在老百姓的身边，便民采购与选购。与此同时，把物流市场疏解到周边地区或者与河北交界处，便于运输。发挥快递物流与互联网等现代新方式新技术作用，在疏解首都非常住人口的同时又提高了百姓生活的便捷与满意度；

2.利用互联网技术，建立市民与市委市政府办公的无障碍网络公共服务新体系。在每个社区设立百姓网络一站式公共服务大厅，对应市、区、街道各级的职能部门以及不同日常生活商品种类，在社区的网络公共服务大厅中都有相应的公共服务员提供服务，指导或者帮助百姓办事与采购日常生活商品。

3.目前北京市政府搬迁通州整体建楼办公模式不是最优选择，应该有限度继续开发通州第二办公区，加快把台基厂的窗口职能部门疏解到北京市交通方便的不同地区办公。既便于老百姓办事又便于工作人员上班。市政府是服务于市民的，市民绝大部分生活在北京市不同区域，整体式搬迁外地与周边地区建楼办公不但不能缓解交通拥堵问题，反而会增加该地区的交通拥堵情况。因此，建议缩小保留台基厂第一办公区，有限度扩展通州第二办公区规模，对于台基厂现有市委市政府职能部门疏解在北京市的不同地区，充分发挥互联网技术作用，施政于民，服务于社区。

二 提案的影响与效果

1、办理部门与意见

北京市发展改革委对该提案进行了办理，答复要点如下：京津冀协同发展战略实施三年来，全市上下牢牢把握首都城市战略定位，以疏解非首都功能为工作导向，以提升首都核心功能、建设国际一流的和谐宜居之都为目标方向，聚焦重点领域、重点区域、重点政策，坚持疏控并举，分类施策，确实动真格推动疏解，把疏解与提升有机结合起来，取得了明显进展和成效。一是批发市场力度疏解加大实施"疏解整治促提升"专项行动，有序推进市场和物流中心疏解提升工作，注重发挥高科技的重要作用，加快相关市场和物流中心的升级改造。按照"升级为导向，建管相结合"的原则区别对待农副产品市场。二是加快推进规划建设北京城市副中心是千年大计、国家大事，是疏解非首都功能的一项标志性工作。全市上下深入贯彻落实习近平总书记关于北京城市副中心规划建设的重要指示精神，坚持世界眼光、国际标准、中国特色、高点定位，把"最先进理念、最高标准、最好质量"的要求体现在城市副中心规划建设的各个环节、方方面面。三是发挥互联网等新技术在疏解中的作用。在疏解工作推进中，我们将继续加强疏解工作统筹，落实完善分领域疏解计划，充分发挥互联网技术优势，推动疏解工作有序有效推进。

2、委员意见

基本满意。

三 相关评价

此项提案针对北京市当前疏解首都功能产生的问题提出建议，为进一步推进首都建设提供了思路，受到相关部门肯定。实际上，这是互联网+在施政管理中的有效运用建议，能够有效发挥北京的引领作用与河北的地理和资源作用。

第九章

缓解拥堵 一路畅通

　　城市交通关系到每一位公民的日常生活的方方面面，影响着人们的出行效率和城市功能的正常发挥，随着北京的城市建设的不断加快和经济的持续增长，交通拥堵成为城市发展过程中的阻碍。目前城市交通拥堵成因复杂，主要表现为经济发展方式粗放、城市规划体系不完善、机动车过快增长、城市公共交通发展滞后等。本章的提案包括错峰上下班的建议，设立交通拥堵预警系统，轨道交通、出租车、公交车等合理规划的建议，建立交通安全基金等等。其中，设立交通拥堵预警系统和交通安全基金的建议全部得到办理部门的采纳。并且有关女性专用车厢在社会上产生了极大影响，凤凰卫视特邀请我做了一期节目，同时各新闻媒体对该提案也进行了报道，受到了社会广泛关注。另，有关在昆运河长春桥与四环路北段之间架桥的建议我连续四次提案，其间也收到过威胁信，但是为了使交通问题能得到缓解，我依然坚持自己的观点，不畏艰难，积极建言献策。本章共计32件提案，每件提案包含提案内容、提案的影响与效果和评价三部分。

行政管理学的应用

★ 提案 1

关于错开上下班时间，解决交通拥堵问题的建议（政协北京市第十届委员会第二次会议提案 第1154号）（2004年）

一 提案内容

问题：

长期以来北京市的交通拥堵问题一直很严重，而且随着汽车市场向国外汽车商的开放，汽车将进一步降价，北京市私人小车拥有量将迅速增加，因此如果不采取有效措施，北京的交通拥堵问题必将进一步恶化。

分析：

造成目前北京市交通拥堵的原因是多方面的，有人认为是汽车太多，道路太少或设计不合理。因此这些年来市政府投入较大，基础设施与道路面貌改观很大，但交通拥堵问题却一直没有得到解决。这就不得不引起我们反思。我们光修路不改变管理思路，交通问题是难以解决的。不难发现，周一早上、周五下午5:00以后的拥堵问题特别严重，而周六周日却很少见到交通拥堵现象，这就说明上下班时间过于统一，是造成目前北京交通拥堵的重要原因。

建议：

企业、政府机关、学校、医疗文化体育卫生等不同单位的上下班时间在同一天或同一周内相互错开。具体意见如下：

1. 面向全市各工作单位调查，确定具体的错开方案。包括对工作性质、上下班人流、工作时间要求等内容进行调查，为统一调度各单位上下班时间提供科学依据；

2. 原则上，学校与部分机关、企业应该保持目前周一8:00上班、周五5:00下班的习惯，但医院、文化体育与部分服务性的政府机关，可以错开上下班高峰时间，与目前的8:00—17:00的规定错开，例如9:00上班下午6:00下班，这有利于提高对社会与公众服务的满意度。少数企业还可以实行周六周日上班，周一或周五休息。

3. 目前深圳等城市已实行类似改革，效果不错，值得借鉴。

二 提案的影响与效果

1、办理部门与意见

北京市交通委对该提案进行了办理，认为该提案中的建议和办理部门的工作出发点和目标是非常一致的。具体的答复要点如下：一、通过初步研究，在正常工作日错时取得显著效果的可能性已经非常小。这是因为，第一，当前我市部分单位在一定程度上已经自发地实行了错时上班，继续错的余地有限。其次，北京市居民出行调查结果显示，居民出行尤其是工作、上学出行的早高峰时间确实非常集中，但是道路交通流量调查的数据却显示，主要干道在早7点至早11点半之间的高峰特征非常不明显，即全上午都成了高峰。基于以上两点，我们认为，北京市实施错时上下班措施对工作日的道路交通状况改善余地较小。二、错开休息日比错开工作日上下班时间而言更加复杂，我们目前这方面的资料和研究还很不足，但也认为这方面是值得开展深入研究的。因此，我们将在今后加强这方面的工作，做调研与分析后才能提供这方面的答复，届时请您多多指点和帮助。

2、委员意见

满意，周六、周日希望研究后尽快形成方案。

三 相关评价

此项提案较早地预测了北京市交通拥堵的问题，为缓解交通压力提出了非常新颖的思路，虽然办理部门表示错峰出行的方案执行有一定难度，但是对休息日采取错峰出行很值得进行调查研究，为政府部门的工作提供指导。后来发现得到了北京市政府的采纳。

提案 2

关于如何缓解北京市交通拥堵的一点建议（政协北京市第十届委员会第三次会议提案 第 0834 号）（2005 年）

一 提案内容

问题：

交通拥堵是目前北京市最突出的问题，而且随着汽车市场向国外汽车商的开放，汽车将进一步降价，北京市私人小车拥有量将迅速增加，因此如果不采取有效措施，北京的交通拥堵问题必将进一步恶化。

分析：

造成目前北京市交通拥堵的原因是多方面的，有人认为是汽车太多，道路太少或设计不合理。因此这些年来市政府投入较大，基础设施与道路面貌改观很大，但交通拥堵问题却一直没有得到较好解决。我们光修路不改变管理思路，我们的交通问题是难以解决的。我们不难发现，地铁早上十分拥挤，如果恐怖分子爆炸，十分危险；而十点后就比较空。但是，地铁十点过后，基本上是 10—15 分钟开一趟。因此，地铁这个城市十分重要的交通工具的作用，在北京没有得到充分挖掘。如何充分发挥地铁的交通作用，就值得我们思考。

建议：

1. 统一规划，地铁保证每 5 分钟一趟；
2. 停止或者提高月票价格。尽量减少早上拥挤现象；
3. 发挥价格调节功能，向铁路管理学习，地铁高峰期价格不变或者适当上调 1—2 元，但是，十点钟至下午四点半前，价格下调 1—2 元，保持在 2 元左右，这样总体上，可以保证地铁的经营收入。

二 提案的影响与效果

1、办理部门与意见

北京市交通委对该项提案进行了办理，答复的要点如下：1、关于统一规划，地铁保证 5 分钟一趟的问题。目前，公司正在研究措施，全面提升公司的服务质量，提高乘客乘车舒适度。在进行周密详细的客流调查后，公司根据客流变化规律，计划年内调整列车运行图，进一步缩小13号线、八通线高峰时段的列车运行间隔，以改善13号线、八通线高峰时段的乘车环境。同时，公司还将密切关注各条线路的客流状况，及时合理地调整列车运行计划，充分发挥地铁在现代化交通体系中的重要作用，并在考虑乘客出行需求和客流特点的基础上，节约运力资源，从细节做起为构建节约型社会做出自己的贡献。

2、关于地铁月票制和地铁票价问题。地铁月票制和地铁票价问题是北京市发展和改革委员会主管范围。主要情况是：北京市现行的以纸版为介质、不限次使用的月票体制已不适应当前形势发展的需要。成为造成公共交通企业亏损的主要原因。目前北京市发展和改革委员会正会同有关部门就北京市公交地铁月票改革进行专项研究，您的提案将进一步加快和促进北京市公交地铁月票改革进程。

3、您提出的"发挥价格调节功能，向铁路学习，地铁高峰期价格不变或适当上调1—2元，平时，价格下调1—2元，保持在2元左右，总体上保证地铁的经营收入"的建议，北京市发展和改革委员会将在（2007年）地铁安装自动售检票系统后，制定地铁新的票制票价时予以考虑。

2、委员意见

满意。

三 相关评价

此项提案对地铁提高运营服务质量和市政府公交地铁票价改革起到十分重要的促进作用，受到办理部门的充分肯定和赞同，并且采纳意见作出相应调整，为民众的出行和缓解地面交通问题具有积极意义。

提案 3

> 关于在昆玉河长春桥与四环路北段之间架桥的一点建议（政协北京市第十届委员会第三次会议提案 第 0836 号）（2005 年）

一 提案内容

问题：

世纪城 3 期住房自 2004 年 8 月建成入住后，每天早上七点开始，海淀区政府大门口路段便开始堵车，一直到苏州桥，以前很少见到堵得这么长。严重影响了区政府的上下班与世纪城小区居民的出入。

分析：

世纪城三期竣工后，目前大约有 7000－8000 套住房，按照每套住房中平均 3 个半人计算，世纪城三期小区中增加了将近 3 万人，按照平均两户拥有一辆车计算，一下增加了 4000 多辆车，但是目前世纪城一、二期与三期，大约十万人 20000 住户、10000 辆小车西边到东边，一般都是依靠长春桥这么一个出口。十分拥挤。另一方面，海淀区政府大楼后边不远有一条比较宽的马路，可以直接与西三环相连。由于没有与昆玉河西边开通，早上没有什么车。因此有必要尽快架桥。

建议：

由开发商、区政府与市政府共同出资修建与长春桥相似的一座桥。以解决目前长春桥拥堵问题。

二 提案的影响与效果

1、办理部门与意见

北京市海淀区政府对该项提案进行了办理，答复的要点如下：您提到在昆玉河长春桥与四环路北段之间架桥问题，区政府非常重视，为尽快解决该地区交通拥堵问题，在去年年底已经委托我委进行办理前期工作，市规委也已对规划方案进行多次论证，但目前由于群众争议较大，市规委决定再次对规划方案进行审定，目前方案正在重新审定之中，希望您能谅解。如有进展，我们将及时函告您。

2、委员意见

希望能够从大局与大多数人的交通利益出发,发挥政府的主导作用。

三 相关评价

此项提案针对海淀区政府附近的长春桥路段交通拥堵问题,进行了分析并提出了一种有效的解决方案,既能解决附近居民出行问题,又能有效改善交通拥堵。该提案受到区政府的高度重视和民众的广泛关注。

★ 提案 4

关于实行北京出租车统一管理迎接奥运的一点建议(政协北京市第十届委员会第三次会议提案 第 0838 号)(2005 年)

一 提案内容

内容分析:

目前北京出租车数量上比上海多,但是管理上比上海差。一是车型不一,缺乏首都的整体形象;二是不干净,与首都文明水平不相称。其原因是北京出租车所有制形式多样,情况比较复杂,以前公交系统不够发达。但是随着近年改革与地铁全面建成,公共交通系统已经相当先进,困难群体可以坐公共交通车了,因此完全可以统一为现代车或者其他比较好的环保型车型了,把起步价定位 10 元,每公里费用定为 1.5 元。

建议:

1、由北京市文明办与相关管理部门一起,对各出租车公司进行规范管理,要求每部车实行统一白色坐垫套,见脏即换,否则乘客举报有奖;

2、限期在 2008 年前,各出租车公司统一为现代或者其他更高档车型。

二 提案的影响与效果

1、办理部门与意见

北京市交通委对该提案进行了办理,答复的要点如下:一、关于全市出租车实行统一白色坐垫套的问题。我市出租汽车内座椅套、头枕套的配备要求在《北京市出租汽车行业服务规范》中已有规定。我们正在研究出租汽车车容车貌的长效治理机制，对运营设施的检查纳入《出租汽车经营服务规范》中，并将考核结果与出租车特许经营挂钩，督促企业和驾驶员将搞好车辆卫生作为日常工作的重要内容抓紧抓好，从根本制度上解决这一问题。二、关于统一车型的问题。近年来我市交通结构发生了很大变化，已由从前的公共交通发展滞后的乘车难，转变为交通拥堵行路难。出租车应该给乘客提供比大容量公共交通更好的服务，因此须采取较好的车型，并在价格上与其他交通工具拉开档次。我们颁发了《北京市更新出租小轿车技术标准》，重点解决我市出租汽车行业存在的车型及颜色杂乱，营运专用设施不统一，车容车貌普遍较差，多种租价并存等问题。届时车辆档次将明显提升。

2、委员意见

基本满意。

三　相关评价

此项提案客观真实地反映了北京市出租汽车行业的现状，得到办理部门认可与赞同，并全部采用对出租车进行了统一管理，为提升北京举办奥运会期间的形象起到了积极作用。

提案5

关于平安大道改造的建议（政协北京市第十届委员会第五次会议提案 第 0619 号）（2007 年）

一　提案内容

问题及分析：

平安大道自从建成以来，目前已经五六个年头了，目前仍然比较冷清，没有实现预期的目标。其原因初步调查是因为没有停车的地方。导致一期开发没有成效，二期开发不愿继续投入。目前不上不下，街没有完全成街

(南北两侧的古建筑没有完全盖完），道没有完全成道（东西没有贯通）。如果2008年奥运会前不尽快投入资金建设，将严重影响北京的形象。

建议：

1、改大道为小道或者步行街，在道路南北两侧空出一定面积改造为停车的地方。让其成为2008年北京可以参观的美景与休闲购物和消费的场所。

2、出让优先商业租用权，吸引投资商与民间资本尽快在2008年奥运会前建成。

二 提案的影响与效果

1、办理部门与意见

北京市商务局（市政府口岸办）和市规划委（首规委办）对该提案进行了办理，市商务局的答复要点为：根据我局的职能，今年我们将全面落实商业服务业迎奥运三年行动计划，提升员工素质，完善服务设施，为2008年奥运会中外宾客提供良好的消费环境。今后还要加快特色街区建设。平安大街北侧的南锣鼓巷、南侧的南新仓（东城区）、什刹海茶艺酒吧街（西城区）等已被我局列为重点支持的由各区负责建设的特色街区。您的建议，我们将在工作中认真研究，同时将这个意见转告东城、西城两区的有关部门，请他们在平安大街的改造和建设中予以考虑。

市规划委的答复要点为：平安大街位于北京旧城，道路两侧的文物保护单位及重要的旅游景点较多，无法拆除大量的建筑安排足够的停车位，造成了您所提及的停车难问题，这确实成为制约该地区发展的重要因素之一。由于旧城保护的要求，对旧城的停车问题有一系列的政策，该地区的停车问题将随着一些公共设施，如商业、大型旅游景点、医院、新建居住区等配套停车设施的修建将逐步得到解决。平安大街的品质和人气将随着基础设施的改善逐步提高，未来的平安大街会成为一个外国游客喜欢、市民为此骄傲的文化旅游地区。

2、委员意见

同意。希望随着地下交通系统完善，逐步发挥平安大道的商业功用。

希望积极推进落实相关意见，在充分发挥平安大道交通与景观的双重作用的同时，把人气旺起来。

三 相关评价

此项提案为提升北京形象提出对平安大道进行改造，受到办理部门的高度重视，并将提案建议转化到相关建设工作中，很好地为平安大街的建设工作提供了指导意见。

★ 提案6
关于在昆玉河长春桥与四环路北段之间架桥的问题的建议（政协北京市第十届委员会第五次会议提案 第0640号）（2007年）

一 提案内容

问题：

世纪城三期住房自2004年8月建成入住后，每天早上七点开始，海淀区政府大门口路段便开始堵车，一直到苏州桥，以前很少见到堵得这么长。严重影响了区政府的上下班与世纪城小区居民的出入。

分析：

世纪城三期竣工后，目前大约有7000－8000套住房，按照每套住房中平均3个半人计算，世纪城三期小区中增加了将近3万人，按照平均两户拥有一辆车计算，一下增加了4000多辆车，但是目前世纪城一、二期与三期小区，大约10万人20000住户、10000辆小车从西边到东边，一般都是依靠长春桥这么一个出口。十分拥挤。另一方面，海淀区政府大楼后边不远有一条比较宽的马路，可以直接与西三环相连。由于没有与昆玉河西边开通，早上没有什么车。因此有必要尽快架桥。

建议：

由开发商、区政府与市政府共同出资修建与长春桥相似的一座桥。以解决目前长春桥拥堵问题。

二 提案的影响与效果

1、办理部门与意见

北京市海淀区政府对该提案进行了办理，答复的要点如下：万柳、远大路地区居民比较密集，确有必要采取措施缓解交通压力。关于昆玉河长春桥与四环路北段之间建桥的问题，海淀区政府已将其列入市政基础设施建设计划，并已安排前期相关工作。由于部分居民认为建桥会破坏景观和环境，并向市、区相关部门提交了《关于取消海淀区远大北路、蓝靛厂跨河立交桥建设规划的意见书》，联名强烈反对建跨河桥，故此桥的建设工作一直没有实施。

市交委、市政设计院、区建委又进一步就建桥对疏导交通的作用以及桥的设计方案等问题对居民进行解释工作，并召开了各相关单位及周边群众代表参加的座谈会，但居民一直强烈反对，目前昆玉河跨河桥暂时无法实施。

2、委员意见

对办理结果不满意，希望积极推进。

三 相关评价

此项提案是针对海淀区政府附近的长春桥路段交通拥堵问题第二次提出建议，希望政府可以重视交通拥堵问题，体现出政协委员对存在的交通问题的持续关注。

★ **提案7**

关于尽快改进北京公共汽车设施营造北京市公共交通文化的一点建议（政协北京市第十届委员会第五次会议提案 第0642号）（2007年）

一 提案内容

问题及分析：

目前北京市的公共汽车比较以前有了许多改进，但是仍然有许多不尽如人意的地方。具体如下：

1、许多车外观还比较破旧，影响了北京首都的形象；

2、许多车没有空调，内部设施比较差，让有些人不太愿意坐，认为坐了失身份；

3、公共汽车上广播喇叭只是快到站时播报站名，没有充分发挥作用，公共交通缺乏奥运文化氛围。

建议：

1、政府相关部门，应该尽快投入相关资金改造北京市公共汽车的外观、内部设施，包括座椅档次、空调与广播设施的质量，提高旅客乘车舒适感与优越快乐感，吸引大家来坐公共汽车，有效缓解北京市城市交通压力；

2、广播喇叭应该不断播报上车后旅客应该注意的事项、购买车票要求与办法、北京市政府对于市民与游客的公告，同时介绍北京市名胜古迹与奥运知识，营造北京市独特的公共交通的文化，充分发挥公共交通对于奥运知识与要求的流动文化宣传的作用。

二 提案的影响与效果

1、办理部门与意见

北京市交通委对该提案进行了办理，答复的要点如下：过去的一段时期由于受到各种因素影响，部分车辆的外观、内饰由于使用年限较长，确存在个别车辆的外观比较旧、内饰较差。自 2005 年以来，加快了老旧车辆的报废更新速度，公交车辆报废年限也由 15 年强制报废缩短到了 10 年期报废，全部更新为新型环保公交车，使公交车辆的乘坐更舒适、运行更可靠、维护更方便，2005—2006 两年来已累计更新 7000 余辆。2007 年在市交通委、市财政局、市环保局的大力帮助和支持下，公交集团还将报废更新 2500 辆黄标车，奥运会前公交车辆外观形象还将得到进一步改善。针对委员搞好车辆卫生和加强车厢文明宣传的建议，我们制定了车辆清洁标准和车辆清洁考核办法，并通过实施车辆清洁专业化的办法，提高车辆清洁水平，为乘客提供清洁舒适的乘车环境。为了加强车厢内的文明宣传，我们通过车厢电子显示屏，随时滚动播出天气预报、时政要闻和迎奥运，营造文明环境的文明宣传内容，包括委员提出的旅游信息和首都文明古迹的宣传，为北京举办最出色的一届奥运会做出积极贡献。

2、委员意见

基本满意。希望多想办法，争取政府投入与社会投资在2008年奥运之前对旧公交车进行全部更新，达到空调、乘客人数限制与外观美化三达标，尽快提高内部乘车环境质量。

三　相关评价

此项提案针对公共汽车上存在的一些贴近广大百姓的问题，提出改进公共汽车设施，提升民众满意度的建议，同时为奥运会期间展示出北京的良好的公共服务具有积极意义。

★ 提案8
关于尽快建设北京市公共交通拥堵预警系统的建议（政协北京市第十届委员会第五次会议提案　第1044号）（2007年）

一　提案内容

问题及分析：

在2007年北京市两会上，王岐山市长在政府工作报告的第一条中提出，要着力解决交通拥堵的问题。但是目前北京市的拥堵现象非常严重。因此如何解决北京市的交通拥堵问题，是我们每个市民应该关心的重要问题。解决问题之前我们应该分析造成交通拥堵的原因。

实际上造成交通拥堵的原因比较多，有车辆数量急剧上升的原因，有目前道路规划布局不良的问题，有管理的问题。作为我们来说，应该致力于管理方面问题的解决。

所谓拥堵是我们的汽车拥挤在一起，汽车拥挤在一起是因为我们开车的人不了解前面的情况，开车人都是争先恐后往前开。目前交通广播虽然在一定程度上提供了帮助，但是交通拥堵的问题仍然没有得到有效的解决。

建议：

1、继续加强交通广播电台的建设，充分发挥广播信息对于出租车司机的调节作用；

2、在继续加强交通广播电台建设的同时，尽快在北京市公共路线中经常拥堵路口前后延伸 2－3 个出口处道路两边设置前方拥堵预警告示牌，给司机提示前方路口拥挤的情况。当司机看到前方拥挤情况后，他们就能够选择继续前进还是选择出口掉转；

3、拥堵预警告示牌，可以是颜色警示，可以是文字告示，也可以是数字显示。

二 提案的影响与效果

1、办理部门与意见

市广播电视局

内容保密不能查看

北京市公安局对该提案进行了办理，答复的要点如下：为进一步加快本市交通科技建设，自 2000 年起，我局交管局开始建设以智能交通为龙头，多项现代科技系统为支撑的交通管理体系，包括交通诱导系统。截至目前，共在二、三、四环路以及市区各主要道路两侧共安装室外交通诱导屏 77 块，交通诱导系统已经初具规模。交通诱导数据通过检测器对道路进行流量、流速检测，并以图形和文字的形式实时显示在室外交通诱导屏上。其中，红色代表行驶速度低于 20 公里/小时，黄色代表行驶速度在 20—50 公里/小时之间，绿色代表行驶速度在 50 公里/小时以上。各个室外交通诱导屏按照方向顺向、相邻相交道路的原则实时显示本道路及周边道路交通状况，驾驶员可根据前方和相邻道路状况，选择较为畅通的道路行驶。同时，针对恶劣天气、重大交通事故等严重影响道路正常通行的情况，交管局及时将各类天气预警信息、道路封闭信息以及临时交通管控信息通过室外屏对外进行发布，提示驾驶员提前绕行，避免造成交通拥堵，确保道路交通安全。在此基础上，为进一步扩大交通诱导范围，交管局采取了以下措施：一是通过北京交通台（FM103.9 兆赫）、中央广播电台都市之声（FM101.8 兆赫）

和北京电视台、移动电视等媒体播出各主要道路的实时路况。二是通过122报警电话语音系统发布交通信息，便于市民随时拨打122电话进行收听。三是通过互联网发布市区主要道路实时交通状况。目前，交管局已将全市可实施流量检测的道路，以图形的形式，按照不同颜色代表的行驶速度实时显示在互联网上，方便市民在出行前随时浏览。今年，交管局将继续扩展室外信息显示屏发布系统规模，进一步扩充广播、电视、网络媒体的作用，使交通信息发布渠道更加多样化，方便群众出行。

2、委员意见

满意。希望在现有基础上进一步完善与落实，适当机会愿意实地参观学习。

三 相关评价

此项提案针对交通拥堵提出了建设预警系统的方案，提案中的建议得到全部采用并且全部落实，有效改变了北京市交通拥堵问题，受到司机、交警与民众的广泛好评。该提案被评为优秀提案。

提案9

关于尽快改进北京公共汽车设施营造北京市公共交通文化的建议（政协北京市第十届委员会第五次会议提案 第1055号）(2007年)

一 提案内容

问题及分析：

目前北京市的公共汽车比较以前有了许多改进，但是仍然有许多不尽如人意的地方。具体如下：

1、许多车外观还比较破旧，影响了北京首都的形象；

2、许多车没有空调，内部设施比较差，让有些人不太愿意坐，认为坐了失身份；

3、公共汽车上广播喇叭只是快到站时播报站名，没有充分发挥作用，公共交通缺乏奥运文化氛围；

建议：

1、政府相关部门，应该尽快投入相关资金改造北京市公共汽车的外观、内部设施，包括座椅档次、空调与广播设施的质量，提高旅客乘车舒适感与优越快乐感，吸引大家来坐公共汽车，尤其要积极吸引中上阶层人士都来坐公共汽车，有效缓解北京市城市交通压力。

2、广播喇叭应该不断播报上车后乘客应该注意的事项、购买车票要求与办法、北京市政府对于市民与游客的公告，同时介绍北京市名胜古迹与奥运知识，营造北京市独特的公共交通的文化，充分发挥公共交通汽车对于奥运知识与要求的流动文化宣传的作用。

3、提高公共汽车到站的准确率与频率，提高乘客对于时间的预期满意度，吸引部分出租车客人来坐公共汽车，减少交通拥堵的情况。

二 提案的影响与效果

1、办理部门与意见

北京市交通委对该提案进行了办理，答复的要点如下：过去的一段时期由于受到各种因素影响，部分车辆的外观、内饰由于使用年限较长，确存在个别车辆的外观比较旧、内饰较差。自 2005 年以来，加快了老旧车辆的报废更新速度，公交车辆报废年限也由 15 年强制报废缩短到了 10 年期报废，全部更新为新型环保公交车，使公交车辆的乘坐更舒适、运行更可靠、维护更方便，2005—2006 两年来已累计更新 7000 余辆。2007 年在市交通委、市财政局、市环保局的大力帮助和支持下，公交集团还将报废更新 2500 辆黄标车，奥运会前公交车辆外观形象还将得到进一步改善。针对委员搞好车辆卫生和加强车厢文明宣传的建议，我们制定了车辆清洁标准和车辆清洁考核办法，并通过实施车辆清洁专业化的办法，提高车辆清洁水平，为乘客提供清洁舒适的乘车环境。为了加强车厢内的文明宣传，我们通过车厢电子显示屏，随时滚动播出天气预报、时政要闻和迎奥运，营造文明环境的文明宣传内容，包括委员提出的旅游信息和首都文明古迹的宣传，为北京举办最出色的一届奥运会做出积极贡献。关于提高公共汽车到站的准确率与频率问题，我们也将按委员意见，努力增加运力和走好行车秩序。

但是，目前本市道路拥堵日益加剧，公共电汽车被各种机动车裹在一起，很难实现正点。因此，我们也希望委员帮助我们一起呼吁，多为公共电汽车提供一些专用道，实施公交优先，以保证减少市民的出行时间。

2．委员意见

基本满意。希望政府积极投入，公司想办法在2008年前对旧公交车进行全部更新，达到空调、乘客人数限制与外观美化三达标，改善内部乘车环境。

三　相关评价

此项提案针对公共汽车上存在的一些贴近广大百姓的问题，提出改进公共汽车设施，提升民众满意度的建议，同时为奥运会期间展示出北京的良好的公共服务具有积极意义。

提案10

关于在昆玉河长春桥与四环路北段之间架桥的建议（政协北京市第十一届委员会第一次会议提案 第0196号）（2008年）

一　提案内容

问题：

世纪城小区自2004年3期住房建成入住后，每天早上七点开始，从长春桥的西边开始堵车，一直到苏州桥，以前很少见到堵得这么长。严重影响了海淀区政府的上下班与世纪城小区居民的出入。

分析：

世纪城三期竣工后，目前大约有7000—8000套住房，按照每套住房中平均3个半人计算，世纪城三期小区中增加了将近3万人，按照平均两户拥有一辆车计算，一下增加了4000多辆车，但是目前世城一、二期与三期小区，大约十万人20000住户、10000辆小车西边到东边，一般都是依靠长春桥这么一个出口。十分拥挤。在另一方面，海淀区政府大楼后边不远有一条比较宽的马路，可以直接与西三环相连。由于没有与昆玉河西边开通，早上没有什么车。因此有必要尽快架桥。

建议：

由开发商、区政府与市政府共同出资修建与长春桥相似的一座桥。以解决目前长春桥拥堵问题。

二 提案的影响与效果

1、办理部门与意见

北京市海淀区政府对该提案进行了办理，答复的要点如下：几年前曾纳入规划，要在昆玉河长春桥与四环路北段之间修建一座立交桥，但由于昆玉河东岸（即万柳地区）小区居民多次提出强烈反对，认为建跨河桥会破坏景观并对小区居住环境造成影响，而且几年来部分居民多次向市、区相关部门提交联名信，造成此桥一直没有实施建设。随着万柳地区居民不断增加，交通压力日益增大，居民出行确有不便，针对此问题，我区相关部门与北京市规划委员会的相关领导和工作人员进行了沟通，市规委建议将跨河桥改为平交桥，这样即能够连接河两岸道路分流车辆，缓解交通压力，又能保证道路不进入万柳地区的小区而避免矛盾。相关部门会将此项目列入储备计划，积极推进，尽快着手前期工作，争取早日解决世纪城和万柳地区的交通问题。

2、委员意见

有进步，比较满意。希望能尽早落实。

三 相关评价

此项提案再次对昆玉河长春桥与四环路北段之间架桥提出建议，为有效解决该路段的交通拥堵问题持续提出建议，办理部门也提出了有效的解决方案。

★ 提案 11

关于尽快在奥运会前后在奥运体育比赛场馆之间增设北京城市观光公共汽车线路的建议（政协北京市第十一届委员会第一次会议提案 第 0220 号）（2008 年）

一 提案内容

问题：

随着 2008 年奥运会在北京的召开，前来奥运会比赛场馆的中外游客越来越多，目前北京市在这些比赛场馆之间缺乏一体化的公共汽车。

分析：

1、许多外地人来北京除了参观名胜古迹之外，非常想参观一下奥运会场馆，但是目前非常不方便。要么打的士，增加交通拥堵；要么换乘公共汽车特别花费时间；

2、由于出租车司机不少来自郊区，对于奥运会场馆不了解，无法给游客介绍，公共汽车没有相应介绍，所以游客大部分感到失望。

建议：

1、政府相关部门，应该尽快投入相关资金或者鼓励有关企业在奥运会比赛场馆之间开设专门公共汽车路线，方便一般游客参观；

2、票价或者市场价格，大约每公里价格在 2-3 角左右，具体价格可以根据时间与季节调整。或者政府补贴，保证每个乘客都有位置，每个位置旁边有自动语音翻译讲解，这样一方面可以减少车辆乘客拥挤，同时保证参观效果。

二 提案的影响与效果

1、办理部门与意见

北京市交通委对该提案进行了办理，答复要点如下：本市奥运比赛场馆共有 31 处，目前，除奥林匹克水上公园、十三陵铁人三项赛、奥林匹克森林公园、老山自行车馆这四处场馆公交线路不足以外，其他场馆公交线路均比较丰富。考虑到赛时观众及游客的出行需求，奥组委已规划出 34 条奥运专线，届时，广大乘客可乘坐这些奥运专线方便地往返各主要奥运场馆及市区交通集散地，票价按普通公交车执行。赛后我们将根据周边公交场地、道路、客流条件，调整保留部分奥运专线为常规线路，满足乘客、游客出行需求。此外，为适应游客在北京的观光需求，观光线路及观光公交车型也正在进行前期研究。

2、委员意见

基本满意。

三 相关评价

此项提案为北京更好地办好奥运会，提供更好的公共服务，提出增设公交线路的建议，受到办理部门的高度重视，为民众的出行提供了极大方便，受到广泛好评。北京晨报、新浪网对该提案进行了报道。

★ 提案12

关于尽快增设部分30—50座小型中高档公共汽车减轻北京市汽车拥堵情况的建议（政协北京市第十一届委员会第一次会议提案第0225号）（2008年）

一 提案内容

问题：

目前北京市的公共汽车在数量与质量上比较以前有了许多改进，但是仍然有一些需要改进的地方。

分析：

1、不少公共汽车内部或者外观还比较破旧，给许多第一次来北京的人留下了不好的印象，尤其2008年有许多来自发达国家的一些外宾，可能会坐公共汽车体验北京市民生活，这将严重影响北京首都的形象；

2、许多车没有空调，内部设施比较差，许多收入中上层白领阶层人士不太愿意坐，认为坐了失身份；

3、公共汽车早上 7:00-9:30，晚上 4:30-8:30 车上非常拥挤，让人难受，而且发生盗窃伤人事件，许多中上层白领阶层人士不太敢坐；

4、由于中上层白领阶层人士不太愿意坐与不敢坐公共汽车，他们就只有打出租车或者买车上下班与出行，平均 1 位中上层白领阶层人士需要坐 1 辆车，这大大增加了交通高峰时期的汽车拥堵情况。

5、如果投放 1 辆 30-50 座小型中高档公共汽车，就可以在同一路线上减少 30-50 辆小汽车的拥挤，而且可以大大减少小汽车的尾气排放，可以提升北京市的空气质量。

建议：

1、政府相关部门，应该尽快投入相关资金或者鼓励有关企业开办 30-50 座小型中高档公共汽车公司。这些汽车外观美丽、内部设施舒适、空调、安全与广播设施的质量上乘，增加乘客的舒适感优越感与快乐感，吸引中上阶层人士都来坐公共汽车，这样可以有效缓解北京市城市交通压力；

2、在提高公共汽车的到站的准确率与频率，提高乘客对于时间的预期满意度，吸引部分出租车客人来坐公共汽车，减少交通拥堵的情况；

3、提高票价，大约每 4-5 公里价格在 1.5-3 元左右，具体价格可以根据时间与季节调整。保证每个乘客都有位置，这样一方面可以减少车辆乘客拥挤，同时保证运营商的利益。

二 提案的影响与效果

1、办理部门与意见

北京市交通委对该提案进行了办理，答复的要点如下：为实施公交优先战略，大力发展公共交通，缓解城市交通拥堵，于 2007 年 1 月 1 日出台了我市市区地面公共交通票制票价就低统一，持 IC 卡乘车享受成人 4 折、学生 2 折的优惠政策。取消了不同线路、车型票制票价的差异，使得公共交通运力达到基本均衡，为合并重复线路、优化公交线网、开通新线扩大公共交通服务范围奠定基础。北京公交集团公司作为北京市城市客运企业之一，坚决执行了票制票价改革方案。为了迎接奥运，改善首都公交服务，公交集团近两年加快车辆更新，新购单机车均配备空调，达到欧 4 排放标准，

行政管理学的应用

市区线路车辆更新工作将在奥运前完成,北京市公共交通车容得到根本性改善。正如您在提案中说明的那样,目前受交通环境的影响,公共汽车到站的准点率仍不理想,发车及中途行驶很难准点,运行速度远低于小汽车。实践证明,在道路拥堵情况下,城市公交依托公交专用道路网运营,享有优先路权,提高运行速度和准点率是提高公交吸引力的必要措施,也请委员为我们积极呼吁加快公交专用道路网建设。您在提案中建议的开办中高档公交汽车公司、实行差异化票价等意见,公交集团公司建议政府有关部门专题研究并制定相关政策,公交集团公司依据政策执行。

2、委员意见

没有反映我与相当一部分人的意见,希望再沟通。不满意。

三 相关评价

此项提案为公共交通建设提出了具有创新性的意见建议,为解决民众乘车、交通拥堵等问题提供了参考,受到广大民众的广泛关注。北京晨报、腾讯网对该提案进行了报道。

提案 13

关于在每个公共汽车站以不同颜色流向线标示下一站车流方向与站名的提案(政协北京市第十一届委员会第二次会议提案 第0405号)(2009年)

一 提案内容

问题分析:

目前每个站牌基本一样,只有下一站名,但是是直走还是拐弯,是左拐还是右拐,不清楚,这对于经常坐车的没有关系,但是对于外地或者少坐车的、尤其年纪大点的就比较难了,得问别人,字小看不见。等他们问清后公共汽车早就开走了,因为目前公共汽车每站停留时间非常短。这种情况下往往会造成乘客对于北京市政府及其公共交通服务的不满情绪与意见。

对策建议：

除用文字说明整个线路外，在每个公共交通站牌上对于前后 3 个站的流向以不同颜色箭头图线标明。例如直行绿色，向左转为黄色，向右转为红色。

二 提案的影响与效果

1、办理部门与意见

北京市交通委对该提案进行了办理，答复如下：公交站牌承担着为乘客提供乘车服务的信息，也是公交形象的一种展示，所以公交站牌的设计非常重要。您所提出的建议我们认为很好，但是实施起来有一定的难度。如：站牌面积小尺寸有限，绘制线路示意图就很不清楚，另外如果站牌的颜色太多显得非常的凌乱。目前站牌的制作标准都是执行的《北京公共交通运营车辆与场站双语标识标准》的有关规定，2008 年奥运会前我公司对市内十几条主要大街的站杆、站牌进行了更换，更换成太阳能站杆 2300 多个，使站牌在晚间亮起来，方便乘客乘车。

2、委员意见

不同意，希望商量。

三 相关评价

此项提案中的问题是很多民众乘车时都会遇到的问题，提出的建议也是具体可行的，提案如受到采用将带来极大的方便，很遗憾并未得到落实。

提案 14

关于在昆玉河长春桥与四环路北段之间架桥的提案（政协北京市第十一届委员会第二次会议提案 第 0743 号）（2009 年）

一 提案内容

问题：

世纪城小区自 2004 年 3 期住房建成入住后，每天早上七点开始，从长春桥的西边开始堵车，一直到苏州桥，以前很少见到堵得这么长。严重影响了海淀区政府的上下班与世纪城小区居民的出入。

分析：

世纪城三期竣工后，目前大约有7000—8000套住房，按照每套住房中平均3个半人计算，世纪城三期小区中增加了将近3万人，按照平均两户拥有一辆车计算，一下增加了4000多辆车，但是目前世纪城一、二期与三期小区，大约十万人20000住户、10000辆小车西边到东边，一般都是依靠长春桥这么一个出口。十分拥挤。另一方面，海淀区政府大楼后边不远有一条比较宽的马路，可以直接与西三环相连。由于没有与昆玉河西边开通，早上没有什么车。因此有必要尽快架桥。

建议：

由开发商、区政府与市政府共同出资修建与长春桥相似的一座桥。以解决目前长春桥拥堵问题。

二 提案的影响与效果

1、办理部门与意见

北京市海淀区政府对该提案进行了办理，答复如下：区政府对此建议非常重视，立即责成区建委研究办理。关于您提出的在昆玉河长春桥与四环路北段之间建桥的问题，几年前就曾纳入规划，但由于近年来部分居民一直强烈反对，多次向市区相关部门提交联名信，致使此桥的建设一直没有实施。随着该地区居民的增加，交通压力日益加大，给群众出行造成极大不便，近几年您一直关注和呼吁此事，我们虽经多次努力，也未能促成该项目实施。2008年您提出此意见后，我们答复您准备在昆玉河上架一座平交桥，但是经有关部门论证，由于河道要保证游船通行，因此此方案未能通过。若建过河桥仍将按原来的方案执行，由于河东岸几个小区居民联名反对，规划部门无法批准，此方案也一直未能确定。昆玉河上架桥的问题一直受到区领导的高度关注，该项目也一直在我区的项目储备库中，一旦条件成熟，资金完全可以保证。今年以来，市区轨道建设力度空前加大，地铁十号线二期也将开始修建，可否在地铁建成后进一步观察交通流量，看两岸的交通压力是否有效缓解？

2、委员意见

希望进一步调查，站在海淀交通问题整体解决大局上进行解决方案的研究。

三 相关评价

此项提案是第四次提出，在此提案提出后委员虽然受到过个别人的威胁信等事件，但是委员不怕危险，持之以恒连续提案，体现出一名委员的不畏艰难，勇往直前的大局意识和优秀品质。

★提案15

关于通过经济适用房建设布局调节人口密度，减缓交通拥堵的提案（政协北京市第十一届委员会第二次会议提案 第1139号）（2009年）

一 提案内容

问题分析：

目前城内四区平均为2.6万人/平方公里，城外区平均4000人/平方公里，前者是后者的6.4倍。其中宣武区人口密度达到3.3万人/平方公里，石景山区不到4500人/平方公里，前者是后者的7.4倍。近郊区和外围区形成零星的人口密集区，市域范围内形成较为明显的"脊区"（一般是国道系统和市级道路网旁边的交通经济带周边区域）与"谷区"（一般是自然保护区和生态保护区内）。

对策建议：

目前我们北京市正在积极建设经济适用房，改善居民住房难的问题，我们应该抓住这个机遇，同时认真吸取天通苑与望京等交通问题，精心与科学设计布局，加强外围区与远近郊区的居住区建设与配套设施建设，通过经济适用房的科学建设与合理布局来优化北京市各城区的人口居住密度，实现中心区与外围区、近郊区与远郊区密度均衡，改善北京市的交通拥堵问题。

二　提案的影响与效果

1、办理部门与意见

北京市规划委（首规委办）对该提案进行了办理，答复的要点如下：随着城镇住房制度改革的不断深化，根据城市居民多层次的住房需求，我市加强了廉租住房、经济适用房和限价商品房的计划管理，加大了保障性住房的建设力度。我们非常赞同您所提出的"应抓住这个机遇，在认真吸取天通苑、望京等交通问题的同时，精心与科学设计、布局"的意见。目前，我委在配合相关部门进行保障性住房项目选址时，按照"分散集团式"空间布局的原则，强化轨道交通引导，综合考虑轨道交通等基础设施支撑条件对土地利用强度和交通出行的作用，结合轨道交通建设，优先安排保障性住房的选址，有效解决居住出行，缓解交通拥堵状况，在合理安排建设规模的同时，确保良好的居住和出行环境。保障性住房的建设是我市重要的为民办实事工程，也是北京改善居民生活，构建和谐社会的重要内容，通过保障性住房的建设也将为调节人口密度，改善城市空间布局起到重要的作用。在今后的规划工作中，我们将在《总体规划》的指导下，认真做好规划方面的本职工作，多听取好的建议和意见，认真改进不足，总结经验，推进北京城市建设的健康有序发展。

2、委员意见

满意程度无法表达，知道你们做了大量工作，希望对于我们委员的意见尽可能在工作中有所体现与反映。

三　相关评价

此项提案针对北京市正在全面建设经济适用房时期，提出对人口、交通方面的建议，提案具有一定的高度和长远的战略规划意义。

提案 16
关于严格《刑法》惩处交通肇事逃逸违法行为的提案（政协北京市第十一届委员会第三次会议提案 第 0240 号）（2010 年）

一 提案内容

问题及分析：

随着城市经济和道路建设的持续发展，我市机动车保有量和驾驶员数量迅猛增加；随着大量外来农民进城工作与外来人员的迁入，低收入家庭不断增加，三轮摩托车在昌平天通苑等京郊密集住宅地区大量涌现，驾车司机的群体素质较低，技能水平越来越差，相当一部分司机因为经济条件差、法律意识与安全意识淡薄，发生事故后往往一走了之。抓到了是政府的本事，没有抓到肇事者既不负法律责任也不负经济责任。即使抓到也无非多坐一二年牢而已。法院实际审判过程中，往往采取过于"从轻"或"减轻"的判罚方式，有的以判"缓刑"结案。这种量刑方式与《刑法》打击和惩罚犯罪的立法原则不相一致，使法律威严在一定程度上受到挑战。因此，无形中也促使了逃逸心理的产生、纵容了一些肇事者的逃逸，北京市交通肇事逃逸发案率一直呈上升趋势。道路交通肇事逃逸案的发生，不仅严重加大了受害者的人身伤亡和经济损失，而且可能成为一种可以借助的谋财害命的武器，给社会埋下不安定因素，不利于和谐社会建设，更为严重的是容易引起不良社会舆论。也给政府管理带来了高成本，达不到打击、惩治交通肇事逃逸违法行为的目的，应引起政府有关部门和全社会的高度关注，应该严格按照刑法执行，追究肇事者的刑事责任，严厉威慑与控制这种违法犯罪行为在北京地区的发展。

从肇事者的主观心理进行分析：肇事者本身是不希望事故这一结果的发生的。但是，从肇事者产生潜逃意识的一刻起，其主观心理发生了转变，既而产生了故意行为——逃逸。这一故意行为从心理角度讲是肇事人主观希望发生的，即迅速逃离现场，从而逃避其应承担的法律责任、行政责任及民事责任。而这种逃逸必然也就逃避了作为一个交通参与者在发生交通事故后立即保护现场，救助伤者的法律义务，而且必然会放任事故后果继续发展，绝大部分事故发生后，受害人的伤害程度，肇事人并不知道，也就是说肇事者非常明白受害者可能因得不到及时救助而加重伤害程度或导致死亡。这种行为从其法理学上讲在主客体、主客观方面交通肇事逃逸行为已经具备了犯罪的构成要件。

第一，该罪的犯罪主体是交通肇事逃逸者；

第二，从主观方面上讲肇事逃逸人的心理态度属于间接故意，即行为人明知自己的行为可能发生进一步危害社会的结果，并且有意放任种种结果发生；

第三，其逃逸行为侵犯的客体是他人的生命权利或健康权利以及公、私财物的所有权；

第四，该罪在客观方面表现为肇事后逃逸并放任事故造成的危害进一步发展的行为。

所以，我们必须认清逃逸行为的恶劣性质，认清其刑事违法性。

交通肇事逃逸案件的发生严重地危害着社会的方方面面。首先，交通肇事逃逸案件直接危害人民群众的生命、财产安全，给受害人造成身心痛苦，不少受害人因拖延抢救而终身残疾或是命归黄泉，而肇事者又逍遥法外得不到法律的制裁，受害人家属突然遭受失去亲人的痛苦，而肇事者逃逸的行为又无异于行凶杀人，本应及时救助伤者，但相反其逃逸行为加快了受害者的死亡进程。家属又得不到应有的经济赔偿，悲痛欲绝，心底蒙上了阴影。受害者需要抢救或安葬又是一个实际的问题，但法律条文中又没有明确规定此类问题的处理办法，导致受害者亲属产生一种仇恨和不平衡的心理，极其容易引起群众上访甚至引发事态扰乱正常的交通秩序、社会治安秩序，使得警民关系紧张，使政府部门不得安宁，造成极其不良的影响，甚至影响到国家的声誉。

目前，交通肇事逃逸案件的恶劣性质及其严重危害已引起了有关部门的重视，但是从其发展状况来看，仍令人担忧。机动车保有量的增长、机动车主体由原来的国家、集体统揽向承包和个体方向的发展固然是原因之一，然而对逃逸案件的侦破力度、对逃逸者的惩罚远远不够是肇事逃逸之所以如此猖狂的主要原因，不少不法分子肇事逃逸后可以逍遥法外，行凶之人成为漏网之鱼。

面对受害者的绝望、家属的痛不欲生，面对逃逸行为极端恶劣的性质，严重的社会危害，在此，呼吁全社会一起来关注交通肇事逃逸案件，呼吁北京市政府有关部门严厉打击肇事逃逸行为，严惩交通肇事逃逸者，决不允许有漏网之鱼，为人民做主、保护人民群众的合法权益。

建议：

1、我国《刑法》第133条规定："违反交通运输法规，因而发生重大的事故，致人重伤、死亡或者使公私财产遭受重大损失的，处3年以下有期徒刑或者拘役；交通运输肇事后逃逸或者有其他特别恶劣情节的，处3年以上7年以下有期徒刑；因逃逸致人死亡的，处7年以上有期徒刑"。在这里明确界定了交通肇事逃逸行为的犯罪性质。随着北京市近年来大量低收入司机群体与非职业司机的增长，肇事逃逸案件不断增加。因此，建议北京市政府有关部门对于肇事逃逸者严格按照《刑法》有关规定量刑，严惩肇事者，从根本上杜绝交通肇事逃逸违法犯罪行为的发生，以保护首都市民人身、财产安全，维护首都社会和谐稳定大局。

2、在交通事故部门成立专门的北京市交通肇事者逃逸追查队伍，提高追查的力度与速度；

3、对于北京市不同地区，按照外来人口与社会治安环境因素配比一定的警力。

二 提案的影响与效果

1、办理部门与意见

北京市公安局和市高级人民法院对该提案进行了办理，公安局的答复要点如下：为侦破逃逸案件、抓捕在逃人员，2009年交管局办案民警就赴外地出差办案327人次，行程达19万公里，执法成本很高。但被查获的交通肇事逃逸人员却常以积极赔偿被害人等理由被审判机关免于刑罚，难以对肇事逃逸行为形成震慑作用。市委政法委根据建议，协调市高级人民法院、市人民检察院和我局共同起草了《关于充分运用法律手段严厉打击交通肇事逃逸犯罪案件有关工作的意见》，明确了交通肇事逃逸案件中各环节的惩处原则，提出在侦查、审理过程中要严格刑事措施，法院在判决时要慎用缓刑及不予适用缓刑的规定。目前，该《意见》正在征求各相关单位意见。关于成立侦破交通肇事逃逸案件专职队伍的问题。随着本市机动车保有量、驾驶员数量的攀升及大量过境车辆的增加，全市交通肇事逃逸案件发案居高不下。抛扔受害者、使用假牌、套牌车的恶性案件时有发生，交通肇事逃逸案件侦破工作面临新的挑战。对此，我局交管局拟在追逃小组的基础上组建负责交通肇事逃逸案件侦破工作的专业队伍，为严厉打击交通肇事逃逸行为奠定坚实的基础。

市高级人民法院的答复要点如下：针对委员提案，我院立即开展专项统计和调研，全市法院2010年第一季度共受理交通肇事案件56件，其中28件属于逃逸案件，占全市法院交通肇事案件的50%。交通肇事后逃逸是定罪和量刑的法定恶劣情节之一，是依法从重处罚的危害公共安全的犯罪。我院根据目前北京市交通肇事逃逸案件不断增加的现状和整顿首都交通秩序的需要，正在研讨根据刑法和有关司法解释的精神，加大对交通肇事逃逸犯罪的打击力度。根据调研掌握的情况我院认为，公检法机关应当合力加大对交通肇事逃逸犯罪的打击力度。对交通肇事后逃逸的，公检机关应当及时刑事拘留、提请逮捕，原则上不办理取保候审、监视居住。人民法院在审判过程中要严格执行有关司法解释，将交通肇事后逃逸与非逃逸、逃逸后自首与非逃逸自首、有无其他法定恶劣情节等不同情形的案件，通过量刑轻重、是否适用缓刑相区别。对于交通肇事后逃逸的，虽有自首、或者有积极赔偿与被害人方和解等从轻情节的，慎重适用从轻、减轻处罚，不适用缓刑。

2、委员意见

满意。落实有力，希望进一步保持与推进。

三 相关评价

此项提案得到其他10位委员附议，针对交通肇事逃逸违法行为提出相关建议，受到办理部门的高度重视与肯定。

提案 17

关于在分叉口公共汽车站牌增加下一站车流方向的提案（政协北京市第十一届委员会第三次会议提案 第 0244 号）（2010 年）

一 提案内容

问题及分析：

目前每个站牌基本一样，只有下一站名，但是直走还是拐弯，是左拐还是右拐，不清楚，这对于经常坐车的没有关系，但是对于外地或者少坐车的、尤其年纪大点的就比较难了，得问别人，字小看不见。等他们问清后公共汽车早就开走了，因为目前公共汽车每站停留时间非常短。这种情况下往往会造成乘客对于北京市政府及其公共交通服务的不满情绪与意见。

建议：

在分叉口每个公共交通站牌上对于下一个站的流向以不同颜色的流向箭头图线标明。例如直行绿色，向左转为黄色，向右转为红色。

二 提案的影响与效果

1、办理部门与意见

北京市交通委对该提案进行了办理，答复如下：为统一规范城市公交行业标准，全面提升公交系统运行效率和服务水平，国家标准化管理委员会在 2009 年 6 月发布了《城市公共交通标志公共汽车站牌和路牌标准》，即国标 GB/T5845.3-2008。国标对站牌的样式、颜色、尺寸、内容、版面文字、安装等都制定了规范标准。目前我们使用的站牌都是执行的这个国家标准。您所提出的建议我们认为很好，如果要想采纳实施，需要上报国家标准化管理委员会修改标准。如果标准修改了届时我们的站牌也会按照新的国家标准进行更换。

2、委员意见

尚可，希望在有条件的情况下尽量落实提案中的相关内容。

三 相关评价

此项提案是第二次提出对公交站牌进行调整,以便为民众出行提供方便,未得到办理部门的支持,但是委员并未放弃,对此项工作一直保持持续的关注。

★ 提案 18

关于对北京市出租车司机进行评价分级的提案(政协北京市第十一届委员会第三次会议提案 第 0250 号)(2010 年)

一 提案内容

问题及分析:

目前北京市出租车越来越多,相当多的司机都是远郊区农村的农民出身,对于城市道路情况不太了解,驾驶技术越来越差。顾客一上车许多司机就说,那地方我不熟,你得指挥点。或者说我刚刚干 1 个月,我不熟,你得帮助我带路。这不但影响了外地人对于首都的好印象,而且耽误顾客时间影响交通。其原因在于司机技术熟练与否以及路况熟悉与否收入毫无差距,同样一公里,钱都一样。

建议:

建议北京市出租车管理机构统一组织,对于全部出租车司机进行评价,评价标准主要包括城市道路情况熟悉程度、驾驶技术与服务态度。分成 1-5 个级别,根据不同级别适当调整价位。

二 提案的影响与效果

1、办理部门与意见

北京市交通委对该提案进行了办理,答复的要点如下:从 2005 年初开始,我们坚持开展了出租行业素质工程建设,通过完善培训教材、提高师资力量、增加考试难度、强化监管考核、开展"北京的士之星"评选等一系列措施,提高入行门槛,加强对在岗驾驶员和出租企业管理人员的培训考核,在行业内营造"比、学、赶、帮"的良好氛围,促进我市出租汽车驾驶员整体素质和行业整体服务水平的提高。第一,您提出有许多司机不认路、驾驶技术差等问题,经我们调查确实存在,一般出现在新上岗的驾驶员中。为提高驾驶员素质及服务水平,我市制定实施了《出租小轿车营运服务规范》地方标准,对出租车司机运营服务的全过程提出了明确要求,特别加强了对地理、职业道德、法律法规等方面的培训工作。第二,我们每年坚持进行"北京的士之星"的评先创优活动,由各区县运管部门按照评选标准对候选人材料进行初步审核确认后,通报市交管局和市交通执法总队对驾驶员运营服务和交通安全情况进行考核,考核全部通过的候选人还要进行社会公示,接受公众的监督。第三,为了更好地了解乘客对我市出租汽车的整体评价,自2007年开始,我们还开展了出租汽车驾驶员社会信誉评价工作。截至目前,共进行了12期社会信誉评价,此项工作对提高行业服务水平起到了明显作用。今年,我们仍将继续开展社会信誉评价活动,并将其作为提高行业服务水平的长期工作坚持做下去。第四,根据出租车运营管理要求,所有驾驶员在驾车上路运营时必须随身携带本人的服务监督卡,并摆放在车内规定位置。服务监督卡上印制了服务监督电话68351150,在出租车的发票上也印有车号及驾驶员所在公司的投诉电话,公司管理人员24小时值班接听,随时处理乘客反映的意见和建议。

2、委员意见

希望尽力改进管理,以绩效管理为指导,落实评级工作。关于答复内容感觉尚可。

三 相关评价

此项提案从专业的角度提出对出租车司机进行评价分级,建议具有一定的科学性和可行性,受到办理部门的高度重视,同时受到出租车司机和民众的关注。

★ 提案 19

关于规范天通苑等郊区三轮摩托车的士管理的提案（政协北京市第十一届委员会第三次会议提案 第 0830 号）（2010 年）

一 提案内容

问题及分析：

随着大量的低收入群体人员的涌入与居住，目前在天通苑等郊区存在大量的三轮摩托车的士（以下简称"摩的"），这些"摩的"的出现存在一定的市场需求。一方面，方便了低收入人员的交通；另一方面，也引发了许多交通事故发生。目前这些"摩的"中，许多是无号、无证经营，一旦发生事故管理部门无从查找，给政府与社会带来许多麻烦，因此如何规范管理"摩的"成为我们北京市大国首都社区建设与管理实践中的一个突出问题。

建议：

1、在天通苑等"摩的"集中的郊区设立专门的管理机构或者人员，对于"摩的"专门管理。严格控制"摩的"数量与发展；

2、对于所有运营摩的进行登记与编号，对于驾驶人员进行考核与驾驶证管理，进行规范管理；

3、在北京市交通方便地区严格限制"摩的"经营。总体上控制新型社区的"摩的"发展。

二 提案的影响与效果

1、办理部门与意见

北京市公安局对该提案进行了办理，答复的要点如下：一、关于"严格控制'摩的'数量与发展"并"对驾驶人员进行考核与驾驶证规范管理"的问题。依据现行道路交通安全法律法规和相关规定，您提案中反映的"摩的"（即燃油动力摩托车）属于机动车，只有取得国家注册批准的厂家方可生产。购买"摩的"人员在我局交管局车管部门办理登记、验车并取得牌照后可在不限制通行的道路行驶，并应每年到检测场检验车辆，上机动车保险，领取检验合格证。"摩的"驾驶员取得驾驶执照后也应定期体检、验证。对于不符合国家标准的车辆，我局交管局车管部门依法不予注册登记，禁止上道路行驶。二、关于加大对"摩的"非法营运行为执法力度的建议很好。我局交管局针对城区、近郊及远郊区县路口电动车及"摩的"交通特点和违法行为集中的时间分布规律，科学设置执勤岗位、合理调整警力部署，以值勤队或警区为单位开展了专项治理。昌平交通支队会同城管等部门对天通苑、回龙观地区"摩的"行驶秩序乱、非法营运等问题加强了治理整顿。三、下一步主要做好以下工作。一是加强对各执法部门治理非法营运工作监督检查力度。二是协调工商执法部门加强市场监管，清理和取缔违规经营的商户和"黑窝点"。三是协调区县政府（管委会）牵头组织公安、城管、交通、工商等相关执法部门，坚持捆绑执法，完善部门衔接，成立联合专职执法队伍，加强打击整治和阵地控制，确保良好的环境和秩序。四是充分发挥新闻媒体主渠道作用，通过报刊、电视、广播等媒体，加强正面宣传教育。五是建议交通行业主管部门最大限度解决群众出行需求，在交通枢纽周边增加公交线路和车辆，合理规划出租车服务区域。

2、委员意见

满意，希望继续推进。

三 相关评价

此项提案针对"摩的"带来的交通问题提出相应建议，受到办理部门的认同与肯定，提高了相应部门对"摩的"带来的隐患问题的重视，确保了民众的出行和交通安全。后来发现，提案中相关建议在北京市得到了采纳。

提案 20

关于北京市加快地方立法设立北京市交通安全基金的提案（政协北京市第十一届委员会第四次会议提案 第0106号）（2011年）

一 提案内容

问题：

随着北京流动人口的不断增加，近年来北京市一直是交通事故多发与高发期，经常发生逃逸案件。为救助伤者医院或伤者单位会垫付很多费用。

分析：

根据《中华人民共和国道路交通安全法》第九十条规定，应该设立道路交通事故救助基金。

建议：

建议北京市尽快进行地方立法，设立北京市道路安全交通事故救助基金或资金，由公安部门与交通管理部门共同管理，以救助交通事故的伤者。

二 提案的影响与效果

1、办理部门与意见

北京市财政局对该提案进行了办理，答复的要点如下：一、为有效开展我市道路交通事故社会救助基金管理工作，决定建立北京市道路交通事故社会救助基金联席会议制度，负责北京市救助基金的政策研究和工作协调。其成员单位为市财政局、市公安局公安交通管理局、市保监局、市卫生局、市农业局等部门。二、根据中央文件精神及我市实际，对联席会议各成员单位北京市财政局、北京保监局、北京市公安局公安交通管理局、北京市农业局、北京市卫生局进行了职责分工。三、开立救助基金特设专户，专门用于道路交通事故受害人的抢救费用、丧葬费用的垫付、使用。四、按照机动车交通事故责任强制保险费的一定比例提取的资金、市财政局按照保险公司经营交强险缴纳营业税数额给予的财政补助、对未按照规定投保交强险的机动车的所有人、管理人的罚款、救助基金孳息、依法向机动车道路交通事故责任人追偿的资金、社会捐款及其他资金。五、救助基金垫付的范围：抢救费用超过交强险责任限额的、肇事机动车未参加交强险的、机动车肇事后逃逸的、农业机械发生道路交通事故，造成人身伤亡的及联席会议认为确需进行救助的其他情形。六、为保证北京市道路交通事故社会救助基金管理工作有效开展，名成员单位应按照北京市道路交通事故社会救助基金管理试行办法，加强协调沟通。同时，北京市道路交通事故社会救助基金联席会议成员单位应根据各自职责分工，制定具体实施细则。

2．委员意见

满意。

三　相关评价

此项提案针对交通救助基金地方立法提出建议，受到办理部门的高度重视，该提案内容已经得到实现。北京晨报、中国新闻网对该提案进行了相关报道。

提案21
关于百望山保留加快轨道交通建设的提案（政协北京市第十一届委员会第四次会议提案 第0490号）（2011年）

一　提案内容

问题及分析：

海淀区是中关村高新技术改革区，是北京市经济社会发展的快速区。百望山前已经没有多大空地用于建设的空间了，新区建设与房地产发展空间，均在百望山后。但是，目前南北交通要道只有圆明园西路与中关村大街（虽然13号线的部分西段也承担了一定的交通任务，但是十分有限）。这种交通现状远远满足不了海淀区未来发展北移的战略需要，在一定程度上，也制约了海淀区北部的发展。

更为严重的是，目前保利西山林语、百旺家园、天秀、西山1号院、百旺茉莉园、百旺杏林湾等都已经成为大规模居民区，颐和园西路与中关村大街北延线每天交通十分拥堵,每天上下班时间 14 公里足足走上 1 小时甚至时间更长,给广大百姓生活工作带来十分不便。

建议:

1、延长 4 号线至百旺茉莉园、百旺杏林湾等海淀区北部地区;
2、延长 10 号线至香山与保利西山林语、黑龙潭等;
3、在海淀与昌平之间沿着百望山东边的京密引水渠开设新轨道交通。

二 提案的影响与效果

1、办理部门与意见

北京市规划委(首规委办)对该提案进行了办理,答复的要点如下:为解决西北部的交通拥堵问题,支持海淀北部地区规划发展的需要,北京西北部地区建设和规划有多条南北向轨道交通线路,分别是地铁 4 号线、城铁 13 号线、市郊铁路 2 号线、昌平线、昌平线南延、海淀山后线等线路。

海淀山后线一条由海淀山后地区连接中心城区的轨道交通线路,该线北起北安河,南至苏州街,可服务于北清路、永丰路和圆明园西路一线的科技产业园以及沿线居民的出行需求。该线由北向南分别在西苑与既有地铁 4 号线、规划地铁 15 号线换乘,在海淀桥与规划四环线换乘,在苏州街站与既有地铁 10 号线换乘,可有效缓解海淀山后地区与中心城区之间交通"瓶颈"问题。海淀山后线在苏州街站预留有与地铁 16 号线贯通运营条件,向南可到达丰台科技园区,两线形成贯穿城市西部地区的轨道交通干线。依据目前的设计方案,该线在后厂村路、马连洼北路和农大北路附近设有站点,可直接服务于百望山附近的居民。海淀山后线已被列为北京市近期轨道交通优先建设的重点项目,已于 2010 年 2 月 28 日启动了建设工作,计划于 2015 年建成通车。目前该线规划方案已取得我委批复,可研报告已上报市发改委,总体设计专家预审已在今年 3 月完成。

轨道交通昌平线已于 2010 年开通运营,可通过与 13 号线换乘实现北部地区与中心城区之间的交通联系。规划昌平线南延北起西昌平线的二旗站,沿 13 号线西侧向南敷设,在小营西路路口下穿 13 号线、京张城际、京包铁路进入地下，沿小营西路向东至京藏高速路西侧敷设，至北沙滩桥转向南，沿志新东路、花园东路、北太平庄路、新街口大街至终点积水潭站与地铁2号线换乘。线路建成运营后，可解决部分海淀北部地区的居民和职工的进出城问题；同时也可以解决清河、西三旗地区与中心城区的交通联系问题，可在一定程度上减少八达岭高速公路的交通压力。目前北京市基础设施投资有限公司正在组织设计单位开展该线的前期研究工作。

地铁4号线是北京市轨道交通线网中贯通中心城区南北方向、连接大兴新城的骨干线路，现已开通运营。由于运营负荷和线路走向等技术条件问题，专家论证否定了4号线北延的可行性。龙背村站作为地铁4号线的末端车站，规划设置有公交车首末站、P&R停车场以及自行车停车场等交通接驳设施。西北旺地区以及农业大学地区可以通过接驳换乘的方式间接利用轨道交通。随着地区道路网的改善，交通出行方式的多样化，该地区的交通条件将得到有效改善。

延长地铁10号线至香山的为已启动建设工作的西郊线。西郊线起于香山路4号停车场，向南沿香泉路、旱河路、金河路、蓝靛厂路敷设，后沿巴沟路止于地铁10号线巴沟站。线路全长约9.4公里，设7座车站和1座车辆段，其中巴沟站为换乘站。西郊线采用100%低地板现代有轨电车，设计时速25公里/小时。该线已于2010年2月28日启动了建设工作，计划于2013年建成通车。

2、委员意见

满意。

三 相关评价

此项提案针对轨道交通，提出线路调整意见，受到办理部门的认同和肯定，并对各地铁线路做了调整，提案涉及内容都得到实现，民众的出行更加便利了。

提案 22

关于综合治理北京市交通拥堵问题的提案（政协北京市第十一届委员会第四次会议提案 第 0502 号）（2011 年）

一 提案内容

问题及分析：

北京市交通拥堵问题由来已久，已经成为制约首都社会发展与经济发展的瓶颈，从政府到居民、从外宾到不发达地区来访者无不为之苦恼，必须采取综合措施，有效治理交通拥堵难题。

北京市的交通拥堵点比较广，原因比较多。一是车辆增加的速度大大超过了城市的流通设施改善的速度；二是城市设计存在一定的局限，生活与各种工作功能区过于集中并且分散在不同区域，造成人员流通量加大。例如高校过度集中在海淀，商务区过度集中在朝阳，金融区集中在西城，生活区集中在城外，包括望京、世纪城、海淀山后新居住区、天通苑、回龙观、西三旗社区、学院路等居住人口密集区域；三是轨道交通不发达，公共汽车交通服务不够人性与舒适；四是交通管理措施不得力，受制于经济发展速度要求。

建议：

参考国际交通拥堵治理经验，特别提出以下建议：

一、继续完善城市中心区停车费用，二环内应该是三环内的 1.5 倍－2 倍；

二、拥堵高峰时间，进入 3 环内的车辆可以适当收取堵车费，发挥市场手段调节交通流量，居住其中的单位或者居民，可以先收后补，出行越少补助越多。

三、高峰拥堵区对于加塞等违规行为实行加倍罚款与扣分，引导大家遵守交通规则，避免人为堵塞；

四、采取有效措施控制车辆过度增长，让车辆增长速度与交通改善情况相适应。每户不超过两车辆，单身家庭为 1 辆；2010 年后，可以实行车牌高收费手段限制车辆过快增长势头；

以上所有款项收入，都应该列入交通基金中，用于改善市内交通问题。

五、做好规划与改造目前北京市各功能区。目前北京市各种功能区过于集中。高校过度集中在海淀，商务区过度集中在朝阳，金融区集中在西城，生活区集中在城外。应该在城外生活区增加工作区，在工作区内增加便捷生活区。包括望京、世纪城、海淀山后新居住区、天通苑、回龙观、西三旗社区等居住人口密集区域周边引进企业、商场与高校，设立医院与中小学，优化生活环境，提升生活品质。加快通州、昌平、大兴等周边卫星城市建设，把"摊大饼"城市建设模式转变为"网状"星布建设模式；

六、继续加大地下轨道交通建设。一方面尽快连接人口居住区与工作密集区之间的交通，另一方面，引导人口居住与工作地向城市外部不同区域分流域分布。以轨道优化布局与建设先行，远地铁近公汽网络来化解人员拥堵高峰难题。

二 提案的影响与效果

1、办理部门与意见

北京市交通委对该提案进行了办理，答复的要点如下：一、"十一五"交通发展：在市委市政府的坚强领导下，"十一五"时期是交通投入最大、机动车增长最快、交通结构改善最明显、交通管理最有效、市民得到实惠最多的五年，首都交通实现了跨越式发展。"十一五"期间，通过加大交通基础设施建设，实施公交优先战略，强化交通管理，成功应对了机动车由258万辆增加到481万辆的挑战，交通发展基本适应了经济社会持续发展和出行需求快速增长的需要。

二、政协委员提案办理情况："十一五"期间，市交通委共承办政协提案963件，办理数量居市属有关部门之首。通过提案的办理，有力地促进了首都交通科学发展：过去几年交通工作取得的成绩，凝聚着政协委员的智慧、心血和汗水。在年初十一届四次市政协会议上，政协委员对首都交通发展给予了极大的关注，涉及交通方面的政协提案239件。这些提案所提的都是当前缓解交通拥堵工作中的热点和难点问题，必将有力促进缓解交通拥堵工作进程和取得更加有效的成果。

三、交通形势和下一步工作安排：随着城市化、机动化和现代化的高速发展，人口资源环境压力日益突出，交通问题作为城市发展多重矛盾的集中反映，面临的形势仍然十分严峻。北京交通发展的总体思路是：以科学发展观为指导，以推进首都交通科学发展为主题，以加快转变交通发展方式为主线，以提升公共交通服务水平和缓解交通拥堵为主攻方向，不断增强首都交通可持续发展能力，全力构建首都综合交通运输体系，确保交通整体安全顺畅，确保中心城特别是核心区交通运行状况不恶化并逐步得到改善，为首都经济社会发展提供有力的交通支持。2011年是"十二五"规划的开局之年，也是缓解拥堵综合措施全面实施的第一年，重点做好以下工作：1.细化落实缓解交通拥堵措施任务。2.推进第八阶段（2011年）缓解市区交通拥堵工作。3.进一步完善市区联动、部门协作、属地负责、条块结合的交通管理体制

2、委员意见

基本满意。

三 相关评价

此项提案针对造成北京交通拥堵的问题进行了分析，建议参考国际治理相应问题的经验，以治理北京交通问题，该提案对交通部门的工作具有一定的指导意义，受到相关办理部门的高度重视。

★ 提案23

关于在分叉口上一站公共汽车站牌增加下一站车流方向的提案
（政协北京市第十一届委员会第四次会议提案 第0529号）（2011年）

一 提案内容

问题及分析：

目前每个站牌基本一样，只有下一站名，但是直走还是拐弯，是左拐还是右拐，不清楚，这对于经常坐车的没有关系，但是对于外地或者少坐车的、尤其年纪大点的就比较难了，得问别人，字小看不见。等他们问清后公共汽车早就开走了，因为目前公共汽车每站停留时间非常短。这种情况下往

往会造成乘客对于北京市政府及其公共交通服务的不满情绪与意见。

建议：

在分叉口每个公共交通站牌上对于下一个站的流向以不同颜色的箭头图线标明。例如直行绿色，向左转为黄色，向右转为红色。

二　提案的影响与效果

1、办理部门与意见

北京市交通委对该提案进行了办理，答复的要点如下：您提出的这个建议已经有三年了，但是至今我们也没达成一致意见，我们深感惭愧，也对您的这种工作认真精神表示敬佩。随着城市建设步伐加快，北京市城区不断扩大，道路、交通变化日新月异，公共交通也在迅速发展，近几年来北京的公交事业有了很大的发展，截至2011年3月我公司共有公交线路687条，有公交站位10400个，公交站牌36500多块，公交站棚4638座，公交护栏9102组，公交各式站杆5699个。为方便群众换乘，我们先后采取多项措施，如：设立交通服务热线电话、开通北京公交网站、在候车棚内张贴公交线路图、在车厢内张贴线路站名表并标识出地铁换乘站、在站牌上标出本站站名、在动物园、四惠站、北京西站等公交枢纽站都安装了线路换乘标志牌等等，以便乘客查询换乘信息。目前我们使用的站牌都是按照国家标准化管理委员会在2008年12月发布的《城市公共交通标志公共汽车站牌和路牌标准》即国标GB/T5845.3-2008对站牌的样式、颜色、尺寸、内容、版面文字规范标准制作的。由于站牌面积小尺寸有限，再标注出各种颜色的箭头站牌就会很乱看不清楚，另外站牌的颜色太多显得非常的零乱。如果更换站牌也要投入大量的资金，我们建议乘客换乘可通过其他多种方式进行咨询。

2、委员意见

希望尽量落实。

三　相关评价

此项提案的建议很有创新性和实用性，在委员的坚持下基本上得到实现，为民众的出行带来很大方便，该提案对公共交通带来了长远的影响。

提案 24

关于完善西直门等地铁换乘站线路标示的提案（政协北京市第十一届委员会第四次会议提案 第 0723 号）（2011 年）

一 提案内容

问题及分析：

几次乘 4 号线经过西直门换乘地铁 2 号线地铁时，都因为上台阶后不见 2 号线标示发现有人迟疑半天不走或者退回下面查看标示与问别人，耽误不少时间并且干扰其他人行走。

类似情况，在其他地铁换乘站也存在。

建议：

1、对于陌生乘客进行调查，了解他们对于所有地铁不清楚的地方与相关意见；

2、在每个转弯与行走方向改变处同时标示所有线路方向。例如，不要前面同时出现 C（东南）出口与 2 号路线，但是下一个行走方向改变处却只标示 C（东南）出口，2 号线路标示就不见了。

二 提案的影响与效果

1、办理部门与意见

北京市交通委对该提案进行了办理，答复的要点如下：地铁标志系统是乘客出行的重要服务设施。为规范轨道交通标志系统，2010 年 1 月北京市颁布了北京市地方标准《公共交通客运标志》。标准的第二部分《轨道交通》中对轨道交通标志的设置位置、标志内容等进行了统一规定。为进一步方便乘客出行，地铁公司将在现有标志基础上，在 2 号线西直门站 C 口通道与换乘通道连接处增加一处 C 口出站标志，并对 C 口通道内的两处出站标志进行完善，使指引信息更加明确。相关工作计划于 4 月底完成。同时，地铁公司正在制定东直门等换乘车站的标志完善方案，针对结构较复杂的换乘车站，增加信息的连续指引，方便乘客换乘。在地铁日常运营过程中，导向标志的建设是一个持续改进的过程，地铁公司将进一步收集乘客意见，在遵照相关标志设置标准的基础上，完善现有标志系统，最大程度地满足乘客需求，为乘客出行提供便利。

2、委员意见

满意。

三 相关评价

此项提案发现的问题特别的细小，但是对不熟悉北京地铁的民众来说就是极大的问题，办理部门按照提案中的建议对存在问题进行了及时的处理，为乘客的出行提供了便利。该提案得到办理部门和民众的广泛好评。

★ 提案 25

关于尽快出台代驾行业准入标准及经营规范的提案（政协北京市第十一届委员会第五次会议提案 第 0734 号）（2012 年）

一 提案内容

问题及分析：

应尽快制定代驾行业准入标准及经营规范。醉驾入刑自 5 月 1 日开始施行以来，全国各地交通事故发生呈下降趋势，一系列的重罚在大幅度的减少醉驾行为的同时，也使得代驾行业蓬勃发展起来。但是在忽然到来的商机面前，却暴露出庞大市场需求下诸多不够正规与完善之处，主要集中在代驾者资质、代驾收费、雇佣者人身和财产安全保障等等。因此，尽快出台代驾行业准入标准及经营规范，并以此进行监管确实保证广大消费者的权益就成了当务之急。

建议：

1、有关部门应及时制定出台代驾行业准入标准，准入标准应就代驾公司资质、代驾人员资质（包括驾龄、熟悉车辆种类、有无违章记录）、代驾价格、发生意外时赔偿及责任划分等逐一做出明确要求。

2、由政府相关部门统一进行代驾公司资质认证，资质认证需两年左右进行一次。

3、代驾公司在认证后应向有关管理部门缴纳一定的保证金以便日后发生赔付时支付赔偿金。

4、代驾公司与消费者达成雇佣意向时应签订统一合同，收取费用时应出具专业服务类发票。

5、各餐饮场所应在客人点酒时询问客人是否开车、是否需要联系代驾，否则一旦出现事故或客人因酒驾被查处应一同追究供酒场所的责任。

6、坚决打击非法代驾经营者，充分保障正规代驾公司的合法权益。

7、政府相关部门可建立类似112的一号通代驾服务平台，将全市依法登记注册的代驾公司纳入平台服务，统一由服务平台根据消费者及酒店提供的所在位置，就近指定代驾服务公司提供代驾服务，并做好相关信息记载，以便发生交通事故或侵害消费者合法权益时，相关部门能及时、准确介入。

8、各代驾公司应做好其代驾人员的信息备案工作及技能培训工作，代驾人员应持证上岗。

二 提案的影响与效果

1、办理部门与意见

北京市交通委对该提案进行了办理，答复的要点如下：目前，我委在积极研究、探讨如何规范管理代驾行业存在的诸多问题，您在提案中针对当前代驾行业的现状提出的规范建议，我们非常赞同，对我们的研究工作非常有启发和借鉴。对此提案，我委高度重视，对您指出的有关代驾服务行业的问题进行了认真分析，并就您提出的具体规范建议与市商务委、市公安局、市工商局等政府相关管理部门进行了研究，在吸纳您提出的意见和建议的基础上，提出了相应的措施。

（一）明确主管部门，做好管理工作。建议由负责劳务管理的商务部门作为代驾行业的政府主管部门对其进行管理，制定相应的行业服务标准，规范行业的服务行为，推动行业发展。（二）加强行业规范管理，推动行业发展。由市商委作为主管部门对服务规范问题负责。关于收费标准问题应由市场进行调节。代驾服务行业不仅需要加强政府部门监管，也需要通过充分发挥行业自身力量，加强自治管理来全面推动行业发展。对于出现的涉及人身财产安全方面的违法行为，由公安、公安交管部门根据有关法律规定进行处理。（三）制定法律法规，逐步解决管理缺失问题。

2、委员意见

满意。

三 相关评价

此项提案得到办理部门的高度重视和认可，给交通部门的工作极大的启发，并转化为相应的工作内容。

★ 提案 26

关于北京市加强交通安全基金管理与判决执行后困难救助的提案
（政协北京市第十一届委员会第五次会议提案 第 0737 号）（2012 年）

一 提案内容

问题及分析：

目前，交通事故发生后，有两种情况出现，一方面是被撞人违犯交通规则，保险公司与司机不愿支付医疗费用，而被撞人又没有钱交医疗费用；另一方面是司机负全责，把人撞成重伤以致死亡后因为没有钱支付赔偿费用，出现逃逸，抓捕后虽然法院公正判决，但是判决后一直无法执行赔偿。受害者既要承受人亡的巨大痛苦还要蒙受经济巨大的压力。这样一些困难群体，面对交通事故的人祸无能为力，政府应该及时救助。但是目前政府方面与交通法规部门资金救济不到位或者无法执行，使群众感觉政府无能为力。

建议：

1、根据《中华人民共和国道路交通安全法》第九十条规定，应该设立道路交通事故救助基金。因此，设立或者加强北京市道路安全交通事故救助基金投入，由公安部门、法院与交通管理部门共同管理；

2、法院判决后，对于目前没有能力支付赔偿费用的当事人，由法院责成当事人向北京市道路安全交通事故救助基金借支，日后还款；

3、对于事故发生后没有能力支付医疗费用的当事人，由交通管理部门责成当事人向北京市道路安全交通事故救助基金借支，日后还款；

4、北京市道路安全交通事故救助基金的经费来源主要由政府财政部门拨付一部分，然后从强制保险余额中提取一部分；

5、强制性保险每年仍然由相关商业保险公司负责收缴与办理赔付，并且按照一定比例收取服务费用。每年相关商业保险公司在接受北京市道路安全交通事故救助基金对于强制性保险费用管理审查确认后，一次性转移给交通安全基金管委会。

二 提案的影响与效果

1、办理部门与意见

北京市财政局对该提案进行了办理，答复的要点如下：一、制定出台了《北京市实施司法救助制度管理办法（试行）》。2008年，市高级人民法院、市财政局、市民政局、市劳动和社会保障局联合印发了《北京市实施司法救助制度管理办法（试行）》，根据该《办法》要求，每年由市财政拨款400万元用于司法救助。人民法院在办理执行案件中，针对生活确实困难、迫切需要救助的当事人，可以救助金的形式给予临时救助。其中，因道路交通事故致残，但在判决后无法执行赔偿的当事人是主要的救助对象。二、制定出台了《北京市道路交通事故社会救助基金管理试行办法》。财政部、中国保险监督管理委员会、公安部、卫生部、农业部联合下发了《道路交通事故社会救助基金管理试行办法》（以下简称《办法》）。《办法》规定，各省级人民政府应当设立救助基金，对发生交通事故存在"抢救费用超过交强险责任额、肇事机动车未参加交强险、机动车肇事后逃逸"三种情形之一的，由救助基金垫付受害人人身伤亡的丧葬费用、部分或者全部抢救费用。根据《办法》精神，市领导批示我局会同市保监局、市公安局、市农业局、市卫生局等相关部门研究提出意见。为贯彻落实中央五部委《办法》要求，加强北京市交通事故社会救助基金的管理工作，我局会同市公安局公安交通管理局、市保监局、市卫生局、市农业局多次召开专题会议，研究我市贯彻落实中央五部委《办法》的相关措施，并就具体落实问题进行了反复沟通。2011年，经市政府批准同意，我局与市公安局公安交通管理局、市保监局、卫生局、农业局联合印发了《北京市道路交通事故社会救助基金管理试行办法》。

2、委员意见

满意，希望把救助基金工作进一步落实。

三 相关评价

此项提案得到办理部门的认可与赞同，对交通问题进行了深入研究，并针对救助基金方面提出问题和建议，对政府部门的工作指明了方向，对保障交通事故受害者的切身利益，维护社会和谐稳定，具有极强的现实指导意义。

★ 提案27
关于建立环路交通轮换执法机制的提案（政协北京市第十二届委员会第二次会议提案 第0275号）（2014年）

一 提案内容

问题及分析：

由于房价高涨和外来人口的不断涌入，北京常住人口和流动人口分别向涿州、固安、廊坊等地区移动。因此，北京市的五环、六环路除了面临过境车辆的交通压力，还要承担迅速增加的市内活动造成的交通压力，这对我市环路交通的执法能力提出了更高要求。要缓解我市环路交通压力，需要解决好如下主要问题：

一是高污染机动车，违章大货车存在安全隐患和违规现象。进京大货车，特别是渣土车一直是北京交通的顽疾。这些车辆体积巨大，经常超载，特别是大量使用不合格翻新轮胎。轮胎质量低劣，一旦爆胎，整个胎冠会全部剥落，钢丝外露，对其他车辆造成严重安全隐患；而且，这些车辆外观污秽,牌照难以辨识,对于抓拍违章的摄像头完全可以避开,因此横行霸道,不可一世。它们熟知交通队的工作习惯,挑选每天晚上九点之后、中午、假日闯入禁行区域,与交通执法者进行迂回,给本已不堪重负的首都道路增加了危险。

二是目前的交通管制区域划分造成执法真空区,不适合环路整体监管。交通队是以执法区块进行划分作业的,会把环路割裂成若干段,造成交界处有执法真空区。由于各交通队对所辖管界内的道路都要照顾到,不可能只照顾环路,这样一来,承担城市交通命脉的环路反而成了执法的薄弱环节。

三是堵路处罚无法缓解交通,反而人为制造了交通拥堵。由于目前交通管制方式较为粗放,在处罚交通违规的时候也造成了大范围的交通拥堵。交管局的一般做法是进行阶段性集中治理,这种一阵风的执法方式形不成长期机制,一段时间内确实增加了处罚量,但是治理结束一切又死灰复燃。而且,在执法过程中,为了避免大货车闯关等危险情况,交管局一般采用锥桶封闭若干车道,降低道路通行速度的方法,这更是让车辆拥堵的情况更加频繁。

建议:

1.交通队应分时而不是分段对环路交通进行巡逻。从各临近辖区交通部门抽出车辆和人员,制定统一的巡逻计划。发现问题,在通畅时就地解决,在拥堵时通过喊话、拍照和收费关卡截停的方式进行处理。从时间上应该建立特殊计算公式,根据计算公式确定出巡时间,避免被违章司机摸透,提高执法效果。

2.打破以罚代法的错误方式。单独对环路交通治理效果进行评价,坚决杜绝通过罚款数量计算工作成绩的粗放做法,切实疏导交通。

3.对微博@北京交警进行违章举报的具体细则要进行明确。鼓励有行车记录仪的交通参与者对环路违章视频进行上传。对目前群众反映比较强烈的问题举报后却杳无音信的情况要追责,做到举报一次收到一次回复。

4.建立环路沿途交通队车辆联动巡逻机制。应该建立按日巡逻,一车到底的巡逻机制,避免管区限制。明确这种工作的重点在于威慑,通过不定时巡逻机制遏制违章大货车司机顶风作案，遇到违法行为要坚持最高限处罚的原则。

5. 低峰时段巡逻和高峰时段巡逻的区别措施。低峰巡逻，参与车辆可以少，以机动车为主，注重速度，对于打击对象应该就地解决，要积极发挥部分巡逻警车配备摄像装置的优势，积极做好取证工作；对于高峰时段，可考虑在拥堵路段出动摩托车巡逻相结合的方式，注重点段违章，不追求全路网的总体巡逻覆盖率，点到为止，但要打出声势。

6. 现场拦罚和收费站拦罚相结合。在有条件的情况下要积极发挥警车的作用，就地解决，改变群众对首都交警执法车辆不处置违法行为的错误看法，避免浪费。另外，要学习上海市的先进经验，在进出城市的收费站设置处罚点，对过境车辆进行必要处罚和教育，对于违章未处理的车辆要阻止其下次入城。

7. 通过积累经验建立 ISO9000 管理体制。明确城市交通管理也是一种服务，服务也是一种产品，也要进行服务质量的评价，责任到人，规范工作。

二 提案的影响与效果

1、办理部门与意见

市公安局

环路执法整治一直是我局交管局强化交通管理的工作重点。特别是自去年开展"三大秩序"整治以来，我局组织治安、巡警、城管等多部门，深入开展综合执法整治行动，对环路大货车等突出违法行为进行综合治理，取得了显著成效。下一步，我局将进一步学习与有条件地吸纳提案中的相关建议。

2、委员意见

基本满意。

三 相关评价

提案内容受到重视，有些得到采纳。

行政管理学的应用

★ 提案 28
关于以票价优惠鼓励错时出行缓解地铁运行压力的提案（政协北京市第十二届委员会第二次会议提案 第0278号）（2014年）

一 提案内容

问题及分析：

北京的早晚交通拥堵问题这些年来可谓是让市民怨声载道，虽然市政府早在2009年就发布了《缓解北京市区交通拥堵第六阶段（2009年）工作方案》，其中规划于当年年底前，错时上下班范围将从大型商场扩大至北京各级党政机关，以此降低中心城区的交通流量。但是由于方案本身所涉及的单位其员工数量在每日出行人群中所占的比重就不大，再加上其中一些单位又因各自原因对弹性工作阴奉阳违，因此时至今日此项措施的收效甚微。

建议：

1.坚持实行北京各党政机关、企事业单位错时上下班，可要求各单位将每天日常工作时段向后顺延一小时，这样既能避开早晚上下班高峰，也方便广大市民可在下班后前去办理各类事宜，不必另行请假。

2.北京市的地铁、公交于每日6:00前及20:00后在原有票价基础上再优惠50%，这样做既可以鼓励和吸引市民错峰出行，同时也能使公交运力更为均衡地发挥作用，改善市民出行质量。

3.半价乘车时间应以地铁售票处及公交汽车刷卡机显示时间为准，因此给地铁、公交公司造成的损失应由政府负责承担。

4.鉴于老年人日常并非必须在早晚高峰时段出行，因此持北京老年优惠证在高峰时段乘车将不再享受免费待遇。

二 提案的影响与效果

1、办理部门与意见

北京市交通委对该提案进行了办理，答复的要点如下： 一、关于错时上下班：您在提案中提出的"北京各党政机关、企事业单位每天日常工作时段向后顺延一小时"的建议,我们认为:北京各党政机关、企事业单位如果工作时间向后顺延一小时,则上午工作时间将由3小时进一步压缩到2小时,下午工作时间将由5小时进一步延长到6小时,会影响工作效率;上班时间太晚也不便于服务市民。并且目前中央机关8点半上班,市属机关企事业单位9点上班,各大商场10点营业,已经错时,如果市属机关企事业单位继续顺延至10点上班,将与商业单位开业时间重合。二、关于公共交通票价:我市将根据首都城市性质和人口资源环境状况,遵循特大型城市公共交通发展规律,重新梳理和研究更加符合首都发展要求的公共交通票制票价。在坚持公共交通优先发展战略和公共交通公益性定位的前提下,按照安全性原则和统筹城乡发展原则,均衡地上地下公共交通方式的运力与运量,综合考虑社会承受能力、企业运营成本和交通供求状况,从而进一步提升公共交通管理服务水平,增强公共交通发展的动力、活力和可持续能力,推动本市公共交通发展再上新台阶。方案研究制定过程中,也将采取开门定方案的方式,公开征求社会意见,并委托专业机构开展本市公交出行情况等方面专项调查,汇集各方意见、凝聚各方智慧。您在提案中提到"地铁、公交于每日6:00前及20:00后在原有票价基础上再优惠50%"、"给地铁、公交公司造成的损失应由政府负责承担"和"北京老年优惠证在高峰时段乘车将不再享受免费待遇"的建议,我委在会同市发展改革委、市财政局、市民政局等部门研究公共交通票制票价改革方案时将予以关注,并根据本市公共交通运营实际认真研究。

2. 委员意见

基本满意。

三 相关评价

此项提案得到办理部门的部分认同和肯定,对提升公共交通工作具有一定的指导性作用。

提案 29
关于北京市建立交通安全基金改进判决执行后困难救助的提案
（政协北京市第十二届委员会第三次会议提案 第0178号）（2015年）

一 提案内容

问题及分析：

随着北京市的经济社会快速发展，北京已经成为交通事故的多发地。目前，交通事故发生后，有两种情况出现，一方面是被撞人违反交通规则，保险公司与司机不愿支付医疗费用，而被撞人又没有钱交医疗费用；另一方面是司机负全责，把人撞成重伤以致死亡后因为没有钱支付赔偿费用，出现逃逸，抓捕后虽然法院公正判决，但是判决后一直无法执行赔偿。受害者既要承受人亡的巨大痛苦还要蒙受经济巨大的损失。这样一些困难群体，面对交通事故的人祸无能为力，政府应该及时救助。但是目前政府方面与交通法规部门资金救济不到位或者无法执行，使群众感觉政府执政为民不到位，或者政府在此事处理上无能为力。

建议：

1、根据《中华人民共和国道路交通安全法》第九十条规定，应该设立道路交通事故救助基金。因此，设立或者加强北京市道路安全交通事故救助基金投入，由公安部门、法院与交通管理部门共同管理；

2、法院判决后，对于目前没有能力支付赔偿费用能力的当事人，由法院责成当事人向北京市道路安全交通事故救助基金申请借支，日后还款；

3、对于事故发生后没有能力支付医疗费用的当事人，由交通管理部门责成当事人向北京市道路安全交通事故救助基金借支，日后还款；

4、北京市道路安全交通事故救助基金的经费来源主要由政府财政部门拨付一部分，然后从强制保险余额中提取一部分；

5、强制性保险每年仍然由相关商业保险公司负责收缴与办理赔付，并且按照一定比例收取服务费用。每年相关商业保险公司在接受北京市道路安全交通事故救助基金对于强制性保险费用管理审查确认后，一次性转移给交通安全基金管委会。

二 提案的影响与效果

1、办理部门与意见

北京市公安局对该提案进行了办理,答复的要点如下:

(1)关于北京市道路交通事故社会救助基金工作开展情况

目前,救助基金工作的主管部门已经明确是由市财政局、市保监局、市卫生局、市农业局和市公安局五局组成的联席会议制度,并制定了《北京市道路交通事故社会救助基金管理试行办法》,设立了救助基金财政专户。我局交管局作为基金会办公室的下设具体承办单位,已经制定了具体的操作规程和履行文书等。市编委已批准核定10名事业编制人员从事此项工作。

(2)关于"对于没有能力支付赔偿费用的当事人,由法院责成当事人向北京市道路安全交通事故救助基金申请借支,日后还款"的问题。

《北京市道路交通事故社会救助基金管理试行办法》第十条规定在原有三种情形扩充到五种,增加了"农业机械发生交通事故,造成人身伤亡的;联席会议认为确需进行救助的其他情形"。

(3)关于"对于事故发生后没有能力支付医疗费用的当事人,由交通管理部门责成当事人向北京市道路安全交通事故救助基金借支,日后还款"的问题。

符合《北京市道路交通事故社会救助基金管理试行办法》第十条规定的情形,当事人均可得到及时救助。同时,该《办法》还规定了相关追偿原则。

(4)关于基金筹集的问题

我市救助基金提取交强险保险费的比例为1%。救助基金按照每年年初确定的比例,每季度从交强险中提取,并通过银行转账方式全额缴入市财政局救助基金特设专户。截至2013年底,我市已提取的救助基金达13081万元。但由于从事此项工作的人员尚未到位,救助工作和基金尚未启动。

(5)关于"强制性保险每年仍然由相关商业保险公司负责收缴与办理赔付,并且按照一定比例收取服务费用。每年相关商业保险公司在接受北京市道路安全交通事故救助基金对于强制性保险费用管理审查确认后,一次性转移给交通安全基金管委会"问题。

此条建议非常有利于我市交通事故社会救助基金工作开展，如能尽快实现，将解决更多交通事故当事人的困难，及时化解社会矛盾。但救助基金的来源已有相应规定，目前暂不宜调整。

2、委员意见

基本满意。

三 相关评价

此项提案持续对交通救助基金的建立进行了关注，极大地推动了交通事故社会救助基金工作的进展，得到政府采纳，目前除具体工作人员尚未招聘到位外，其他基础工作已经实现。

提案 30

关于地铁运行高峰期列车中段设女性专用车厢把尊重与保护女性落在实处的提案（政协北京市第十二届委员会第三次会议提案 第0180号）（2015年）

一 提案内容

问题及分析：

目前北京市实行地铁提价后，乘坐地铁的人数只减少了5%左右，由于北京地面交通过于拥堵，大多数人仍然首选地铁出行。每天早上地铁高峰运行时间，西二旗、天通苑、回龙观等地铁站，许多人目睹着女性被挤压得很难受，尤其中青年的女性有时还要遭受部分男性的性骚扰。

建议：

在地铁运行高峰时段在每列地铁的中段设置一节女性专用车厢，以保护女性的尊严。具体建议如下：

1、向发达国家学习，把保护与尊重女性落实在每个公共场所；

2、在调查研究的基础上，对于一些人员特别拥挤的地铁运行线路上，

在早晚高峰时段,规定每列地铁中部都应该设置一个女性专用车厢;

3、女性专用车厢设置列车中部,便于从不同入口乘车的女性乘坐,高峰时段以外,可以恢复男女混坐。这样可以更好地体现北京首都对于女性的特别尊重与保护理念。

二 提案的影响与效果

1、办理部门与意见

北京市交通委对该提案进行了办理,答复的要点如下:

近年来,北京地铁的运营里程和客运量一直在持续增长。城区各条地铁线路的客流量都超出了车站和列车的承受能力,车站进出客流量大、车厢内拥挤。在有限的运力条件下,首先尽最大努力满足广大乘客的乘车需求。如果设置女性专用车厢,将造成拥挤程度进一步恶化。因此,目前增设女性专用车厢客观上还不具备条件,具体如下:

1. 目前地铁高峰时段运力与运量的矛盾仍突出,单独增设女性车厢,会降低列车使用率。特别是在早晚高峰时段,将会造成乘客滞留站台,进一步加剧地铁量力矛盾。

2. 女性车厢设置在固定位置,女性乘客将优选在该区域候车乘车。一方面,可能造成站台局部乘客过多,不利于站台的客流疏导,影响整个站台的候车秩序。另一方面,可能造成女性车厢内的拥挤程度更高,不能实现方便女性乘车的目的。

3. 依据地铁乘客调查数据,女性乘客约占乘客数量的50%,仅仅增设一两节女性车厢,无法从根本上解决女性上车困难的问题。另一方面,设置女性车厢后,可能引发老年人、儿童等特殊人群也会提出专用车厢的需求,给其他市民正常出行带来不便。

4. 女性车厢作为专用车厢应封闭使用,但目前地铁列车为贯通式,车厢之间无法有效隔离,更多依靠乘客的文明素质,实施难度较大。如果对女性车厢进行封闭,需要对既有车辆结构进行改造,同时也会对列车容载量产生影响。

5. 女性车厢应仅供女性乘客使用,但没有相关法规对女性车厢的使用予以规定，对进入女性车厢的其他乘客没有有效处理手段，将影响实施效果。

随着北京城市轨道交通网络化运营格局的实现，及提升运力措施的逐步实施，北京地铁运力和运量的矛盾有望得到缓解。届时，将对设置女性车厢问题进行可行性分析，并选取适当线路进行试点，尽最大努力为乘客提供更加周到的服务。

2、委员意见

基本满意。

三 相关评价

此项提案针对尊重与保护女性乘坐地铁安全，提出设立女性车厢，该提案是首次关注女性乘客安全问题，在社会上产生了极大影响，凤凰卫视特邀请了萧委员做了一期节目，同时北京晨报、网易新闻、人民网、搜狐新闻、新华网、中新网、腾讯网对该提案进行了报道，受到社会广泛关注。

提案 31
关于进行管理公司改革、激活市场力量与提升首都出租车服务质量的提案（政协北京市第十二届委员会第四次会议提案 第 0590 号）（2016 年）

一 提案内容

问题及分析：

如何把首都北京建设成为和谐适居的国际大都市，一直是北京市政府与广大市民关心的问题。其中交通问题是个大问题，围绕这个问题出租车问题近来越来越突出。一方面出租车司机抱怨活越来越不好干，顾客抱怨出租车越来越不好打，出租车公司抱怨出租车司机越来越难管。到底怎么回事？确实需要我们进行分析。

目前打车软件越来越多，私家车出来拉活越来越多，顺风车越来越多，这在一定程度上缓解了打车难的问题。但是带来了另外一些问题。

1、出租车司机活越来越少了。我调查过多位出租车司机，说过去随便拉，一天可以拉上500元左右，现在早上6点到晚上10点，除去吃饭休息，工作13个小时拉不到400元，一般370元左右；每天上交130多元份钱，加上油钱，所剩无几，在无病休、无事故、无检修的情况下，一个月收入3000多元钱；十分辛苦！因此我们为了节约油钱，有时不得不挑活干；

2、车越来越不好打了。我本人有一天晚上9点多，在北京大学东门打车去西北旺车辆中心，足足打了三四十分钟没有打到车。1月20日快9点来开政协会在北大校医院门口，打车二十分钟没有车；

3、目前出租车司机觉得私车抢了他们的活，不是平等竞争。他们负担太重，干得有些窝火！如果一个国际大都市出租车司机不愉快干活，运转不正常，那么将产生许多后果。散布不良言语，国外与外地人交通不方便，影响国际大都市形象。

建议：

进行出租车管理体制机制改革，减轻出租车司机负担，可以激活市场力量与提升首都出租行业服务质量。具体建议如下：

1、从现有从业10年以上的出租车司机中挑选少数优秀守法的司机进行个人独立运营，政府部门对于他们进行年检与管理，包括税务、投诉情况与上交政府管理费的情况。这样可以既达到减轻司机负担的目的，又可以激励出租车司机好好工作与改善北京市出租行业服务质量；

2、允许部分从业5年以上的优秀出租车司机组成合作股份公司进行经营，同样可以既达到减轻司机负担的目的，又可以与现行一些出租车管理公司高收份钱不太提供服务的现状行为形成鲜明对比，从而促进与改善北京市出租车公司与市场的整体服务质量；

3、对于现行出租车公司的管理方式进行改革。目前的出租车公司大都凭关系经营。每辆车收两万押金，可以提车，每月司机交份钱可以支付车辆其余费用。换句话说，不需要什么本钱。七八万元，司机个人独立或者自己贷款购买。出租车公司被有人称之为空手套白狼。收钱不少，但是对于司机与乘客的服务却太少。许多事情都是司机个人办理。因此，建议进行改革，保留国有的出租车公司，对于出租车司机反映问题较多的私有或者非国有的出租车管理公司进行精简或者外包社会化管理，也可收归交通委统一管理。无论采取哪种方式，都可以减少司机份钱的负担，达到促进出租车管理机构改进服务提升质量的目的。

二 提案的影响与效果

1、办理部门与意见

北京市交通委对该提案进行了办理，答复的要点如下：

（1）关于发展出租汽车个体经营

综观国内外大城市出租汽车经营模式，大多数城市采用公司化为主个体为辅的经营模式。北京出租汽车行业经多年发展演变形成了"公司为主、个体为辅"的经营模式，并建立了企业作为第一责任人的强化管理、狠抓服务、确保稳定的工作机制，在保护驾驶员合法权益、保障特定时段重要客源集散地运力供给、加强出租汽车服务质量监管、保护乘客合法利益、及时了解驾驶员思想动态和利益诉求等方面发挥了突出作用。在国内多个城市发生出租汽车群体性事件的情况下，实现了行业的总体稳定。实践证明，公司化经营模式更适合像北京这样具有特殊政治地位和运力保障需求的特大型城市。

（2）关于出租汽车驾驶员组建股份公司

《关于深化改革进一步推进出租汽车行业健康发展的指导意见（征求意见稿）》明确提出了出租汽车改革发展的方向是公司化、集约化、规模化，鼓励个体车主通过入股等方式加入出租汽车企业，实现规模化经营。

同时，为了规范企业经营、保护驾驶员合法权益、提升行业服务质量，我们制定实施了一系列政策措施，企业遵守和执行行业政策法规的自觉性和实际效果有所提升，企业与驾驶员之间的利益分配格局得到较大调整。企业在承包金标准受到政府严格管控的情况下更多地通过内部挖潜解决经营成本上升的困难，利润空间逐年压缩，驾驶员工作时间缩短，个人收入有所上升。

（3）关于改革现行出租汽车公司管理方式

2013年，我们按照远近结合、标本兼治、综合施策、协调推进的指导思想，制定并由市政府正式发布了《关于加强出租汽车管理提高运营服务水平的意见》（以下简称《意见》），提出了构建以公共交通和自行车出行为主、以小汽车为辅、特殊出行需求以出租汽车为补充的城市客运交通格局的思路，明确了对出租汽车行业进行综合改革的纲领性意见。根据《意见》明确的总体任务，我们会同相关部门配套制定并实施了总量动态调控、企业主体责任监管考核、运价调整、电召服务、投诉处理、调度站扬招站管理、车辆运行情况监测以及治理非法运营等配套方案措施，取得了明显成效。

此外，我们按照交通运输部《出租汽车经营服务管理规定》（交通运输部令2014年第16号）要求，开展了预约出租汽车示范运营，积极鼓励、引导传统出租汽车企业转型升级，更好地满足乘客多样化的个性化出行需求。出租汽车企业自行筹资建设推出了"首汽约车"互联网约车平台，首汽出租公司和祥龙出租公司通过现有出租车更新为预约出租车的方式参与了首批预约出租汽车示范运营。两家公司主动转变管理服务模式，充分利用互联网平台的科技监管手段，对驾驶员采取员工制管理，这种经营模式，驾驶员有更多的精力集中于提升服务质量，平台能够利用大数据优势并与线下实体企业合作有针对性地提升管理、加强服务，更好地满足乘客需求。北京出租汽车行业与互联网融合发展，主动转型升级开展的预约出租汽车示范运营得到了乘客初步认可，取得了一定成效。

2、委员意见

基本满意。

三 相关评价

此项提案从管理体制机制改革的角度，对提升出租车服务质量提出建议，受到办理部门的认同与肯定，京华时报、搜狐网对该提案进行了报道。

提案 32

关于建构无缝隙交通网络，促进机动车使用下降目标有效实现的提案（政协北京市第十二届委员会第四次会议提案 第0993号）（2016年）

一 提案内容

问题分析：

1、北京市政府提出在2016年要降低机动车使用的强度，以便加快治理交通拥堵与空气污染等雾霾问题。但是如何有效促进这一目标的实现，目前并不清晰，需要我们政协委员与市民提出建议。

2、降低个人私家机动车的使用，在目前整体机动车降低使用中具有非常大的空间，应该特别值得重视。但是目前公共交通中并非注意了解决的有效路径。

建议：

1、组织力量对于目前北京市所有的地铁、公共汽车、小区等出站口进行调查与了解，把那些相互步行距离超过500米的站点全部记录下来。这些点我们可以统称为断头公交点；

2、对于那些断头的地铁点与公共汽车点，市政府应该要求所属地区的主管部门合力限期逐一改线、接线予以实现无缝衔接；

3、对于临近居民小区的地铁与公共汽车站点，应该组织市场或者社会力量建设区域内的循环交通网络，或者建立公租自行车与电动车服务站，解决居民下车后的交通问题；

4、在交通枢纽区，建立立体或者大型停车场，方便市民出行停车；

5、对于进入中心拥堵区域的机动车实行拥堵费收缴。

二 提案的影响与效果

1、办理部门与意见

北京市交通委对该提案进行了办理，答复的要点如下：

近年来，在市委、市政府的领导下，市级相关部门及各区政府，在加大投入发展首都交通建设的同时，坚持把治理交通拥堵摆在突出位置，积极应对城市化、现代化、机动化进程加快对城市交通系统带来的挑战，加大交通拥堵治理力度，缓解交通拥堵状况。

从客观来看，我市加大投入发展公共交通，多措并举缓解交通拥堵，取得了初步成效。但距离建立"公交都市"的目标还有一定差距，目前仍然存在多种形式公共交通之间相互衔接不畅、公共交通服务品质需要提升、公共交通配套设施不够完善等一些问题。对此，我们在研究制定《北京市缓解交通拥堵总体方案（2016—2020年）》中，进一步明确了构建公共交通体系，实现"公交都市"的目标，将公共交通服务定位由满足基本出行需求向满足多样化出行需求转变，并构建完善便捷的以枢纽为节点的综合换乘体系。力争2020年轨道交通运营里程达到1000公里，轨道交通出行分担率占公共交通的60%以上，公交专用道里程达1000公里，中心城公交站点500米覆盖率达到95%。

下一步，我们将按照市委、市政府的工作要求，结合您的提案建议，着力做好以下工作：①进一步完善公共交通换乘接驳体系。进一步落实市委、市政府优先发展公共交通战略目标，结合提案建议、竣工道路和社区、公交场站建设、轨道交通新线开通等情况按年度制定公交线路优化调整方案，完善地面公交和轨道交通的联动，并做好地面公交与轨道交通接驳工作。②进一步打通断头路，完善微循环。加快完善路网建设，逐步构建路网结构合理、功能完善、运行高效安全的道路网络体系，方便小区居民日常出行。③进一步发展公共自行车服务设施建设。加快构建规模合理、运营模式优、服务品质高、运行效果好的公共自行车服务系统。④进一步完善枢纽周边停车配套设施建设。坚持"加强规划引导、保障土地供应、创新投融资模式、促进停车设施建设"的工作思路，本年度将从规划、投资、建设、管理等方面同步推进公共停车设施建设。

2、委员意见

基本满意。

三　相关评价

此项提案是基于行政管理专业的转化，为北京市交通问题提出专业化的建议，受到了办理部门的认同与肯定，其中对治理交通拥堵与空气污染问题的建议，为推动首都交通拥堵治理工作极具参考意义，提案建议全部得到实现。

第十章

履职尽责　发挥专长

　　自2003年担任政协委员以来，15年，我不断践行一名政协委员的参政议政使命担当，发挥自己行政管理专业特长，精心选题，认真撰写，努力做到选题准、分析透、建议实、表达规范。同时，在调查研究的基础上，提出有深度、有广度的提案，并且密切联系群众，积极了解和反映群众的愿望和要求。与此同时，能不断加强自我约束，接受人民群众的监督，力求在政协工作和本职工作中争一流、做模范，树立了良好的政协委员形象。本章共计7件提案，每件提案包含提案内容、提案的影响与效果和评价三部分。

提案 1

关于落实十七大文化创意产业建设号召，在北京大学周围建立文化创意产业环境街圈的建议（政协北京市第十一届委员会第一次会议提案 第 0199 号）（2008 年）

一 提案内容

问题及分析：

胡锦涛同志在十七大报告中明确提出，要大力发展文化创意产业，北京市是举世公认的文化中心与政治中心，应该抓住这个机遇，在北京市内文化创意产业生长潜力大的地区发展文化事业与文化创意产业。北京大学是中外著名的综合性大学，也是百年老校，在文史哲、管理与理科方面享有非常高的声誉与影响，是文化知识创造的重要中心，北京大学周围的中关村是北京市文化创意产业发展的密集区，但是目前北京大学周围都是一些饭馆与杂货店，与北京大学的学术氛围不太相称，又影响社会治安，北京大学师生意见很大，多次向有关方面反映。

建议：

1、北京市政府把优化北京大学周边文化环境、建设文化创意产业环境街圈尽快纳入十一五或者十二五城市建设规划中；

2、海淀区政府在 2008—2010 年之间把北京大学南门一条街首先在全国打造成古文图书销售、北京历史文化图书销售、中国历史文化传播与欣赏，文化创意产业发展的一条街。

3、北京市与海淀区政府在 2015 年以后在中关村乃至海淀区打造全国文化创意产业发展环境示范区，形成文化知识的创造、转化、传播与销售一条龙的文化创意产业链，成为中国在世界上最为知名的文化创意产业发展中心区。让中外学者买中国古文化历史书，买北京历史文化图书，首先就想到北京大学文化环境街圈，一提起文化创意产业中心区，就想到中关村与海淀区来走一走，看一看。

二 提案的影响与效果

1、办理部门与意见

海淀区政府对该提案进行了办理，经过调研了解，海淀区政府经过各相关部门协调，为促进北京大学周边文化产业环境优化，提出了具体实施方案。（1）以《海淀区文化创意产业十一五发展规划》中促进全区文化创意产业园区和集聚带（中心）进行资源进一步优化和整合为指导，将北京大学周边文化产业集聚带（中心）建设纳入当前工作重点。（2）积极协调相关单位，制定文化创意产业规划和促进政策，促进北京大学周边文化产业街圈的形成。（3）协调海淀路南侧物业产权单位，了解相关情况，积极引导现有物业用于发展文化创意产业。（4）积极促进海淀路北侧的北大资源楼业态调整，扩大文化企业入驻面积，形成文化创意产业发展氛围。

2、委员意见

比较满意。

三 相关评价

此项提案得到了海淀区政府的高度重视，并将提案建议纳入海淀区发展规划，很好地发挥了政协提案的作用。

★ 提案2

关于落实十七大文化产业建设号召，在北京大学周围建立文化环境街圈的提案（政协北京市第十一届委员会第二次会议提案 第0781号）（2009年）

一 提案内容

问题及分析：

胡锦涛同志在十七大报告中明确提出，要大力发展文化产业，北京市是举世公认的文化中心与政治中心，应该抓住这个机遇，在北京市内文化生长潜力大的地区发展文化事业与文化产业。北京大学是中外著名的综合性大学，也是百年老校，在文史哲、管理与理科方面享有非常高的声誉与影响，是文化知识创造的重要中心。但是目前北京大学周围都是一些饭馆与杂货店，与北京大学的学术氛围不太相称，又影响社会治安，北京大学师生意见很大，多次向有关方面反映。

建议：

1、北京市政府把优化北京大学周边文化环境、建设文化环境街圈尽快纳入十一五或者十二五城市建设规划中；

2、海淀区政府在2008—2010年之间把北京大学南门一条街首先在全国打造成古文图书销售、北京历史文化图书销售、传播与欣赏一条街；

3、北京市与海淀区政府在2015以后在中关村地区打造全国文化环境示范区，形成文化知识的创造、转化、传播与销售一条龙的文化产业链，成为中国在世界上最为知名的文化产业中心区。让中外学者买中国古文化历史书，买北京历史文化图书，首先就想到北京大学文化环境街圈，一提起文化产业中心区，就想到中关村来走一走，看一看。

二　提案的影响与效果

1、办理部门与意见

办理部门来北京大学现场办理，文博院、艺术学院等领导参加，现场介绍的了各自情况，提出了下一步落实的措施。

2、委员意见

很满意，希望尽快落实。

三　相关评价

市政府文化局、规划委与海淀区、海淀镇相关领导亲临北京大学政府管理学院举行现场办理，各方就现状、问题与办理建议进行了充分交流与讨论，大家就下一步办理落实达成了相关协议，有效推动了该问题的解决。

★ 提案3

关于北京市谨慎金融体系的对外开放，高度警惕日本经济衰退现象在我国重演的提案（政协北京市第十一届委员会第五次会议提案 第0246号）（2012年）

一 提案内容

问题及分析：

北京是中国的首都，在遵循经济规律的同时还要注意政治稳定与政治因素。因此北京市的金融体系对外开放应该在环顾世界形势，紧跟全国脚步的同时注意循序渐进的谨慎处理。

按照WTO的相关协议或者目前的国际形势，我国金融体系即将全面对外开放。让我国货币参与国际一体化体系进行流通。这一方面让我国的货币继续得到升值。老百姓高兴。但是这令人兴奋的背后即将带来人们对于形式财富的心理满足与创业意识的减退，带来国内劳动生产成本的不断高升以至于人们难以开展生产活动，由此导致经济的衰退与下滑；另一方面，人民币升值之后带来美国外债的不断减少，负担不断减轻，GDP生产总值不断增加。例如2000年美国欠我国1万亿美元外债，1美元相当9元人民币，应该还给我们9万亿人民币。但是升值后，目前在美国1美元是5元多人民币了。美国今天只要还5万多亿人民币了。换句话说，原来我们国库里有9万亿人民币，现在却变成了5万多亿人民币了，无形中被美国从我们国库中取走了3万多亿人民币。相反，美国在中国生产了1万元人民币的东西，按照升值前的产值计算只有1000多点美元，但是按照升值后的产值计算却变成了近2000美元了。此外，金融体系的全面开放，将带来人民币兑换美元的刚性需求增加与财富外流。因为人民币在中国国内的价值是不变的，只有流通到国外才会变现升值。

与此同时还会带来股票债券等外资金融机构与华尔街老油条进入中国金融市场的高风险问题。20世纪90年代美国逼迫日本全面开放金融市场，日元因此一直飙升，由1美元兑换250日元升值到现在1美元兑换不到100日元，但是日本经济一直低迷不振持续20多年了。

建议：

1、北京市政府委托金融局成立专门研究小组，对于目前国内外的金融形势、挑战与策略进行专门研究；

2、保持与世界金融组织与亚洲金融组织的适当接触，及时了解国际相关信息；

3、认真研究日本、泰国金融体系开放的案例，吸取相关的经验与教训；

4、北京市在国内不要做金融体系开放的急先锋，紧跟上海之后，预测国际形势变化之前；

5、北京市要注意在引进国际金融人才的同时加快培养自己的金融专业与管理人才，从人才方面绝对保证金融体系的安全性。

二 提案的影响与效果

1、办理部门与意见

此件提案办理方式被市政协列为报送市领导参阅，按照领导批示和市政协关于提案办理的工作要求，北京市政府办公厅根据本提案内容和性质，报请吉林同志阅示。

2、委员意见

基本满意。

三 相关评价

该提案受到有关领导与部门的重视，作为内部参考。

提案 4

关于北京市产业结构深度调整中大力发展咨询服务业的提案
（政协北京市第十一届委员会第五次会议提案 第0994号）（2012年）

一 提案内容

问题及分析：

汽车与房地产一直是北京市经济发展的两大支柱。为了改善交通与响应中央号召，也为了北京市的经济转型发展，北京市应该勇敢地走向科技发展、人文发展与绿色发展之路。但是这种发展模式的转变将需要一个循序渐进的过程。2011年是调控初见成效的一年，但是也是北京市付出了巨大代价的一年。2011年北京市机动车销售下降44%，少了40万辆，汽车销售额由原来的30%，下降到18%，少了12%。北京市某汽车销售公司连续10年24%的销售量下降到3.8%。房地产市场销售下降了14%，可能会更加大一些。可喜的是社会商品零售额有所增长，仍然保持了8%的增长目标。然而，我们目前成熟经济增长点的大幅度下降与新经济增长点培育过程的滞后性将给我们北京市经济社会发展带来巨大的挑战。因此如何依据北京市的优势资源尽可能多与快地建立新的经济增长点，就成为我们政协委员关心的问题。

建议：

北京市的优势资源中，最为明显的就是政治资源、文化资源与人才资源。郭金龙市长在2012《政府工作报告》的第（二）大任务中明确提出了大力发展现代服务业、提高北京市服务业发展水平的目标。特别指出要做大做强信息服务业、科技服务业与商务服务业。这些服务业的发展都在很大的程度上发挥了北京市的政治资源、文化资源与人才资源。但是，对于北京市央地的高端人才、高层次人才与科技人才的优势发挥不够，因此，建议咨询服务业应该成为北京市现代服务业中的重点产业。具体建议如下：

1、北京市政府委托相关部门成立专门研究小组，对于目前国内外的咨询服务业的发展形势、挑战与策略进行专门研究。把北京定位成全国咨询服务业的高地与中心；

2、研究发达国家与地区咨询服务业管理的相关经验与教训，制定北京市未来5—10年咨询服务业发展的战略规划；

3、调查目前北京市咨询服务业发展与管理实践中存在的问题，出台一系列扶持咨询服务业发展的新政策与新机制。包括税收、贷款、注册等方面新政策；

4、鼓励在职科研人员兼职咨询服务业与创办咨询服务业。目前北京市具有巨大的咨询服务企业发展的潜力与资源。在海淀区、朝阳区、西城区等存在大量的中小咨询企业，具有大量的咨询专业人才与潜在人才。但是这些企业本身规模小、业务量不大，因此需要我们建立鼓励咨询服务业发展的新机制；

5、鼓励咨询服务业的精细化发展与规模化发展。咨询服务业包括企业管理咨询、政府管理咨询、金融管理咨询、文化发展咨询、教育咨询、政治政策咨询等，是一种无烟产业、智力产业、创新产业与绿色产业。鼓励这些咨询服务业的发展，一方面充分体现了北京市高端引领、创新驱动、绿色发展的战略，另一方面又可以发挥北京央地高端人才的智力优势，还可以吸引与聚集国内外高端人才前来北京创业与发展，让咨询服务业服务北京、辐射全国，走向世界。

二　提案的影响与效果

1、办理部门与意见

北京市商务委（市政府口岸办）对该提案进行了办理，认为该提案对北京咨询业发展具有重要指导作用。近年来，北京不断加快产业结构调整步伐，各行业对咨询业的需求日益增加，使咨询与调查业取得了较快发展，服务规模扩张迅速。咨询业近年来在北京经济发展中作用越来越突出，对于促进经济转型，形成服务主导型经济发挥了积极作用，也越来越引起专家和市领导的关注。但是，由于早期缺乏专门的深入研究，市里的产业推动部门也未明确，对于如何大力发展咨询业尚处于探索阶段。商务服务业（含咨询与调查业）由市商务委负责协调促进，并成立了专门机构（市商务委商务服务业发展协调处），着手研究相关行业的发展促进工作。该提案中的一系列建议和意见，对于推动全市咨询业的发展，具有重要的指导意义。既提出了北京发展咨询业对于北京进一步转变发展方式的重要意义，同时又提出具有很强针对性的发展建议和措施，具有很强的指导作用。

2、委员意见

满意。希望我们一起推动。

三 相关评价

此项提案得到政府部门的充分认可和高度重视，针对现有服务业发展遇到的瓶颈问题提出了具体的意见建议，为北京市咨询服务业的发展提供了思路，提案具有针对性和时效性。

★ 提案 5
关于改进税控管理方式，便利科技创新企业发展的提案（政协北京市第十二届委员会第一次会议提案 第 0086 号）（2013 年）

一 提案内容

问题及分析：

党的十八大报告在"加快完善社会主义市场经济体制和加快转变经济发展方式"中明确指出，科技创新是提高社会生产力和综合国力的战略支撑，必须摆在国家发展全局的核心位置。在实施国家创新驱动发展战略中，产学研结合是核心，人才聚集是关键。北京市与其他省市相比较，具有绝对的人才聚集优势，推进北京市科技创新驱动发展战略实施的突破口在于创新科技管理创新，发挥科研技术人才创新创业活力。税务管理是联系着政府、市场与科研人员的核心点，但是目前北京市对于科研人员创新创业的企业的税务管理方式与其他企业同等看待，无论业务量大小与情况如何，一律要求1—2个月进行授权与写卡。管理方式缺乏灵活性与扶持意识，过于统一化与机械。这在很大的程度上制约了科研人员创新创业的积极性，影响了北京市人才聚集优势的发展与发挥。因此改进税务部门税控管理方式，激活科研人员在北京市创新创业行为迫在眉睫。

建议：

1、研究优惠扶持科研技术人员在北京市创新创业的战略与举措，加快国家创新驱动发展战略在北京市的实施；

2、精兵简政，改进目前的税务管理方式与方法。据有关人员反映与本人调查，税控机推行以来，经济成本无形中增加不少。对于纳税企业来说，增加经济与人工成本，增加写卡读卡开票的麻烦，对于税务管理机关来说，管理简化人员不减，养成官僚；对于城市来说，企业因为业务量少与长期不开票忘记及时授权，税务部门则要求企业一天来回补授权十多次，增加交通拥堵；

3、对于税务部门专管员实施服务对象态度评分制度。

目前北京市有些税务部门人员不少，事情不多，早九晚五，服务意识较差，值得改进。让纳税企业对于专管员进行服务态度评分，将是短时期内改进税务部门服务态度与效率的有效举措；

4、改进授权方式，降低创业时间成本，激励科研人员创新活力。一般来说，科研人员经营与创立的企业，无论创业初期或者后期，一般项目金额数不少，绝对不是1万-2万，而是几十万、几百万甚至几千万。但是他们的项目数一般较少。一年中可能就是两三个项目。如果对于这样的企业，也要求每隔1-2个月定期到税务局授权与写卡报数，就显得过于繁琐。因此建议，对于经营项目比较少的科研人员创新创业公司来说，税务管理应该适当调整授权，放宽到半年与一年授权一次。或者允许他们进行网上授权。目前这种管理方式严重制约了北京市科研技术人员创新创业的活动。

二 提案的影响与效果

1、办理部门与意见

北京市地税局对该提案进行了办理，答复要点如下：关于税控报数授权工作，国标税控收款机推广以来，我局不断接到纳税人反映税控收款机授权期短、报数授权手续繁琐，使用不方便，给纳税人带来不便，同时也增加了基层税务所的工作压力。为解决纳税人的实际困难，提出了建设网络报数授权的方案。在经过市经信委和市财政局的审核以及招投标后，该项目正在开发测试，计划于2013年下半年上线运行。关于实施纳税服务对象评分制度，对于工作人员的服务态度、服务质量、服务效率采取多种方式予以监督和评价。下一步，我局将制定涵盖窗口各项服务标准的工作规范，定期予以考核，并将考核结果列入纳税服务绩效考核评价体系，从制度上约束税务工作人员的服务行为。关于研究扶持科研工作的优惠政策，为鼓励和支持科技人员创新创业，我市从完善政策法规、优化服务环境、促进科技成果转化等方面加大了科技人员创办中小企业的支持力度，激发创新活力。

2、委员意见

满意，尤其对于第一部分问题办理情况非常满意，希望进一步落实。

三　相关评价

此项提案得到政府部门的充分认同与肯定，并且该提案的建议目前已经实现，受到政府和民众的好评。后来该提案建议得到市税务部门的有效落实。

提案6

关于台湾取消中国大陆居民入关填写《入国登记表》的提案（政协北京市第十二届委员会第一次会议提案 第0088号）（2013年）

一　提案内容

问题及分析：

今年4月28日—5月5日，我带领北京大学相关人员参加了在台湾举办的领导人才论坛暨2012中华人力资源研究会年会。在入境时，台湾方面特别要求我们与会者中的部分人员填写《入国登记表》。当时，我个人感到非常意外，拒绝填写。但考虑到由于我不能入境会影响其他人下一步安排，只好填写。我印象中以前没填写过这种表格，而且当时与我同行的两位博士生也没有要求填写，可见台湾方面要求填写的人是有选择的。这种行为我们难以理解。

台湾居民来大陆，我们对于他们比较宽松，没有要求填写类似表格，台湾方面何以要求我们填写？这不是主张一边一国吗？我个人认为这种做法有些过分，与两岸关系发展趋势不一致，可能影响两岸人员的情感与交流。

建议：

建议国台办与台湾陆委会进行交涉，取消中国大陆居民填写《入国登记表》的无理要求。

二 提案的影响与效果

1、办理部门与意见

该提案列入上报国家相关部门的信息。

2、委员意见

基本满意。

三 相关评价

受到国家相关部门的高度重视，被采纳。

★ 提案7

关于加强提升北京市基层法院知识产权法官素质与改革上诉相关规定的提案（政协北京市第十二届委员会第五次会议提案 第0686号）（2017年）

一 提案内容

问题：

北京是中国的首都，习总书记把其定位为全国文化中心。知识产权的保护是文化中心建设中的核心任务与关键工作。目前北京市在知识产权案件审理方面许多工作都走在全国前列，但是感觉目前仍然有些问题值得改进。北京市在案件审理过程中却与全国一样，仍然要求上诉中严格限制在起诉案件证据范围内，哪怕提供了更充分更客观的证据，上诉中法院与法官的判决与裁量都不能超越原先起诉时的规定。这看起来严格与公正，实际无形中增加了案件的数量与浪费各方的资源。有些基层法院知识产权法庭法官判决过于简单与随意、缺乏全面分析与综合判断能力，责任心不强判决书上多处出现错字错句，甚至造成错判等问题，影响了首都法官的形象。

分析：

1.以北京知识产权法院某实际案件为例，上诉方在一审时，因为律师疏忽，最后法院认定被告某本书构成对原告抄袭侵权的地方为六处，实际原告提供给律师的为17处，并且17处经过比对确实存在。但是目前的法律程序规定，上诉法官与法院只能在那六处的基础上进行审理判决。另外的11处虽然客观事实，一律不予承认。如此一来，原告觉得吃亏，只有另外再起诉，这样就自然增加了双方当事人与法院的工作量。作为法律的局外人，这样的规定看起来严格公正，但是却并非最好的，除了可以给法院增加案件业务量外，给当事人双方增加麻烦外，其他的好处好像没有体现。

2.基层一审法官对于知识产权侵权案件的判决比较片面与武断。前述案件中，双方当事人中的被告的书属于自编自印的非法出版物，书后一本参考文献都没有。其作者是一个人力资源业界找不到，实际公安也无法找的人；而原告的书是被选为自考的教材，来自作者20多年使用的全国通用教材内容。作者是中国大陆人力资源业界的著名学者，是该领域的开拓者与权威。被告的辩解中所有证据没有具体页码注解的支持，并且都是承认抄袭其他人作品，而原告提供的证据都是有法律效用的具体资料来源；但是最后一审法官就是判决驳回原告的起诉。在判决书上连书名与多处用字都是错误的。后来上诉审理中已经判决原告胜诉。因此这充分说明基层法官的素质低下，缺乏实事求是与综合判决能力。考虑到这样的法官出在海淀区，可想而知，北京市其他比海淀更差区域的基层法官素质如何了。因此，北京市基层知识产权方面法官队伍的素质亟待提升，否则难以支持首都北京建设成为全国文化中心与科技中心的目标实现。

建议：

1.由于北京市面临建立全国文化中心与科技中心的重任，而且是首都，任何一个案件办理，对于全国都有示范效应。知识产权保护在我国一直比较薄弱，为国际所关注。对于法院也是个新兴领域，法官经验不足在所难免。因此，北京市高法应该出台相关制度，加强对于基层知识产权法官培训；

2. 评选优秀知识产权审判法官，加大宣传优秀办案事迹的力度，让优秀知识产权法官到各区进行经验交流；

3. 对于全部知识产权的案件100%公开判决书，以透明方式监督与促进基层法官自动自觉提高判决素质与办案能力；

4. 实行倒查错判责任追究制，提高基层知识产权法官的责任意识与责任能力；

5. 允许适当扩大上诉过程中法院法官自由裁量范围与权力，减少重新起诉案件，为法院工作减压。

二 提案的影响与效果

1、办理部门与意见

北京市高级人民法院对该提案进行了办理，答复的要点如下：一、北京知识产权法院法官素质现状。北京知识产权法院现有主审法官43名（含院、庭长8名），法官实行严格的员额制，除庭长外的法官由北京知识产权法院法官遴选委员会从全市三级法院中遴选产生。根据类案情况，动态调配每类团队员额法官和司法辅助人员数量，并配套相应的考核标准，辅之以各调研组开展专业调研、培训和各法官专业会议、法官联席会及时发现解决"同案不同判"问题，统一认识确保裁判一致性，提升各类型案件特别是技术类案件的审理水平。

二、对提高知识产权法官素质所做的探索和实施情况。一是加强制度建设，分类开展法官菜单式培训。二是推树先进典型，注重发挥典型的引领作用。三是健全评查机制，实现评查规范化。四是实现上网裁判文书，引入社会服务机制。

三、下一步工作计划。一是优化审判组织、强化办案责任制度。一是完善审判团队。二是科学设置宣传重点、加强审判人才培养。三是深化文书公开、构建阳光司法机制。

2、委员意见

基本满意。

三 相关评价

此项提案以实际案例为基础,提案建议具有针对性,既提出对法官素质的要求,也为法院部门改革提供了建议,得到采纳,转化为市法院的管理制度,市检察院开展了素质模型课题研究。

附录

1. 提案办理的具体情况
2. 相关新闻报道
3. 大会发言
4. 大会书面发言
5. 海淀区政协委员提案与发言
6. 在中央统战部会议上的发言

附录1: 提案社会反响

1、2013年1月萧鸣政代表民进北京市委在政协会议上作题为《打造"北京服务"品牌 发展首都现代家政服务业》的发言，受到多家媒体报道；

2、萧鸣政提出的关于"大力发展人力资源服务业"的提案，转化为北京市人社局的相关政策；

3、2014年萧鸣政提出的关于"转变政府职能，做好住宅专项维修资金管理"的提案被北京市住建委吸纳转化为相关政策；并且在《北京观察》上发表；

4、2015年萧鸣政在政协北京市十二届第三次会议上关于"加强协商民主建设的一点思考"受到北京市市委副书记吕锡文的关注与肯定，并且在《政协研究》杂志发表；

5、2015年萧鸣政提出的关于"在地铁车厢中间位置增设女性车厢"的提案被众媒体关注与报道，接受了香港凤凰卫视等众多媒体采访；

6、萧鸣政提出的"建立基于服务评价的社区治理体系与治理能力建设机制"被评选为民进北京市委的2015年重点课题，并且于4月中旬代表民进北京市委在第一届议政会议上发言，北京市委书记郭金龙出席会议。

附件2: 相关新闻报道

萧（肖）鸣政委员，担任北京市政协委员15年，提出了160多件提案，其中有些没有公开有些公开，建言资政内容得到了社会媒体的广泛关注，因为时间与手段有限，本附件只收集了其中的部分媒体报道内容。

目 录

政协提案：北京高速路收费应"内外有别" …………………… 283
细化小康标准为"富豪不纳税"正名 北京政协提案集粹 …… 284
政协委员谈大学生就业难的问题 ……………………………… 285
萧鸣政等三位北京市政协委员谈大学生就业难问题 ………… 286
政协委员萧鸣政谈大学生就业 ………………………………… 300
北京政协委员热议履职评价考核机制 ………………………… 313
八位政协委员热议奥运话题 奥运场馆间应设公交线 ……… 314
北京政协委员关注交通建设 地铁口应设停车场 …………… 315
萧鸣政：拓展、专注与创新 …………………………………… 315
委员声音 ………………………………………………………… 320
北京市政协委员建议控制居住证指标 ………………………… 320
恢复单位集资住房模式 ………………………………………… 321
政协委员萧鸣政：用交强险余额设车祸救助基金 …………… 322
"让奉献的人都找到归属感" …………………………………… 323
萧鸣政：建议都有含金量 ……………………………………… 327
萧鸣政：北京应建立文化人才开发机制 ……………………… 327
北京政协委员热议演艺区：剧场不能沦为闲置仓库 ………… 328
北京政协委员建议对人才实施人口管理积分制度 …………… 329
北京应建立文化人才开发机制 ………………………………… 331
萧鸣政：北京应建立文化人才开发机制 ……………………… 332
北大教授：北京最缺七种文化产业人才 ……………………… 333
萧鸣政：住宅专项维修基金管理应提高使用率 ……………… 334
政协委员：地铁高峰期应设女性车厢防范性骚扰 …………… 335
萧鸣政：促进北京市人口内增长 ……………………………… 336
北京市政协委员建言：要科学调控人口规模 ………………… 338
北京市政协委员萧鸣政：京津冀尽快建人才租赁制 ………… 339
北京政协委员：积分落户 政府应亮人口调控底数 ………… 340

北京政协委员：居住证不同于落户 门槛不应过高（3）……… 341
北京政协委员：可特许优秀的哥独立运营 ……………………… 342
萧鸣政：打破思维定式让京津冀高层次人才共享共赢 ………… 343
北京政协委员萧鸣政：集约型停车方式缓解停车难 …………… 345
萧鸣政 真学者大情怀 …………………………………………… 347
萧鸣政委员建言北京市应该采用高科技做好垃圾分类工作 …… 350
萧鸣政委员建言北京如何推进高精尖的供给侧改革 …………… 350
萧鸣政委员建言北京应建立文化人才开发机制 ………………… 351
萧鸣政委员建议促进人口内增长 ………………………………… 351
萧鸣政委员建议多头管理之乱：数百亿房屋"养老钱"沉睡 …… 352
萧鸣政委员建议京津冀三地协同发展"大国策" ………………… 352
萧鸣政委员在京津冀三地协同谋篇布局论首都发展的15个关键词中建言涉及9个 …………………………………………………… 353
如何破解"三不管"地带管理难题？ 萧鸣政委员建言：上位行政机构建立补丁机制 ……………………………………………………… 355
萧鸣政委员在市政协十二届一次会议第二次全体会上发言 …… 356
萧鸣政委员建言：北京市疏解之后面临转型 应该建立人才共享与租赁机制 …………………………………………………………… 357
萧鸣政委员建言：首都演艺产业发展四类人才紧缺是瓶颈 …… 357
萧鸣政委员建议住宅维修资金管理要提高效率明确权责 ……… 358

政协提案：北京高速路收费应"内外有别"

2003-01-14 01:47 来源：新浪网 北京娱乐信报

奥运道路要领"身份证"

信报讯（记者 张晓娟 李崴）"办好北京奥运，解决交通问题，搞好路名编码、实现快速检索十分重要。"昨天中午，本届政协新委员、人民大学博士生导师萧鸣政教授向记者介绍了他提出的一项关于奥运交通的建议。

"除了继续发展道路，建成立体的快速公交网络，搞好道路配套建设，对北京路名、地名重新进行科学编码、方便司机和游客识别方位、地点，编印便于快速检索的新型数字编码地图，都是十分有意义的工作。"为解决目前北京道路多、地名重复，单从地名无法快速识别所在方位的问题，萧鸣政委员建议：北京道路、地名可以统一用一串有特殊含义的阿拉伯数字来表示：第一位是方位码，可以天安门为坐标中心，从北开始，按顺时针方向，分别用1、2、3、4表示四个方向；第二位是路环代码，按二、三、四、五环……数字依次递增；接下来是横纵排序……这样下来，道路就像有了身份证号码一样。如果把这个统一编码和路名、地名结合起来，即使从没到过北京的人，也能很快知道自己身处何地，再也不会搞不清方向了。具体到每一个地方到底该用什么名字，萧委员认为应该既照顾传统，又与时俱进，广泛征求专家和群众的意见，在地名、路名普查基础上，再进行规范化编码。路名经过数字化编码处理后，能为提高北京交通管理的效率提供便利条件，加快处理速度。

"不仅如此，北京的路牌还应该用规范的中、英文双语同时标示。这也是更好地与国际接轨，为奥运会做准备呀。如果有老外来北京，也能看到使用他们自己国家语言的北京路牌，那该有多亲切呀！这才能更好地体现出咱北京人的热情好客，也利于树立首都北京的国际形象。"萧委员这样说。

细化小康标准为"富豪不纳税"正名
北京政协提案集粹

2003-01-14 02:05:11 来源：南方网讯

高标准的规划、高质量的建设、高效能的管理、高水平的管理让北京逐步崭露出国际大都市的峥嵘。建设和规划中的国贸三期、国家大剧院、中央电视台、北京电视台和首都博物馆，高速延伸的城市公路网、城铁线……这些让北京人提起来就带劲的话题，在会场上随处可以听到。

政协委员萧鸣政提出：普查北京路名、统一科学编码 让北京实现国际一流的交通管理。

奥运道路要领"身份证"

"办好北京奥运，解决交通问题，搞好路名编码、实现快速检索十分重要。"昨天中午，本届政协新委员、人民大学博士生导师萧鸣政教授向记者介绍了他提出的一项关于奥运交通的建议。

"除了继续发展道路，建成立体的快速公交网络，搞好道路配套建设，对北京路名、地名重新进行科学编码、方便司机和游客识别方位、地点，编印便于快速检索的新型数字编码地图，都是十分有意义的工作。"为解决目前北京道路多、地名重复，单从地名无法快速识别所在方位的问题，萧鸣政委员建议：北京道路、地名可以统一用一串有特殊涵义的阿拉伯数字来表示：第一位是方位码，可以天安门为坐标中心，从北开始，按顺时针方向，分别用1、2、3、4表示四个方向；第二位是路环代码，按二、三、四、五环……数字依次递增；接下来是横纵排序……这样下来，道路就像有了身份证号码一样。如果把这个统一编码和路名、地名结合起来，即使从没到过北京的人，也能很快知道自己身处何地，再也不会搞不清方向了。具体到每一个地方到底该用什么名字,萧委员认为应该既照顾传统,又与时俱进,广泛征求专家和群众的意见,在地名、路名普查基础上,再进行规范化编码。路名经过数字化编码处理后,能为提高北京交通管理的效率提供便利条件,加快处理速度。

"不仅如此,北京的路牌还应该用规范的中、英文双语同时标示。这也是更好地与国际接轨,为奥运会做准备呀。如果有老外来北京,也能看到使用他们自己国家语言的北京路牌,那该有多亲切呀!这才能更好地体现出咱北京人的热情好客,也利于树立首都北京的国际形象。"萧委员这样说。

(编辑:栾春晖)

政协委员谈大学生就业难的问题

http://www.sina.com.cn 2005-01-23 12:35 来源:首都之窗

1月23日中午13:00至14:00,民进北京市委委员李焕喜,北京航空航天大学教务处副处长、北京航空航空大学先进结构材料研究所常务副所长、民进海淀区委副主任委员、政协海淀区副秘书长,民进北京市委委员萧鸣政,中国人民大学劳动人事学院教授,两位委员就大学生就业难的问题作客首都之窗与网民进行在线交流。

目前大学生就业难的问题,已引起了社会各界的普遍关注。以往每年到2~3月北大清华人大等高校的学生签约率高达60%—70%,而今年目前还不到20%。

目前大学生就业难的原因大约有以下几个方面:①地方大学过度扩招,今年首批大规模毕业;②企事业组织用人计划紧缩;③许多地方中小型企业待遇过低,造成大学生不愿应聘;④就业观念影响。

如果听任这种现象发展下去,势必影响到我国高等教育的持续发展,也影响到家庭对孩子上大学投资的积极性,最终将导致未来我国人才的短缺,应引起政府部门的高度重视。

建议：

一、在北京、上海及中心城市建立人才大市场，为大学生就业提供平等、透明、快捷与高效的服务，为重点大学与一般大学的优秀毕业生进行特别推荐与指导（令）性分配，优生优酬，引导学生努力学习；

二、适当扩大硕士博士招生数，控制本科招生数，保证每个导师每年平均有2~3个学生，既发挥学生团队学习作用又缓解大学本专科就业压力；

三、改进教学方式，在优化基础理论教学与能力培养的同时多让学生接触实际，掌握一些实用技能，让用人单位感到招聘的毕业生眼前能顶用，日后大有用；

四、制定大学生最低工资水平，保证人力资本投资的合理收益，消除读书无用现象。（来源：首都之窗）

萧鸣政等三位北京市政协委员谈大学生就业难问题

http://www.sina.com.cn 2005-01-23 16:11 来源：首都之窗

萧鸣政等三位北京市政协委员作客首都之窗

1月23日下午13时，北京大学政府管理学院行政管理学系主任萧鸣政等三名北京市政协委员作客首都之窗，就大学生就业难问题与网友展开讨论，以下为聊天实录：

主持人：各位网友中午好，吃过午餐的一个小时的时间，这里是市政协和首都之窗联合举办的"政协委员谈提案"第六期，本期访谈由新浪网提供技术支持，这里是第十届三次会议的会场，我们在京西宾馆里谈"大学生就业难解决建议"的问题。今天的嘉宾，左边这位是北京市政协常委、民进北京市委委员、民进中央社会法制委副主任、北京大学政府管理学院行政管理学系主任、北京大学人力资源开发与管理研究中心主任萧鸣政委员，欢迎您的到来，右边这位是民进北京市委委员、北京航空航天大学教务处副处长、首钢技术研究院副院长、北京航空航天大学先进结构材料研究所常务副所长、民进海淀区委副主任委员、海淀区政协副秘书长李焕喜委员，欢迎您的到来。

萧鸣政：谢谢。

李焕喜：谢谢。

主持人：两位工作很繁忙，最近关注我们这个网站的网友会发现，我们会邀请一些民进北京市委的委员。两位分别是在两所非常有名的高校就职，在日常工作中接触不少大学生就业的问题，就业难是很长的一段时间了，是什么促使两位去年提交了这个提案呢？

萧鸣政：我是发起人，我提到这个提案之后，马上得到同行李焕喜委员的支持，实际上去年提出这个提案，基于这么几个情况：1、大学扩招，去年是第一届毕业，毕业的学生比较多。2、去年刚好是过渡时期，企事业很多单位紧缩用人编制。3、我们的就业我觉得观念上还造成一些问题。三种情况来说，我觉得有必要提出这个提案，有很多人辛辛苦苦上学，最后找不到一个自己满意的工作，我觉得这将对我们整个北京的教育事业，甚至整个中国的教育事业产生负面影响，尤其我又是搞人力资源开发，我觉得大学生能否很好地解决就业，将影响到整个国家的人力资源开发，尤其是北京这样一个人才聚集的地方。我们就提了这样的提案。

李焕喜：我想主要有三点，第一我们在教务处工作，我们衡量的质量和重要的指标是培养学生能不能有用，关键就是看能不能就业。二从学生本身，含辛茹苦，家长寄予厚望，如果不能就业，家长就失望。我们大学教育本来就是为了挖掘人力资源，培养出来就要避免人力资源的浪费，我就附议了。

主持人：去年这个提案提出来之后受到了媒体和网友的关注，您的提案提出之后各方反应如何？

萧鸣政：办提案是这样，北京市教委和人事局相关的部门处室专门给我们打电话,后来到北京大学先后两次对这个情况进行调研,对工作的价值和促进规范给予了充分的肯定,第二点,他们觉得这个提案有些是特别想做的事情,我们这个提案提出之后,觉得给他们的工作有一个清楚的思路。第三,他们觉得我们的提案促进了政府对他们工作的高度重视。这样的一个回答,尤其是这样一种比较认真的态度,我当即就表示非常满意。但是我也说了,你们这个工作我希望能够得到具体的落实,如果有时间我还会具体的关注落实情况怎么样。我想马上要到今年学生毕业的时间了,我还会和他们联系,看他们把我们去年提的提案具体落实情况怎么样。

主持人:今年还会督促?

萧鸣政:是的。我觉得今年这个事情,昨天晚上民进也开了一个会,现在整个全国升大学的是19%,按照高等教育大众化的要求,距离50%还差得很远,尽管目前大学生就业遇到一定的困难,但是我想整个中国高等学校扩招的趋势是不能逆转而继续向前发展的,也可能说现在就业没有解决好的话,可能会缓一缓,今年教育部提出了教育指标和挂钩,这个思路还是可行的,有助于他们标准市场来培养。但是根据这样的一个发展趋势,我讲大学生就业的问题,仍然要成为我们关注的话题,尤其是去年团中央先后邀请了三次,我在长春等地方讲了职业指导,我在培训班上也呼吁大家关注这个问题,我们现在不光是提案,而且付诸行动,而共青团这一块落实到行动上,这是我们要继续关注的。

主持人:李委员,您今年是否还会继续关注这个问题?

李焕喜:就业难不是短期的问题,不是一个提案就能解决的,不是一个部门就能够解决的。北京今年有一个数据,2005年70多万人就业,40多万岗位,人多于岗位20多万这恐怕是未来几年的难题,社会的难题,我们会继续关心这个事情,继续尽我们的薄弱之力推动这个事情,但是解决这个问题,要全体社会共同努力,包括学生自己如何放松心态,如何就业,从上到下一起解决。

主持人： 聊到学生放宽心态，摆正位置，您认为学生如何放宽心态，摆正位置呢？

李焕喜： 从人的本能上说，或者说人往高处走，谁都希望找一个有名有利的位置，待遇比较好，工作性质比较好，但是现在有一个大前提，北京的高等教育已经率先大众化，有点供过于求的意思，尤其是竞争北京工作职位的学生不仅是北京市的学生，还有中央各部委院校在京的生源，还有很多外地到北京来的。这个时候都是强手，如果你运气好，你可能会进到这个位置，运气不好，有的人就等，就不屑于做那些低一点的，不理想的工作。我想如果在比较好的位置没有竞争到的时候，没有应聘到的时候，是不是第一步可以考虑从小事作起，因为现在毕竟不是一步定终身，你有了经验可能会有更好的竞争条件，如果没有这个经验，在国外就职的话，第一步是看经历，咱们有点上去就拿学位去砸。所以心态要放正，不要我这样的学校的学生怎么去干那个事情，现在有的学生尤其是独生子女，从小学高中大学，中间没有任何社会经历，我在首钢应聘的博士生几十，硕士生上百，我们选择的时候除了学历之外，还要看潜能和全面素质，所以要摆正心态，特别是年龄就是资本，有一年两年的资历再求职也不晚。

主持人： 就是年轻的时候要充实自己。

李焕喜： 是的，这次没有聘上是好事还是坏事，可能后面还有机会。不要把一两次的求职碰壁看成是了不起的事件，不要自馁和怨恨社会。

主持人： 萧鸣政委员，您在这方面有什么好的建议？

萧鸣政： 北京学生的就业，包括全国其他地方也存在几个误区。1. 高成本、高回报。这个是什么意思呢？像现在，一般来讲到北京来念书的考上大学的都是佼佼者，尤其是外地考上北京大学、清华大学和北京航空航天大学等重点大学的，你看我原来在学校念书都是班上排前十名，有些同学初中毕业高中都没有考上，他们就打工了，在南方打工最差的也是1000多元，好的是2000元到3000元，如果我大学毕业才拿1000元，小企业是800元，心态不平衡，我付出了这么多时间念书，家里投入这么多，少的几万，多的几十万，理所当然我工资应该比他高，这个应该说是比较合理的。但是现在我们讲，有些扩招之后，有些东西可能不是很理想，就是找到工作，有很多人知道整个市场劳动力的调节，供大于求的时候，就要下降。1996年本科生到深圳是5000元一个月，现在可能就拿不到了，因为现在学生多了，这个东西学生没有掌握，他只知道我的成本比别人高，面对这个情况他就一定要高价位才签约，没有我就不签约，所以这个时候我们就要看看我到这个单位工作能不能发挥自己的专长，我的工资可见的货币收入低一点，心理收入是不是多一点呢？如果能我就先就业，刚才李教授也讲了，两三年你积累下来，你的资本足了，你要学位有学位，要经历有经历，这样才要高价钱。

李焕喜：我插一句，我们现在招聘硕士生博士生，如果他有一段经历，又念了硕士生博士生，还有没有经历直接念的，同样的条件下我们要的是有工作经历的。

萧鸣政：是的，第二个误区是大城市大发展大舞台，我们就待在北京不要下去，我在北京有800元的工作，我也不愿意下去找个1500元的工作，现在有一个大北京的概念，这是一个什么概念呢？像天津、唐山等周边地区，叫做大首都的概念，但是北京的竞争是很激烈的，北京市高校是最多的，重点大学也是最多的，如果我们找不到工作的话，我们不一定在北京城里找，可以到周边的郊区就业，也可以到周围的天津等城市去就业。关键就是说，户口不动了，我先去练一练，不找到好的货币收入的话，我就先去练练，不要固定在北京这个地方，一定要注意这个问题。

第三个误区就是一定要求有一个正式的工作，比如说当公务员，这么多人考公务员是为什么？就是人们传统理想中的又稳定又有保障的工作。

主持人：大学生就业现在公务员是首选的出路。

萧鸣政：是的。现在不是这样的，很多中小型企业都是临时性的工作，不能解决户口。而且也不一定很稳定，传统的工作概念就认为不是工作，是游民，我觉得这种观念也能改变，现在有一个观念是自主创业、自主就业，有几个伙伴联合起来搞工作。上次北京大学和海淀区就搞了一个自主创业的活动。

主持人： 还有很多优惠政策。

萧鸣政： 是的，有些工作可以自己创，自己搭台自己唱戏，前景还是很宽广的，比如说咨询、计算机等行业，几个人只要有点资本就可以搞起来，至少这三个误区要转变，这样我们可能就业的路子会多一点，思维要活一点。如果即使说暂时一下子没有找到合适的工作，我觉得我们也可以户口都放到北京，你也可以到其他的地方，这个都可以，因为这些人才还是很受欢迎的。

李焕喜： 我相信现在的学生也在比较理性地面对这个现象，比如说我今年的硕士生，不是说非要待在北京，他经过若干的面试调研后，作出了理性的决定。但是毕竟北京是生源辈出的地方，也是外地大学生就业首选的地方。

网友： 现在大学生就业太难了。

网友： 大学生就业很困难。

萧鸣政： 大学生就业确实比较难，今年我在北京大学带硕士生，在人大也带，我经常和他们讲，现在工作怎么样，他们说比较艰难，现在也有好几个单位说要，但是整体的感觉还是很不理想，尤其是像女生在那里找工作碰到的困难更多一点，尤其是开人才会的时候，从这边挤到那边，过一段时间也没有什么收获，递简历不知道往哪里递，心理也很焦急，铺天盖地大家都聚集在北京，都认为北京是一个大舞台，这个单位不满意，我可以跳出来，如果到西藏就死定了，就一个单位，这就是一个误区。宁要北京一张床，不要外地一套房。

不可否认这里不满意你可以跳到别的地方，但是人才也多，你在北京是处长你是官吗？根本不是官，部长才是官。硕士是人才吗？可能还是要博士。教授还不一定是专家，院士才是专家。一般你大学刚毕业出来，尤其是现在回国的博士有的是，机会多来的人也多，外地你看起来是机会少，但是你去了就引人注目，北京大学团委老请我去讲课，我要他们改变观念，有些事情一旦作了在北京不显眼，在外地很显眼。这个时候你可以就会得到提拔，等你成名之后再回北京可能就容易多了，所以我就觉得这个东西一个是思路上的东西，一个是方法上的东西。

主持人： 思路和方法。

网友： 李委员，刚才您谈到大学生的社会经验还是少，比如说作为一个企业老板对一个有经验的应聘者和一个大学生还是要选择前者。

李焕喜： 这个当然，他是从他的方面考虑的。

主持人： 宜居城市论坛上的网友留言。

网友： 很多的公司要有经验的人，但是大学生没有工作过，如何解决这个矛盾？

李焕喜： 这里面有一个前提，大学生不要把找工作看成是负担，就是说要转变心态，找工作本身就是一个经历，你和老板在面试的时候，有的学生心里很紧张，有的问题就答非所问，表现不出来，对大学生来说，他也不会苛求你，如果在学校里面集体活动参加得很少，社会活动参加得很少，如果就是天天关在屋里读书，面试的时候我要看这个同学表达能力、组织能力和与人合作的能力，几句话一谈就可以看到这个人的潜质，如果你在学校期间参加活动就可以有经历，而且还可以打工，中国的学生把打工看成一个迫不得已的事情，生活好的学生就不想这个事情，以后要改变这个观念，当然不能影响主业，不是以赚钱为主而是以经历为主。另外求职不成也要把他当成一个经历。

主持人： 找失败的原因。

李焕喜： 是的，你要后补，这个就要你迟就业一段时间。

萧鸣政： 有的企业是不招有经验的人，而是看素质。

李焕喜： 我们看的经验，是你有什么样的经验和素质。

萧鸣政： 管理岗位是要有经验，中高级职位是要有经验的，初级职位是不用有经验的。我有一个学生办的公司都是北京大学、清华大学、人民大学这些学校的学生，都是没有经验的，他要看你的素质，没有经验不一定不好找工作，李教授也讲了，关键就是你一定要训练自己、提高自己的修养和素质，使得你比如说表达能力、潜质这一块提高。比如说我要招一个记者，当然希望你文字能力表达强一点，最好作过学生干部，善于与人交往，如果有这东西就可以了。素质培养完全是可以自己把握的。也可以利用暑假寒假等假期参与社会实践，我的硕士生基本上在两到三年中和我作课题，我们经常给企业作招聘方案和培训方案，他作的方案比在企业工作一年两年的人作得还棒，你说我去了没有直接工作，现在的这个经历同样可以训练，这就决定你的应聘可以把这个拿出来，你有没有工作经历？没有，但是没有并不等于我不能胜任你的工作，关键就是看你的素质和能力能否胜任我的工作。这样就同样有竞争力。

李焕喜： 说到经历，尤其是研究生，有的研究生跟着导师作这个课题，他每天就钻到这个课题里去了，有的研究生跟着导师作课题的同时，还了解别的学生作什么，还参与导师别的课题研究。前面的同学就了解了这一点，后面的同学了解得多一点，这就是刚才萧先生说的素质了，作着这个事情还看着别的事情的人素质就是不一样，潜力就是不一样。再学的时候要动动脑筋，学习是为了就业，要看人家需要什么？我经常建议我的学生，你们一定要争取你们在读期间，只要有招聘会你们就去，明年毕业后年毕业没有关系，你们就去，去了之后干什么？你去了解人家需要你干什么。

萧鸣政： 这个是很好的。1997年提出了一个工作预览，实际上就是预览一下将来需要什么，我们也提倡作为管理者，应该给员工做一个预览，一方面要扎实地塑造自己工作的胜任能力，提高素质，取得经验，另一方面，在应聘过程中表达是非常重要的，我就是说同学要注意写简历很有学问，在面试过程中也很有学问，有的同学经验很丰富，所有的东西都写出来了，写了两三篇，这样每个地方他都投这个简历，他认为这么丰富的经历，招聘的人一定会仔细地看，实际上他们没有时间看，我就是看头几行，我觉得这是个现实，希望同学在求职过程中针对应聘的岗位分别来写简历，不能大统一写成一篇，没有特色，你要引起别人的注意，所以这一点大家要特别注意的。

李焕喜： 千万避免一次简历无限地用下去。

主持人： 两位专家应该是对这个简历非常有经验的，招聘的人不会完全看完的？

萧鸣政：是的，不会完全看完的。

李焕喜：这个要注意两点，你要了解对方，不了解就投简历是非常盲目的，比如说像往电视台投，你要知道电视台需要什么样的人。第二要看到自己哪方面具备这个素质，在简历中要把这样的优势体现出来。我们面试经常碰到这种局面，非常尴尬。我说你希望到首钢工作，你对首钢了解怎么样？他答不出来。我问你到首钢希望作什么？希望有哪些发展？有的学生答不上来，有的学生说让干什么就干什么。这个负面作用是没有主见。其实应该是共赢，既自己获得发展，也对企业有利，这样企业会认为学生是有考虑的。如果说服从命令听指挥，竞争力就弱了，所以要注意两点，你向谁投简历，第二你为什么投，千万不要一份简历万家投，这个简历几乎等于白投。

萧鸣政：要针对工作需要突出特点，可以采取简略的索引，后面有附录。在应聘的过程中要把自己的特点表现出来，而且惯用的礼仪等表现特别注意。比如说我们的学生敲门进来，两个眼睛就发呆，看到第一个发问的，其实这个时候你的目光应该向主考官比较柔和地扫视一下，这个是中国礼仪，有的时候你和他握手，这个是不好的，考官不一定愿意和你握手，这个是不用语言的语言，是体态语言。

主持人：这个很重要。

萧鸣政：是的，非常重要。我对我们的学生，所有的都要模拟面试。

李焕喜：这个素质就是靠平时。

主持人：平时的积累。

李焕喜：既不失自尊，又不失尊重对方。什么都不要过分。不要过分的谦卑，也不要过分的自信。有的同学有这种情况，去了之后无所顾忌。

萧鸣政：这个也不太好。

网友：就业是社会生活的第一要务，大学生就业难有社会原因也有大学生自身的原因，大学生就业难需要社会和学生自身都要看到问题，解决问题。

网友：关于解决大学生就业难问题，都有什么具体的措施？

萧鸣政：我今天从王岐山市长的报告中看到，政府已经意识到这个问题了，我不知道是不是去年我们的提案产生的效应，2005年工作报告的时候特别强调就业问题，当然没有提大学生的问题，但是就业问题已经摆在政府工作的议程里面，就是要务里面了。这个问题不解决，我想一个要影响到高等学校教育事业的稳固发展，第二也是对社会发展产生一种负面效应。现在看2005年的工作计划，北京市一定会把这个工作向前推进，落到实处，有机会大家可以看看。

李焕喜：实际上就业难不是一个新话题，我们提这个提案之前社会已经很关注了，政府部门到教委、各个学校都在努力推进这个工作，社会都在努力，要解决好需社会、学生、家长、学校共同想办法。学生要自信，天生我材必有用，条条道路通罗马，而且机会不是你想有就有。

主持人：机会只是给有准备的人。

李焕喜：就业是第一要务，实际上就业是人生中最难的选择。有个作家说，人生最难的就是几步，就业是第一步，选择的问题不是轻而易举的，需要考虑，对方选择你的时候不也是面临两难吗？如果我用你了，你不能胜任，或者过几天就跑了，所以大家都在理性地对待，要自信要努力，还要有耐心，家长要宽容一些，不要觉得一定怎么样。我还说年轻就是资本，是有机会的，只要年轻就有机会，就有资本，第一步可以先试一试，作为社会来说，我觉得现在已经很关注了，关注的似乎也还不是太够，不然问题也不会这么严重。

而且我认为要促进就业，政府还要出台一些措施，对企业的评价问题，不能光凭产值和GDP，在国外鼓励创业不光看你有多大的生产总值和税收，还要看你为社会创造了多少就业机会，企业家也好，创业者也好，他们在创造物质财富的同时，也创造着社会财富，其中包括创造就业机会。

第三就是刚才说的路，有的同学经过一段时间经历之后，你有没有想到用科学知识和你的脑子，不仅给自己创造就业机会或者给别人创造就业机会，或者几个人联合起来创造一个机会。

网友：刚才我们谈到素质，两位委员可不可以提一些具体的建议，大学生就哪些方面提高自己的素质？

萧鸣政：大学生究竟要哪些素质，实际上自己也可以分析出来，一个你到市场上调查一下，你看看人家上面讲的招聘要求里面提出的那些要求，就是你所要培养的素质，你去概括和调查一下，就可以了。如果让我们来概括和调查，我觉得要谦逊、认真、有责任感，如果说你有技术、有知识，企业可以要，如果没有技术和知识到企业之后可以培训，但是责任感是难以培养的，没有责任感是不能要的。态度要认真，做一些事情可能没有经验，我们不要把自己定位太高，尤其我经常对北京大学的学生说，你考上北京大学是全国的佼佼者，但是你对岗位上来讲，你的知识不一定用得上，不是说你一定比别人强，我们要认真一点，谦逊一点。所以我认为大学生谦逊、认真、有责任感，我觉得还有勤奋，这四个素质对所有的大学生都很重要，大家都要看重。

网友：我个人认为大学生就业难，有没有社会背景，现在的岗位缩水有没有关系？

萧鸣政：岗位缩水我认为是这样，岗位缩水应该说我们现在处于转型时期，招生的规模增长的速度和我们岗位增长的速度是不同步的，相对缩水的问题，如果从这个角度来讲是可以的，说得是有道理的，现在我们已经看到这一点了，要进一步推进。刚才讲，我建议，也许政府将来会考虑，我建议将来解决大学生就业难的问题，每一个企业和单位，在向人才市场申请招聘人员的时候，其中要有一定的比例就是新毕业的大学生应该招聘多少，将来可以采取这样一个建议，等比例。换句话说，学生一点经验没有，但是你怎么给他锻炼的机会，比如说医科大学的学生，如果所有的病人都不去他那里，他永远没有经验，老医生退休之后，他还是不会看病。即使他没有经验，但是你也要在一定岗位上提供一个工作和培训的机会。第二，学生在得到机会之后，要认真谦虚地作每件事情。

主持人：李委员怎么来看网友的说法？

李焕喜：我觉得他部分有道理，缩水是一个很不确定的概念，什么叫缩水，因为社会转型，社会在进步，从工业化后工业化向知识文化经济的过渡中，传统行业在减少，新兴行业在增长，单纯凭体力劳动减少了，但是餐饮和服务业也未必少，总体来说随着工业化和知识经济的到来，新的岗位也在增长，所以缩水的词是就某一个行业可以说是缩水，但是北京这样的城市和国际接轨之后，人的生产力从制造业为主转为科技经济和文化经济，人的消费从原来的咱们叫衣食，现在叫住行，再往下是什么？享受。不是说奢侈的享受，是追求的高的话，文化产业就出来了。在日本、韩国这些都是新型的产业。反过来也有社会的问题，大家都想上大学，比如说去年338万应届毕业生，今年招475万，四年之后应届毕业生就是475万，这个生源源源不断的来，这边所谓高级的就业机会没有这么多，可能会有一个调整期，社会应该有一个调整的时期，所以我想有社会的背景但是也不是一个死题，也是可解的，需要一个调整过程。

萧鸣政：要从政策层面调整，通过政策引导企业就业，让每个求职者自己扶持他就业，这几个层次去增长岗位，将来问题会逐渐得到解决。

网友：现在大学生就业难，事实上有很多地区还是需要大学生的，他们乐于创造，也许大学生就业难在一定程度上只是片面难、部分难。

李焕喜：局部的，因为我国西部这么多地区，需要好多好多的人。

萧鸣政：我同意这一点，我前天刚从上海、苏州那边回来，我就到那个企业去，他给我讲了很多的事，你看你的学生能不能介绍一个到我的企业来，我们特别需要，就是人力资源的，特别的需要。

我就心里面讲，如果让我的学生自己选，他不会选择到苏州去的，就是想在北京、上海、广州等地方，现在去厦门一些企业，它们是特别需要这些学生，但是学生可能不愿意去，包括前两年在济南有一个企业，我给他作项目，他们特别希望让我的学生去，我说我一定给你转达，我们这个专业的学生也不愿意去。总体上来讲，我们学生现在可能供大于求，矛盾不是那么突出。

李焕喜：总体来说，我们现在的入学率刚刚达到19.9%，并不意味着我们就过了。现在是因为教育集中在沿海一带，集中在大城市。人才也集中在这一带，毕业之后谁都不愿意去西部地区，这个市场调节机制、政策调节机制可能需要进一步做一些事情，怎么样真正鼓励到边远地区去，实际上边远地区是最需要人。

主持人： 对。

李焕喜： 你在这里可能委屈你了，就业很难。比如你真的到西藏哪个县创一番事业也可以，你怎么能够说西藏比我们这里不好呢？可能目前是不如我们，但是十年河东，十年河西，20年之后谁也想不到是什么情况。

萧鸣政： 作得好，可能5年就调了。北师大有个例子，60年代，有两个毕业的同学，一个去黑龙江，一个在北京，留在北京的同学是中学高级老师，还是属于一般的情况，而到了黑龙江的那个同学，大家都非常关注他，他都在最好的重点中学教书，之后评上了特级教师、副校长，北京市的重点中学又花了很大的代价把他挖回来了，他的生活水平比原来一直在北京的同学好多了。我就说职业规划有时候采取曲线救国，其中也有一定的风险，但是要规划好自己的事业，瞄准自己的机会。你在外受人关注的程度比北京多，在北京你不当上部长不是官，不是院士就不是专家，不是博士就不会看到你是一个特别的人才。因为人太多了。

主持人： 时间不多了，再问一个网友的问题。

网友： 很多大学生在外地也有很多的优惠政策来吸引人才，但是也不一定管用，这个是为什么？两位的提案中涉及到这个问题了吗？

萧鸣政： 没有涉及到。将来我们选拔干部，比如说胡总书记，他从清华大学毕业，到过西藏、新疆等贫困的地区，我们在选拔干部的时候要有一定的人事制度，首先要考虑到西部的人，他们去是要付出代价的。那些企业一直让我推荐学生去，为什么我推荐的学生都不愿意去，就是说你的工资水平太低了，至少你的工资要比在北京高出一倍或者一倍半，所以我讲边远地区不要让自己工资水平低造成人家不愿来，那些地区应该由国家给这些人一定补助，当地可能没有经济能力来加钱，国家应该拿出一部分资金来补助，这样我觉得大家去可能会好一点，我觉得要配套，光有一个政策可能是无能为力的，要和别的东西配套才能发挥作用。

李焕喜： 要建立一个机制，不要作为一个活动，过去就完了，还是要作为一个机制。

主持人： 今年您提交的提案是这样，明年后年你们还会继续关注这个问题吗？

萧鸣政： 如果网友们需要，我们以后也可以提，因为这也是我们重要的课题，人力资源开发嘛。

主持人： 今天访谈结束后，我就把网友的问题整理出来给两位。2005年两位的提案主要关心哪些方面的问题？

萧鸣政： 现在提交的是交通方面的问题，有小区建设的问题，最重要的一个问题是干部怎么样通过人力资源管理、绩效考评，把科学政绩观落到实处，还有就是高等教育结构调整的问题，我们现在整个教育很多人不承认这是一个产业，但是很多真把它作为一个产业，发展得非常迅速，市场需求也比较大，在这样的一种情况下，有点像大跃进的情况下，政府要从管理的角度如何定位、如何结构调整，我很高兴地今天看到王岐山市长也谈到结构调整的问题，这个问题我可能会作为今年的一个提案，像大学生就业的问题，可能开完两会，也可能在两会期间还会提这个问题。

主持人： 李委员，您会提出什么问题？

李焕喜： 我会继续关注大学生就业的问题。但是今年我主要关心的科学发展的问题。我们最近感觉到供气紧张，去年还有电、煤的紧张。

主持人： 就是公共事业。

李焕喜： 公共事业，如何协调发展的问题，不能光看中间，不看两头，还要看资源，不要做无米之炊，还有环境的问题，现在北京空气污染比较严重，空气质量比较差。二氧化硫的浓度刚刚达到国家的二级指标，我们可吸入颗粒物的指标没有达到国家的指标，我希望环境生态有改变。还有一个是健康的问题，我们有很多的第一，高血压、冠心病都是第一，还有青少年的心理压抑，抑郁症很多，我希望在各个环节的协调和经济社会的协调上尽一点我的微薄之力。

萧鸣政： 总书记提出求真务实，我觉得我们考评干部的时候没有落到实

行政管理学的应用

处，与绩效挂钩，这就是政策提出来很好，但是没有落到实处，我就认为如何把科学发展观通过绩效指标进行分类，怎么具体化，把求真务实落到实处，北京和上海最大的差别是北京人喜欢讲大话，而上海人比较务实的，我觉得通过绩效改进，把干部的领导作风真正改变一下，落实总书记的求真务实的讲话。

主持人：谢谢，经过今天一个多小时的访谈，感谢两位委员的解答，感谢北京市政协的大力支持，感谢新浪网的支持，希望两位的提案在明年被评为优秀提案。

李焕喜：也谢谢你们对就业问题进行关注。

萧鸣政：平时我们也要沟通。

主持人：感谢网友们的热情参与，在晚上6点到8点请大家继续关注我们的访谈，本期访谈结束，谢谢大家。

政协委员萧鸣政谈大学生就业

http://www.sina.com.cn 2007-01-29 14:21 来源：首都之窗

主持人：各位亲爱的网友们，中午好！我们将共同探讨"解决大学生就业难"的话题。首先，我来介绍一下今天的嘉宾：北京市政协委员、民进北京市委委员、民进中央社会法制委副主任、北京大学政府管理学院行政管理学系主任、北京大学人力资源开发与管理研究中心主任萧鸣政，欢迎您！

萧鸣政：各位网友好！非常高兴有这么一个机会参加活动。

主持人：我记得在去年的访谈时就聊的关于大学生就业的话题。您今年给我们带来一个什么样的提案呢？

300

萧鸣政：今年实际上我觉得因为大学生就业问题，也就是说进了2002年以来都是一个社会的热点和难点问题。作为我们政协委员应该始终代表老百姓和社会的心声，所以一直也关注这个问题。同时就业也是我的人力资源管理方面的一个主要研究交流问题。因为我们应该和社会需要结合起来，所以这样就导致我应该是连续三年都一直在提这方面的提案。

今年，我的这个提案主要就是要加强政府监管的力度。这个可能是和我们现在发挥市场经济导向作用有一点不一致。但是我觉得，因为我是搞公共管理的，这里面有一个原理就是说政府和市场的问题。也就是说应该1979年以前我们主要是发挥政府的主导作用，就是计划体制。所以说，那个时候招多少学生都是按定单式的，有多少需求就招多少学生。所以那个时候不存在就业不就业的问题。出来一个就分配一个。

那个时候政府应该是在市场上过于强大。经济体制改革以后，基本上政府就不管了，是放开的。也就是说，学校招生也是比较自主，只要有学生念书，我就可以招。前些年还有一个指标规模，这些年，尤其是许多民办学校兴起之后，完全可能是以市场来调整。市场调整之后，用人部门像过去一样基本是国有单位比较多，那么你的亏损可能国家都管，现在可能都要靠自己的利润吃饭。所以企业要生存，我必须能产生利率。那么利率来自哪里呢？来自于产品。产品又来自哪里？来自人的能力和经验。所以这样，就导致现在的招生计划和用人单位的需求是两张皮。

因为我经常也是参加一些各行各业的人力资源规划，人力资源方面的会议，我了解到有一个数字是晋升的。就是我们的旅游行业目前培养的学生，有80%是在旅游行业以外就业。那么这样一个数字说明什么问题？实际上就说明了我们学校的培养是一种浪费。我们当然是主张大学生是培养素质，可以到任何岗位就业。但是大学毕竟是一种专业素质的教育，它要围绕专业来进行教育。花了四年的时间培养学生，最后都要专业以外就业，等于他要从头学起。这就说明我们现在的市场调节失灵了，所以政府应该站出来。当这个市场出现问题的时候，政府应该站出来管。而且围绕这个问题，现在是就业难，我觉得有几个征兆。

一个是千军万马考公务员，而且名额非常有限，但是为什么那么多人报？因为它稳定。这就是一个信息比较公开的。所以从这一点来讲，公务员是公开的，其他企业招聘的信息不是公开的。所以这个信息被大家所了解，他都愿意去报。这样就说明现在的就业难就是这么高的比例都高。像发达国家，我觉得没有这种现象。就相当于人家今天大会发言讲了一个麦当劳，说麦当劳的服务无论在任何地点，它的产品是一致的，服务是一致的。所以我要吃麦当劳我就随便就近吃了。现在说明我们的就业不均衡，所以这个东西大家一定要知道就业的信息太少了。这样就业机会少了，就造成中间招聘不规范。

求职的人这么多，有些职业的合格，包括管理岗位，只要有大学文凭，有什么管理的课程，那么到底给谁呢？那么就是我招聘人的权利，这个时候你就要求我了，就看谁给的好处多了。一个是关系，一个是没有关系就靠送礼。所以这样就导致现在在招聘过程当中里面有很多不正规的行为。据我了解，有的学生为了找一个好工作，哪怕是送十万、五万、八万不等。我是听到很多这样的事情，这个应该是存在的。有可能的话我们将来可以搞一个这样的调查。这种现象就说明就业机会太少了，应聘的人太多了，这样就造成不正当竞争。

这个过程怎么来解决？就是一个计划招生时无计划，市场来调整。分配的时候就让用人单位自主，那么我们就不管了，让他愿意招什么人就招什么人。所以两头都不管，再加上中间求职过程也不管，这个问题就出来了。那就造成了一个是招生和就业两张皮的现象，还有出现中间过程的问题。这个时候市场解决不了，我觉得这个时候政府应该适当地出来规范市场。不是说像现在回到过去的计划经济，那么现在怎么解决呢？一个政府要有相应的机构，要有相应的人，如果没有相应的机构，我们说应该把职责落在相应的人身上。

所以我的提案里面提到，应该有分管教育的副市长和分管人事就业的副市长是两个人来承担，所以我的建议认为应该合二为一，最好有条件的地方合二为一，如果没有条件应该加强沟通。也就是说，这样造成将来招生他要把关。根据目前几年的形势预测，到底可不可能，你不能说互相不通气。不能说学校强调重要性，你就批了，最后又分配不出去。第二个，应该立法。

比如不招女生，不招没有经验的大学生，如果单独从企业来讲是有道理的，因为我要有利润。

主持人：尤其是女性，可能还会有家庭的角色重一些。

萧鸣政：我们要站在女生的角度，难道我这么大不应该谈恋爱吗，我成了家不应该照顾家庭吗？社会给我们的责任就是你来承担，这是社会的不公平。这是社会的不公平，不是我的责任，我也想不管家。就是说注重不公平现象，既然这样的企业这样对我，社会又给我这样的不公平。从这个角度来说我们怎么解决？作为政府，应该出来做一个调节角色。所以这个时候政府应该站在比较高的角度，假如说你是这个企业主，你的爱人也不顾家，也不要小孩，你会满意吗？

主持人：这个家庭也不和谐。

萧鸣政：所以我们应该站在一个社会的角度。所以像发达国家就应该有立法，比如你给我人事局，人才市场，这个企业要招10个人，那好我说其中必须有一个女生，或者应该有20%的经验学生。作为大学生来讲，我就是念书，又要我念书，又要我打工，那么不影响学习吗。但是作为四年的学习是非常有限的，作为老师希望你们扎扎实实的听课，学好。只有把基础打好了，走向社会才有一个基础。如果他基础没有打好，走到社会上也是有问题的。所以我们的学校要求学生好好学习，那么作为企业来讲就有义务来分担，招聘一定比例的没有经验的大学生。所以企业要分担一点社会的责任。如果谁都不来分担责任，谁都站在自己的立场做事，那么我们说这个社会就不和谐了，这个社会就没有办法运转。

主持人：这是不是通过政府相应的一些立法规定，说企业必须招20%的没有经验的大学生，或者女生招20%？

萧鸣政：对，我觉得应该有这么一个立法。另外一个，我刚才说这是就业角度的立法管理。还有一个是计划招生也应该严格地批准。现在教委有一个规划就是招生指标和就业市场挂钩。

主持人： 就是不能盲目无限地扩招。

萧鸣政： 这个东西是好，但是应该建立在预测的基础上。如果盲目的挂钩可能有偏差。因为今年好的过两年以后不一定好。比如今年我们学校计算机特别好，或者说国际关系分配特别好，那么就鼓励他招。可是四年以后呢，可能一变化这些人又不行了。我觉得这个挂钩的意向很好，但是要建立在预测的基础之上。中间的过程要管好，那就是说我们应该有正常的投诉制度。比如说我们俩都去就业，实际上从能力来讲，我们两个差不多。可是最后，比如老板取了我，没有要你。那么我们说现在没有办法，好象你是女的，我是男的。那你就说算了，这是一个潜规则。

那么这个时候，我觉得将来就要有一个投诉制度。当然完全公平是做不到，所以我就要一个法律规则。美国的规则是我可以起诉，你有偏心或者说你的方法不对，我们两个考试，你的分数差，我的分数好。但是他出的题目都是人力资源的，而不是计算机的，明明知道你是学计算机的，所以这个就是不公平的。如果要是有法律的话，那我就要分析，如果你落聘了就要进行投诉。首先考试的试卷、内容合适不合适，那么你是不是围绕岗位的工作职责来规定的。如果确实职责是需要人力资源方面的，那么就有道理了。如果不是，那就是企业的错了。第二，要分析考试的方法对不对。

比如我们搞公开演讲，有的人就会说，有的人就不会说。像搞程序设计的，就不太会说话。比如你是当老师的，或者当过干部的，他就会说。但是最后考官的印象是凭这个人在我的脑子里印象怎么样，那些不太会说的肯定就得低分。很多人要的是实际能力，可是很多实际能力不能通过面试知道。所以这样就导致招聘部门必须要公正，从源头上就要公正下来。现在没有，很多人说就是人早就定下来了，无非走个形式。

主持人： 可能是公司老板的亲戚朋友什么的，因为关系过硬，或者是金钱交易。

萧鸣政： 没错，现在这个现象非常严重。所以我觉得应该要立法。像美国的立法是有的，包括他们的警察局长都可以告你。这个时候就可以找一个中介机构来解决。所以这个第三方当然要公正的，有社会信誉。至少我觉得有这样一个东西，当然我们不能说完全消除这个，至少可以使公平公正的方式得到提升。

主持人： 让大学生就业市场更加规范。

萧鸣政： 对，更加规范，更加公平，更接近我们和谐社会的目标。

主持人： 我们说到大学生就业难，网上有不少网友展开了讨论。我们都知道大学生就业难是一个不争的事实。我网上点击了一个热点，我找到了调侃的一段话，叫"生于80、81、82、83年的十大尴尬"。我找了两个，念给您听听。

说稀里糊涂大学混了四年，使尽浑身解数拿到英语四级证，计算机证。毕业证、学业证二证在手却怎么找不到如意的工作。有的连工作都找不着，刚毕业就失业了（混了四年，拿了几个证），现在的感觉就是被骗了，谁叫我们都是第一次呢，现在的大学生值几个钱啊。

其中的第二个尴尬是千辛万苦进了外商独资企业当白领，还是世界500强。后来才发现，原来中国现在遍地都是外企，500强的499家在中国都有分号，干白领的活承受巨大的压力，天天加班挣的比农民工也多不了多少。稍微发点牢骚就被老板拍桌子，上午把你炒了，下午就能找一个。这是网友们调侃的一个尴尬，其实我觉得这一段客观反映了大学生市场就业环境。

萧鸣政： 我觉得前面的那个应该说今年毕业的大部分是84年的，去年、前年可能大部分是82、83的。应该说，学生目前拼命的拿证，从这个角度来讲我也看到，中小学的孩子很苦，现在到大学也逃脱不了这样的一种苦。很多人说上大学就可以松一口气了，但是还要面临一个压力，就是就业。刚才讲找到工作的，好不容易跻到了500强的企业，但是现在人太多了。过去说一到外资企业不得了，你拿5000块钱，我才拿几百块钱。那么现在大家知道，中国的劳动力便宜，搞不了多少钱。可是外资企业拼命的用你的能力，人家说用完了，就像挤牙膏一样。把你招聘进来就是慢慢的挤牙膏，我今天用一点，明天用一点，最后牙膏挤完了，就把你扔到垃圾堆里面。所以，现在外企一般来讲，当然有些大的外企好一点，过去有一些小外企就是靠找大学生。所以从这个角度来讲，反映的这两个客观现象还是我们的就业机会太少。

还有一个是我们的不规范，既然你进了外企，我觉得可能你的工资水平将来是不是可以采取一种调控，就是你进来对我们的用人水平要求比较高，那么你的工资水平也应该高一点。不能说现在他完全降到比国企的水平还低，如果从市场的角度来讲，当然我们不好过多地说。但是我觉得将来是不是对有些企业来讲工资也不要太低，至少有一个比例。所以前面的这个我觉得政府要广开就业门路。像一家人一样尽量要开辟很多事情让人来做，一个人没有事情做的话。说我们有10个人，让两个人闲着，让8个人干活，这是一个良好的状态。如果10个人里面，5个人没有活干，那么这个就是比较危险的状态。而且从人力资源开发角度来讲，这是一个极大的浪费。像大学生四年辛辛苦苦学了东西出来，而准备着各种就业能力。可是找不到工作，呆一年我就有点希望，呆两年就有一点挫伤，三年、四年没有工作可能就要自杀了。那么这是谁的责任？同样来讲，政府要出来管管。我就说可不可以采取人事就业，甚至今天我在听报告的时候就想到，能不能轮流上岗。

比如这个企业工作20年的，不要让他急着退休。这个制度造成我们人力资源缺少一个正面性，55岁我就让你退休，女的45岁我就让你退休。有的岗位可以退休，有的岗位可以不退休。那么我就可以采取一个办法，他不退休，大学生又进不来，那我说就采取休长假制度。当然比如一个人我给你一个月的假，现在是强迫休假制度，这个休假不是让你提前退休的概念。所以我休假的时候，精神状态又不好。比如连续工作五年的，我让你休假一个月，这一个月我让其他人替代你。那么这个就叫弹性就业。如果整个国家计划得好，我觉得这个很客观的。因为我有假了，你让我休假一年也可以。比如你说你工作很累了，我放你一年的假，这个是带薪，你可以去任何一个地方。那么这一年我可以让一个其他待业的老师来顶替你上课。那么他不就可以就业了吗。等到他休完假之后，可能另一个人又休假了。所以现在，当然像我们的老师还好一点，本身就有假期。我是说像企业里面的，连轴转的，他天天是在付出，没有休息。

所以我是倡导，政府可以采取一种有计划的休假制度。就是连续干多少年的，可以休一年、半年甚至两年。像女性，比如像你工作5年之后，我说我让你休假3年。那你在这个三年当中可以干一些其他的事情，就很方便了。但是有一个法律的规定，不能休完假回来之后位子就没有了。因为我们现在的就业机会少，一个是政府广开就业，如果能力有限就采用这种制度。我觉得从这个角度是可以的，发达国家有些地方是这么做的。

主持人：实行轮岗制。我们再看看网友对于大学生就业难还有什么样的看法。这里有说关于扩招的建议和感想。他说一大批学习欠佳但关系过硬的学生，因为扩招有机会继续就学，排挤了其他人的就业机会。种种相关因素造成了毕业生整体素质的滑坡。可以看出，扩招是把过去的事前升学淘汰变成了现在的事后就业竞争淘汰，分别对应着高就业率和就业难两个阶段。扩招是在延缓就业压力，但出来混总是要还的，时间一到压力总要降临。

萧鸣政：他讲的应该有一点道理。就是说现在扩招之后，确实因为这里面有一些比如他比我差一、二十分的，一扩招他就进去了。比如我的同桌考试比我高了20分，按照过去来讲不扩招的指标情况下，我比他低20分，他就是倒数第5个，我是倒数第10个，如果扩招5个，那么我就进去了。如果我说可以多交钱的话，也可以进去。这样就造成了就业的时候你和我都有大学文凭，最后可能我就业的职位比你的还好，甚至我就业了你还没有就业。这种现象我觉得是存在的。

但是，如果站在政府的角度来讲，他觉得你要就业，他也要就业。那么都应该给每个人都有就业机会，但是这个就业机会关键不在于扩招不扩招，关键是在于就业要公平，要按能力。就业一定要按能力来给他优先的就业待遇，一个机会，这样子能够真正让念书的人安安稳稳念书，学习的时候静静心心的学习，真正把自己的能力提升。如果不公平，那人家说我还不如找一个好亲戚，好爸爸。这样就造成大家念书的时候觉得无希望。关键就在于政府要倡导建立一种科学、公平的就业次序。所谓就业，必须建立在科学基础之上。所谓科学，就比如我们对能力的衡量要有测评手段，要把考试的，围绕岗位所需要能力的测评手段作为一个基础，通过这样来衡量你。而不是光说我认识你，我有关系就可以了。因为作为企业来讲，它也希望建立这样一种东西。因为我觉得企业也是以效益为生命，所以从这个角度来讲，像一些真正的民营企业、私有企业除了少部分有其他目的以外，大部分还是以能力为导向。现在可能是国有企业存在，这个也不是我的，还不如我在这期间捞一点好处。

主持人： 也就是说大学生就业难造成的原因，不是因为扩招，而是因为就业市场不公平？

萧鸣政： 我觉得是这样。如果就业公平了，那么他前面的问题也不会提出来。从另外一个角度讲，我们是一个人口大国，我们要走向一个人才强国，从人口大国到人才强国，就必须需要高等教育。看起来我们在扩招，但是和发达国家比起来，我们受高等教育的比例还是很少。所以我觉得你没有必要不给他上学的机会，将来就业市场公平，比他找到更好的工作。

主持人： 我们刚才分析了一下大学生就业难的原因。接下来我们谈谈破解大学生就业难的方法，我觉得这里有很多，有政府应该做的，社会应该做的，学校应该做的，大学生应该做得。

萧鸣政： 首先从学生个人来讲，我觉得他首先要做好职业生涯的规划。这个规划有的人说，我过去不是同样没有规划，最后找到一个好工作。实际上是这样，因为大学四年的时间对于人生来讲是很短暂的。一方面很短暂，但另一方面来说非常关键，也是非常基础的。它是人生整个就业的一个起点。所以，如果在这个时候你能够有意识地多方面听听意见，来对自己的将来人生有一个大体的定位，我觉得在这四年当中生活、学习非常充实，而且它会有一种成就感，会有一种稳定感，会有一种激励感。因为他始终知道自己该干什么。

主持人： 现在我们的社会可能太浮华，太浮躁了。大学生都不知道应该干什么了，今天看人家炒股，我也想炒股。但是没想到我们是上学的阶段。

萧鸣政： 就是跟风，这样就造成就业的扎堆。所以我觉得这是缺乏一种个性化。所以这是从大学生来讲，围绕自己的职业生涯规划来做。我举个例子，比如政府管理专业的学生，我将来出去就想到发改委当公务员。假如我就有这样的信念，那么我就要考虑我适不适合当公务员。我这种素质行不行？如果老师说你可以，那么好围绕这个，我就要进修关于宏观政治学的课程多一点，政策学的课程多一点，行政管理学的课程多一点，甚至选择课程的时候我可以多选一些管理学、经济学的。这样我就有目标。接下来，我可能想当学生干部，参加竞聘。假如我没有竞聘上怎么办？那么我可以创立一个社团，自己搭台自己唱戏。那么我为什么要这么做呢？实际上我要锻炼我的组织能力，规划能力，因为这个能力都是将来这个职位所需要的。那么我就从现在开始锻炼，同时更多的时间我会放在与学生的交往，参加一些社会活动上。课程我会保证它达到学校的要求，但是我不会求每门课达到第一。

主持人： 他以后所规划的方面比如就是社会关系、文化关系。

萧鸣政： 这样就有特点了。所以这个我是主张自己做好一个规划，围绕规划好好学习。当然，这四年当中你的规划并不是定下来了，不可以调整，但是不到万不得已不要调整。那么在自己要做好准备，你做好了准备，你能把握住，你将来就有竞争力。同时，你要对学生了解。

学校来讲，我觉得应该要有专业特色。我不倡导现在全部是统一的素质模型。统一的通才教育从大部分来讲是可以的，这个只能说体现在大学的一年级、二年级，第三年就应该注重专业特色。如果谁都学基础课，那我说将来作为我这个企业，用人单位，比如政府部门组织人事处，我就希望你学过工作分析，学过绩效考评，你们你学的全是其他的课程，但是专业课没有。那么你到了我这里，当然你的思路很开阔，但是没有这个方面的能力。所以从这个角度来讲，学校应该做好一个人才的培养规划。前一二年可以有学科基础，到了第三、第四年就应该是专业基础和专业技能。

主持人： 再结合一些社会的实践。

萧鸣政： 对。所以这个学校也应该有一个规划。比如北大，如果我要培养未来的政府官员或者大企业的领导阶层，那么我就要围绕这个目标做我的设计规划。首先这是政治学基础，经济学基础，管理学基础。在这三大基础之上，所有的专业无论是人力资源方向，无论是行政管理，公共政策、城市规划，还是政治理论、党史等等，这种政府管理学院的三个基础必须是统一的。到了第三年开始，你是搞城市规划的，那么你就侧重于城市规划的课题了。如果你是人力资源的，那你就必须学人力资源开发，组织行为学，人类行为经济学等等。我围绕这些东西，还有一些人才规划、薪酬设计等等，这些是专业技能课。我觉得你有好的基础，加上专业方向，你能很好地干，正好理论结合实际。那么这就是钉子型的人才。所以我觉得，大学应该是围绕这样的管理，而不是说全部变成互相替代，或者只有那一两门课，这是不够的。

主持人： 比如大学生应该规划自己干什么，学校应该规划学生怎么干。

萧鸣政： 对。学校应该提供不同方向的课程，让学生去选，你要有足够的空间，足够的发展方向。

主持人： 给学生提供大舞台。

萧鸣政： 对。你如果没有的话，学生怎么选。这是从学校的角度。从企业的角度来讲，一方面要分担一点社会责任。这是义务，谁都想找有经验的大学生，谁都是从没有经验开始。你现在是老总了，你当初生下来不也是一样。所以这个我们要有一个容忍度，甚至说你为社会做一点贡献。这个时候，我们就要承担一点责任。另外一个，要建立一个企业中的人才培训机制。要把这个职位规划好，把一些岗位支架设计好，设计好之后没有经验的人和有经验的人干起来没有太大差别。就像傻瓜相机，都是一样的。现在开发了傻瓜相机可能小孩照和十几、二十岁的人照是一样的。所以一定要把这个规划好，铁打的营盘流水的兵，这样他上岗之后就不会影响到企业的业绩和产品。这样就要求企业的岗位要流程化、精细化。这就要求我们在工作基础分析之上，做好职位设计，职责的分析和规划，使得它清晰化、简单化。这样就可以解决问题。

作为社会来讲，我觉得一个是要通过立法，一个就是要把好招生的预测规划，审批招生计划提出一些建议。当然不像过去一样全部包揽。过去是上面来计划，下达指标。我觉得现在要发挥现在的主动性，你要审批给他平衡。这样我觉得既没有回到过去，但是有发挥了下面的作用。作为政府，你要做预测规划，你要大量的样本数据。它是一个小学校，可能没有那么多的数据。那么你就要告诉他，你不要招那么多。前十年来看是什么状况，将来可能是什么状况，我会给你一个指导。所以你要做到规划，来规范招生。第二个，要规范用人部门。那么我刚才说了这个是比例式的，通过立法来规定。

中间，就是要让人才部门经常去搞调查，还可以采取落聘人的投诉制度，政府要可以进行相关的检查。所以做服务型的企业就要经常的调查，这是政府这一块可以做的。社会我觉得就要倡导一种尊重人才，尊重知识，尊重能力，让所有的人真正以能力为导向。另外一个，社会要营造一种开发机制。除了这个企业培训，中介也可以来培训。发挥人力资源、中介组织的作用，现在我们叫人才派遣业务。现在出现了一个劳动合同法，这里面指了一个劳务派遣，但是缺乏一个人才派遣。人才派遣我觉得到了二年级、三年级的时候和大学结合，把前面的基础打好了，之后可以把钉子做得更锋利一点。第二个，一旦有一部分暂时没有找到工作的，我觉得可能派遣组织政府应该给它们一点优惠政策，让派遣组织在学校期间没有特色，出来一到一年左右给一点支持，然后派到企业去。这样可以减缓一些就业的压力。

主持人：社会多方面一起来做。还有网友说，关于缓解目前相对沉重的大学生就业压力，我们要鼓励大学生自主创业。您觉得这是缓解压力的一条出路吗？

萧鸣政：笼统的讲我不是完全赞成。我觉得针对研究生、硕士生、博士生，已经有一定经验的大学生走这个政策，应该是对的，有他的合理之处。对于本科生来讲，可能对于部分专业来讲是可取的，但是对于大部分专业还不是那么可取。虽然说世界上有成功的案例，就是比尔盖茨，但是毕竟这样的世界总体机会还是有限的。而且这种制度应该在适当的社会环境下生效。像美国那样一种社会和我们目前不太一样，因为美国已经很发达，市场经济发展了多少年了，已经很成熟了。对于中国目前的转型阶段，很多文化、社会、制度，各方面都还不够的情况下，现在突然说让大学生自主创业，我觉得可能效果不会太好。

主持人： 可能会让一批大学生在学校里待不下去，他不愿意听老师讲课，不愿意写论文，他只是一心想着挣钱。

萧鸣政： 对。可能对一部分学生来讲会影响他的学习，最后也浪费社会资源。比如国家有相应的政策鼓励大学生，那么银行就要给我贷款。如果你不给我，那么这个政策就是假的。但是大学生因为各方面没有经验，没有能力，他只是像小孩一样，一看这个颜色挺好，我要买这个糖，可能一咬苦的很，就扔了。这样就造成了资源浪费。既然银行给我贷款，贷款几十万我一折腾下来就都没有了。所以说，从这个角度来说，政策导向要和后面的一些配套措施、规范的引导相结合。倡导应该是从它的出发点来讲是好的。所以在后面审查、贷款的机制上要完备。而且在学校的规范上要管，否则的话就会出现可能他不好好学习，或者造成企业不断的倒闭。这个机制对于目前的现状来讲是不可取的。可以倡导，但是实施上要谨慎。

主持人： 非常感谢您今天一个小时的做客。在我们节目即将结束的时候，如果给您说几句话的时间，您会对在线网友和大学生说什么？

萧鸣政： 只要你们做好人生规划，围绕自己的人生目标，踏踏实实学习，积极参与社会实践，那么坚持自己的理想，我觉得最后一定成功属于自己。

主持人： 还是那句话，要立长志，不要长立志。我们全社会都在关注大学生就业难的问题。

萧鸣政： 要有远大志向，不要被眼前的困难所困惑。这样你总会走出自己的特色来。

主持人： 我们全社会、政府、企业、学校都在努力解决大学生就业难的问题。

萧鸣政：我觉得建立一个自我开发，人才开发机制，社会、政府建立一个人才资源开发的环境，优化这个环境，企业提供就业的机会，最后我们大学生就业的问题就会得到比较好的解决。

主持人：不管外部条件再怎么努力，我们大学生也不要自暴自弃，自己也要积极起来。

萧鸣政：天生我材必有用，看你会用不会用，此地不用彼地用，人才终会被选用。

主持人：机会总是留给有准备的人。

萧鸣政：做好自己的准备，积极参与应聘的实践，最后一定会成功。

主持人：感谢您收看今天的访谈。今天的访谈就到这里，谢谢萧委员一个小时的耐心解答。谢谢您！

北京政协委员热议履职评价考核机制

2008-01-20 00:50 来源：正义网 - 检察日报

本报北京1月19日电（记者宋识径）对政协委员履职的评价和考核，考什么，怎么考，谁来考，在今天开幕的政协北京市十一届一次会议上，这个问题引发了政协委员的热烈讨论。

政协委员萧鸣政认为，由于政协委员都是兼职的，如果没有考核机制，就很可能被其他工作束缚，不能很好地完成政协委员的职责。何福胜委员认为，考核是一种压力，更是保证政协委员发挥作用的手段。他希望能够建立配套机制，解决委员履职与本职工作的冲突问题。

八位政协委员热议奥运话题　奥运场馆间应设公交线

http://sports.sina.com.cn 2008-01-21 10:01　来源：北京晨报

代市长郭金龙在政府工作报告中用大篇幅论述了筹办奥运会及其服务保障工作，提出要"高质量、高水平"地做好。昨天下午，市政协进行小组讨论，很多政协委员在发言中对办好奥运会表达了百倍的信心，对奥运会成功举办的方方面面问题畅谈了自己的意见和建议，提出了多种多样的设想，确保奥运会成功。

观光公交线每公里三毛钱

市政协委员、民进北京市委委员萧鸣政告诉记者，许多外地人来京都非常想参观一下奥运场馆，"但是目前非常不方便，要么打的，增加交通拥堵，要么坐公交，费时间而且不方便。"他表示，根据调查，有些出租车司机对奥运场馆并不了解，根本无法给游客进行介绍，有些公共汽车也没有相应介绍。

萧委员在本次政协会上提出了相关提案，建议政府相关部门应该尽快投入相关资金或者鼓励有关企业在各奥运比赛场馆之间开设专门公共汽车线路；在具体票价上，他建议可以定在每公里0.2元至0.3元，具体价格可以根据时间与季节调整，或者政府补贴，保证每个乘客都有座位。同时，他还建议每个座位旁边配备自动语音翻译讲解。

晨报记者　贺岩　王萍　赵阳　姜葳　刘墨非　王大鹏／文　蔡代征

北京政协委员关注交通建设 地铁口应设停车场

2008-01-24 07:32 来源：北京晨报

交通建设成为本次政协会议上各委员热议的话题，大家建言献策，在各个方面为北京的交通发展提出了积极的意见和建议。

关注硬件建设　增设中高档公交车

市政协委员、北大行政管理学系主任萧鸣政教授表示，目前北京公交车的数量与质量上有了许多改进，但仍有部分车辆内部设施比较差，再加上拥挤，容易发生盗窃伤人事件，许多白领选择打车上下班，这大大增加了拥堵状况。萧委员建议应加大投入 30 至 50 座小型中高档公共汽车，这些汽车外表美观，各种设施的质量上乘，每人一座，增加了乘客的舒适感和快乐感。票价可以按照每 4 至 5 公里价格在 1.5 至 3 元左右，具体价格可以根据时间与季节调整。

萧鸣政：拓展、专注与创新

张眉

2008-04-23 日 12 版

我们这一代人，一般来说兴趣不是很广泛，但是比较喜欢读书做研究，做事情比较专注。我们经历了渴望上大学读书但是长时间得不到满足的阶段，所以一旦得到，就会十分珍惜。

——萧鸣政，北京市政协委员，北京大学人力资源开发与管理研究中心主任，北京大学政府管理学院行政管理系主任

"这辈子我一共经历了至少6个专业领域。"49岁的北京市政协委员、北京大学政府管理学院行政管理系主任萧鸣政开口惊人。记者不解，他开始掰着手指数：数学、教育学、心理学、劳动经济、公共管理、人力资源开发与管理……为何跨越这么多的专业？如何从一个专业走到另外一个专业？怎么在不同的专业中游刃有余？

面对记者的好奇，萧鸣政眯着眼睛笑，"别着急，我慢慢告诉你。"

从农村代课教师到大学著名教授：
认准方向就一路向前

1977年考大学之前，萧鸣政在一所农村小学当民办教师，听说恢复高考的消息时，距离高考只有两个月的时间。和当时大多数高中生一样，萧鸣政高中基本上都在劳动和"文革"运动中进行，没学什么东西。

"不管怎么样，还是想报考。"当时连复习的课本都没有，只有他一位同事的哥哥高考留下的一本物理和一本数学课本，且都已经破旧不堪，字迹模糊。然而这本书当时却成为他和同事的宝贝，同事不看的时候，萧鸣政赶紧借过来看。

立志改变农村面貌的萧鸣政，当时一口气报考了一系列和农、工、生物相关的学校和专业，体检发现患有色盲后，被调剂到了数学系。学数学是偶然的，用他的话来说，是"被迫"学数学。但即便是"被迫学"，当时萧鸣政也没有什么委屈的感觉，非常投入。

大学毕业之后，萧鸣政被分配到赣南师范学院校长办公室当干事，主要负责写公文和稿件。很快他发现自己学非所用，不能忍受。"我写一份报告，这个领导改一下，那个领导改一下，改来改去最后都不是我的东西了。"萧鸣政觉得，"这么干，很难发挥自己的专长。"于是产生了脱离行政岗位回去搞数学专业的想法。

搞了两年专业之后，萧鸣政又开始捣鼓考研究生的事。"我当时认为在大学当教师应该具有研究生的学历。"于是他"雄心壮志"地要考中科院

吴文俊教授的硕士，但领导认为"你原来定位是搞行政的现在去考数学专业，不合适"。"不能报数学，考教育学行不行？"萧鸣政自作主张报考了教育学专业，最后果然考上了。那是1985年。

硕士毕业回到江西赣南师范学院从事教育学与心理学的教学工作，没过两年，萧鸣政考博士的想法又冒了出来。从硕士开始，萧鸣政就对一个问题产生了兴趣：每个人和别人打交道的时候都在想"这个人可靠不可靠"的问题。那么，人品的可靠与不可靠，是否可以测量出来？于是选择博士论文研究方向的时候，萧鸣政选择了品德测评这个课题。"品德是属于教育学与心理学的范畴，测评则需要用到数学，而研究纯粹的教育学和心理学问题，我的基础又都比较差。"这是萧鸣政第一次进行跨专业的交叉学科研究。

除了导师，萧鸣政的其他老师、同学基本上都表示反对这个选题，认为这样的选题肯定通不过答辩。在一般人看来，品德不能量化。品德测评是一个世界性难题，因为太难，业内知名专家轻易不愿去碰。但是萧鸣政初生牛犊不怕虎，"能研究成就研究成，研究不成本身也是一种研究。如果不能测评，我一定要证明为什么不能测评，如果能测评，我一定要拿出一套方法来。"他一再坚持，"我就这么想的。"

"我这个人最大的一个特点就是自始至终都很认真。看准了一个领域，不管多大的困难，无论如何我都要坚持下去。"经过三年的研究，1993年萧鸣政完成了博士论文，在这篇论文基础上整理的专著《品德测评的理论与方法》1996年获得了北京市哲学社会科学优秀研究成果二等奖，1998年获得了教育部颁发的"全国普通高校人文社科管理学二等奖"，获奖门类属于管理心理学——由于一等奖空缺，所以这个奖相当于是最高奖。除此之外，萧鸣政另外一篇关于品德量化问题的论文1999年也获得了教育部颁发的"第二届优秀教育科学研究成果一等奖"。

这几个成果奠定了萧鸣政在教育学界和心理学界的影响和地位。

从教育心理学到人力资源：

打好基础，路越走越宽。20世纪90年代初期与中期，不少学校的年轻人都热衷于通过办班、传书等办法赚钱。刚在中国人民大学当教师的萧鸣政却几乎天天泡在图书馆,老老实实地坚持"图书馆—食堂—宿舍"三点一线看书与研究,没有去干任何别的事情,而且一坐就是一年多。"给了我从事人力资源管理教学这个机会,我就要把这个基础打好。"

1995年是萧鸣政的丰收年,在这一年他出版了博士论文《品德测评的理论与方法》、《现代人员素质测评》和《国家公务员考评》三本书,加上后来的《工作分析的理论与方法》和《现代人事考评技术及其应用》等几本书,奠定了萧鸣政当时在人力资源管理研究领域中的地位。

"对于刚刚进入一个新单位的年轻人来说,头两年一定要老老实实地干活,这是你积累的时候,新的单位、新的岗位,头两年一定是学徒工,要认真、踏实地学。有了一定积累后再去实现你的价值和财富。"萧鸣政给自己制定了一个原则:1/3的时间用在接触社会,为社会服务,1/3的时间用来教学,1/3的时间用来学习和研究。

从数学到教育心理学是萧鸣政的一个转折,从教育心理学到人力资源则是另外一个。"当时如果我在教育心理学领域工作,应该很好混日子,因为我已经有一定的研究基础与成果垫底了,还有我的导师与师兄弟的帮助。但是我离开了教育心理学的同行,到了一个新的领域。"萧鸣政说,这个变化很有意思,也非常有兴趣,路越走越宽。

从人力资源管理到人力资源开发:"研究,我选择'难度、高度和深度'"

"研究要有难度、高度和深度。任何研究,我都选择最难的点。"萧鸣政说,读博士时他选择的品德测评研究是比较难的,到中国人民大学后,他又选择了另外一个比较难的研究领域——工作分析。

从1995年开始,萧鸣政给学生开设了工作分析课程。在此之前,国内很少有人专门研究工作分析课题,国内当时只有一本与工作分析相关的译著,没有中国学者研究的成果,学生连上课的教科书都找不到。萧鸣政只好一边自己研究一边摸索着写教案备课,不久刚好人事部有一个工作分析相关的课题,萧鸣政在研究成果的基础上写了一本小专著——《工作分析的理论与方法》。因为担心销量的原因,这本书的出版计划遭到了出版社的拒绝。为了给学生提供上课的教材,萧鸣政花4000块钱买了一个书号,自费印了1000本——稿费自然是一分钱也没有的。"但是我愿意,因为一个是教学的需要，二是工作分析学科发展的需要。"从1999年开始，"怎么把人口资源变成人力资源"这个问题开始进入萧鸣政的视野，但当时国内相关的研究很少，尤其是针对组织内部的人力资源开发研究几乎没有，因此萧鸣政又开始研究人力资源开发的问题，并且一边研究，一边授课，一边写书。2002年高等教育出版社出版了他撰写的《人力资源开发学》，2004年经过进一步修订，变成了教材版的《人力资源开发理论与方法》。2004年他还出版发表了《中国政府人力资源开发概论》，第一个为中国政府构建了国家层面的人力资源开发战略、理论与方法。2002年，萧鸣政的工作单位从中国人民大学劳动人事学院转到了北大政府管理学院，研究领域也从企业人力资源管理转向以公共部门的人力资源开发为主。

"把你带到一个新的地方，你会不会恐慌？如果在新地方无亲无故，有些恐慌是一定的，但是如果住在一个熟悉的亲戚家里，你一定不会恐慌，是不是？"萧鸣政用这个例子说明，自己进入到新的领域后，自己过去的领域还会保持，但是新的领域还会从论文到专著，建立一个成果系列，慢慢扩大自己的研究领域。"人不应该在一个领域里面呆着不动，但是又不能跳得很频繁，每一个发展都应该建立在前面的基础之上。"

"做人既要坚持，也要创新，两者要适度。一个菜好吃，但是如果连续吃上十次，也会感觉乏味，那就要换一个口味。一个研究方向到了一定阶段之后，就要有所更新，有了更新，新的灵感就出来了，就会有所创造。"

对于将来，萧鸣政的方向很明确，"现在这个阶段，我希望能够提高人力资源学科科学化程度和理论化程度。这是一个没有完成的目标，这是我现在想干的一件事情。"从头到尾，萧鸣政平实的言语表达里，除了学术，还是学术。"我们这一代人，一般来说兴趣不是很广泛，但是比较喜欢做研究，做事情比较专注。我们这些人经历了渴望读书但是长时间得不到满足的阶段，一旦得到，就会十分珍惜。"

委员声音

2010-01-25 02:43:28 来源：新京报

昨天下午，北京市政协十一届三次会议各小组会上，都安排了一个特别的程序——首个提案交流会，委员们纷纷"晒出"自己准备的提案。

利用居住证发放调控人口分布

——萧鸣政

昨天，市政协委员、北京大学政府管理学院人才与人力资源研究所主任萧鸣政准备了提案，建议北京市政府可利用居住证的发放，调控人口向密度较低区域流动，提升北京人口素质。

同时，他建议对紧缺人才产业与支柱产业人才的居住证发放指标倾斜，优化北京的人才结构。"居住证的发放还是要设定一定门槛条件，就像大学录取一样"。

本报记者 廖爱玲 傅沙沙

北京市政协委员建议控制居住证指标

2010-01-26 05:55 来源：搜狐焦点网

两位政协委员提案谈居住证持有者将基本享受北京市民待遇。委员还建议——居住证发放大社区应控制并建议制定详细标准控制人口，专家建议居住证"转正"年限不宜超过10年。

从 2010 年开始，北京有望以有信息服务功能的居住证代替实行了多年的暂住证管理外来流动人口。这引起了政协委员的关注。

委员建议 1

萧鸣政：发放居住证 应考虑城市承载能力

今天上午，政协北京市第十一届三次会议委员、北大政府管理学院人才与人力资源研究所主任萧鸣政就此提案，建议通过控制居住证指标，引导居民向城南等人口密度低的区域流动，控制向大型社区发放。"北京是个超大城市，生活区和工作区是分开的，'城中心工作，城外睡觉'，但目前来看生活区过度集中，比如望京、回龙观等，人口居住高密度给交通带来了压力。"今天上午，萧鸣政委员这样说。

他分析，目前本市的人口已经达到了 1800 多万，而这恰恰是预计 2020 年达到的数字，竟提前 10 年，人口出现了过度饱和。

他说，"暂住证"换发为"居住证"体现了市政府对于外来人员的尊重，体现平等与和谐，但一方面北京也是许多人向往的工作地与居住地，其城市的承载能力十分有限。

比如，交通、水资源紧张，生活资源消耗巨大、环境污染问题日益严重，形成了巨大的矛盾。

萧鸣政委员说，居住证制度是一把双刃剑，可以通过发放居住证优化人口居住地的布局，提高人口素质。

恢复单位集资住房模式

2011-01-17 16:37 来源：法制晚报

本报讯（记者 李莎莎）在本次两会上，长期关注住房问题的政协委员萧鸣政建议：恢复单位集资住房模式，以解决居民买房难的问题。

萧鸣政说，按一个硕士毕业生工作35年，年均12万—13万元收入计算，除去基本生活费用及其他必须开支，每年估计剩8万元。而现在在北京五环以内买一套像样的房子，要三四百万。攒40年钱，也买不起。

萧鸣政建议，政府应对北京市民进行住房情况调查，根据调查结果建造充足数量的廉租房与经济适用房。

此外，还可以低价给事业和公有制单位一定的住房用地，建房限价卖给职工，并且规定其中建立一定数量的公寓楼与廉租房。

政协委员萧鸣政：用交强险余额设车祸救助基金

2011-01-19 10:44 来源：北京晨报

交通事故发生后，肇事者无力赔付，受害者无法得到赔偿的情况并不鲜见。目前交强险保险金主要由商业保险公司代为管理，有利于提高办理效率与效果，但是每年都可能会有一些交强险余额剩余，这些余额的去向，公众可能并不知晓。而交通事故发生后，对于困难的受害者与当事人，有关部门却又拿不出足够的资金展开必要的社会救济。

因此，交强险应该继续强化其公益性，可考虑设立道路交通事故救助基金，由公安部门与交通管理部门共同管理，每年相关商业保险公司在接受审查确认后，一次性把交强险余额转移给交通安全基金。强制性保险每年仍然由相关商业保险公司负责收缴与办理赔付，可以按照一定比例收取服务费用。

记者 王彬

附 录

"让奉献的人都找到归属感"

2011-01-19 15:35 来源：法制晚报

结束语

今年的市"两会"期间，本报推出了"全家福"系列，关注代表、委员的议案、提案落实情况。

其中，一些人的建议已被政府采纳，有的还在调研过程中，更有一些人提出了新的愿景。无论如何，在北京这座城市的发展历程中，他们都曾添砖加瓦。虽然彼此并不熟识，但却曾为同一目标建言。

今天，市政协十一届四次会议落下帷幕，但希望这样的"全家福"还会继续。

全家福成员

委员萧鸣政：北京大学政府管理学院行政管理系主任、北京大学人力资源开发与管理研究中心主任

委员陆杰华：北京大学社会学系教授

代表强磊：中国管理科学研究院劳动法律研究所所长

代表杨秀奇：北京市公安局丰台分局政治处民警

无论在北京生活了多少年，只要手中拿的还是暂住证，这些千里迢迢来京奋斗的人与这座城市之间，总会有道隐形的"门槛儿"。

居住证，被提了多年，这次终于正式写进了北京"两会"的政府工作报告中。

用市政协委员陆杰华的话说，从暂住证到居住证的升级，彰显了北京这座大城市的包容和风度。

在市人大代表强磊的眼中，"让这些为北京奉献的人都找到归属感"的

一天真的就要来了。

1月16日,在北京市长郭金龙做完政府工作报告当天,4位常年关注"居住证"问题的代表、委员终于在本报的促成下聚在了一起,并在大屯派出所拍下了第一张合影。

全家福·现场团聚
不相识 但彼此有耳闻

"这么多年的建议没白提,政府确实重视了。"1月16日晚6时,当4名人大代表和政协委员在大屯派出所的办证大厅相见时,不约而同用这句话打起了招呼。

大屯派出所地处朝阳,一直以来都是外来人口的聚集区。2009年的时候,大屯街道还在全区率先成立了流动人口协会。

"认识,认识,不用介绍。"正当记者要向委员陆杰华介绍另一位政协委员萧鸣政时,他赶忙摆手。原来他俩都是北京大学的老师,虽然研究的领域不同,但彼此的大名却早有耳闻。

而另两位人大代表强磊和杨秀奇也表示,知道政协中有这么两位和他们一样关注"居住证制度"的委员。不过4个人"团聚",这还是第一次。

听说代表和委员来到了派出所"考察",该所沈所长向他们介绍了办理暂住证的情况。

"来来来,合张影吧,能聚在一起不容易。"强磊拉着其他三人面向了记者的镜头,在户籍办证大厅留下了4个人的第一张合影。

全家福·建言由来
暂住证 涵盖不了服务

彼此刚一见面,陆杰华就抛出了一个数字,据北京市统计局统计,北京市1800万常住人口中有600万是外来人口。

曾经当过管片儿民警的杨秀奇在成为人大代表前,就曾提出,北京应该尽快出台流动人口管理的相关法规,以控制人口。

他清楚地记得,最初办理暂住证的年费是360元,90%的外来人口都办了。

2001年6月,北京市对暂住证进行改革,取消收费并分为三个等级。而到了2005年3月,北京市第十二届人大常委会第十九次会议决定废止《外地来京务工经商人员管理条例》,这使得暂住证的功效也逐渐式微。

"对于外来人口的管理,我觉得不该只是控制,还要包含服务的内容,这可是暂住证解决不了的。"强磊认为,居住证制度实际上就是一种管理服务,而且必须是客观公平的服务。

全家福·调研过程
新观念 曾列五大议案

在2006年的市"两会"上,杨秀奇等81位市人大代表提出了7件议案,都涉及加强流动人口管理与服务的问题。

当时,81位代表纷纷呼吁建立房屋租赁管理法规,加大人口资源与经济社会协调发展的管理力度。大会主席团决定将其合并成一件议案,并被列为当年的五大议案之一。

强磊告诉记者,他有个朋友从20世纪80年代就在北京工作、生活,现在房子都已经有好几套了,儿子也快到了结婚的年龄,但却依然还"暂"着。

"他说对于这座城市,一点归属感都没有。"正因为朋友的这句话,自从当上了市人大代表,强磊已连续三年提出实施居住证制度的建议。

"他们也向政府交税,怎么也要让他们有点盼头啊。"陆杰华说,在调研时他发现,"居住证制度"在中国早有先例,像东莞、珠海这些城市,已经在探索"暂改居"的途径。虽然从获取居住证,到最终成为当地居民,有的需要10年以上才能实现,但起码让这些城市的外来人口心里有了希望。

全家福·展望未来
忧教育 持证人享优惠

一旦"居住证制度"能在北京实现,杨秀奇认为,应让持有居住证的外来人员,享受到相应政策上的优惠,特别是一些社会保障和福利待遇。这样,符合准入标准的外来人员就愿意去登记办理居住证。

在萧鸣政看来,"居住证"被写入政府工作报告只是他建言的第一步。通过调研他发现,外来人口子女的上学问题也亟待解决。

"借读费等先不说,好不容易读完初中,接着又面临无法在北京继续读高中的困扰。"萧委员说,一旦孩子被送回老家读书,就要与父母分离。因此,不管北京市政府将来对外来人口如何进行管理和调控,教育必然是首先要解决的问题。

同时,萧委员建议,政府应重视从外来人口中引进人才,这些人才可以依据条件,给予具有极大优惠权益的居住证或者直接给予北京户籍。文/记者 王南 李莎莎

委员寄语

对于北京将以居住证的方式来管理人口这方面,我认为应该坚持"包容性、开放性"的原则,这样才符合北京作为首都、国际化大都市的形象和性质。

——**委员萧鸣政**

能在政府工作报告中提到居住证这一问题,说明委员们多次的提案有成效了,受到政府部门重视了,这是最值得欣慰的一点。

——**委员陆杰华**

附　录

萧鸣政：建议都有含金量

2011-07-25　来源：声音周刊

萧鸣政：北京应建立文化人才开发机制

2012-01-13 10:21:53　来源：光明网（北京）

萧鸣政（北京大学政府管理学院教授）：

"北京要建设成为文化之都，需要文化人才的支撑。"在正在举行的政

327

协北京市第十一届委员会第五次会议上,北京市政协委员、北京大学政府管理学院教授萧鸣政建议,北京市应建立文化人才开发机制,加快培养急需的文化产业人才。

萧鸣政认为,北京缺的人才,全国都缺。目前北京最缺七种文化产业人才,即高素质的文化创意人才、文化产业的经营管理人才、文化产品的投融资人才、文化产品的高级策划营销人才、高级的文化产品研发和销售人才、具有国际高端视野和理念的文化产业人才以及文化复合型人才。

萧鸣政表示,培养这些文化产业人才,要建立文化人才开发机制,将文化市场、文化产业、文化事业、文化人才紧密结合起来,形成良好的互动,营造一种政策机制,并借鉴国际上一些先进的、成熟的关于文化人才的管理方法。可以通过数字模型的方法来界定这七种人才的特点。还有一种方法就是项目制,以项目招标的方式把国际国内的文化人才聚集起来,最大限度地发挥这些人才的价值。此外,要有良好的激励机制,让这些人才有了项目、有了政策,全身心地发挥自身的潜力。通过市场的推动、政府的引导、产业的平台,这些人才就能够很好地成长。

(光明日报讯 记者张景华、赵茂林)

北京政协委员热议演艺区:剧场不能沦为闲置仓库

2012-01-11 09:16 来源:北京晨报

北京市东城区、西城区联手450亿元打造"首都核心演艺区"——这成为昨天开幕的"市政协十一届五次会议"委员们热议的话题。委员们各抒己见,大家的普遍共识是,北京需要建设"演艺聚集区",但是在建设过程中,很多细节值得关注。

萧鸣政：
四类人才紧缺是发展瓶颈

萧鸣政委员认为，他这个大学教授很多时候想通过看演出"换换脑子"，但是除了从报纸上获取"大路货"的演出信息外，并没有更细化的演出信息。他不知道哪个戏或哪个演出更适合自己。他表示，如果不解决好四类人才的建设，"首都核心演艺区"很难达到理想状态。

这四类人才是，具有投融资知识的文化经营性人才；具有熟悉消费心理和市场信息的高级文化策划的经营人才；深入实际，具有文化产品研发能力的设计人才；以及具有文化传统与国际文化视野的人才。

萧鸣政表示，虽然国家有很好的政策，但是没有专业化的人才，演艺市场和演艺产业良性互动的机制就很难建立起来。

北京政协委员建议对人才实施人口管理积分制度

2012-01-12 15:02 来源：法制晚报

委员建议实施人口管理积分制。

按积分优先办理家属子女进京落户 优先享受住房、医疗与子女就学等福利。

本报讯（记者王璐）北京的人才总量与质量都居全国之首，但是与世界发达国家相比，仍然存在差距。对此，政协委员、北京大学教授萧鸣政建议，对人才实施人口管理积分制。

萧委员解释说，所谓积分制，即从高分到低分优先办理家属子女进京户口，优先享受住房、医疗与子女就学等方面的福利。

现状
人才年年进骨干月月缺

萧委员的建议中提到，2011年12月28日，北京市社保局、市发改委等部门联合发布了《"十二五"时期人才发展规划》，首次公布本市紧缺专门人才开发目录。

目录涉及17类重点领域280个具体行业，不仅包括经济学家、医卫专家、科技领军人物等传统高端人才，也包括处置突发事件的谈判人才、现代物流高管、网络安全公安人员等新型专才。

据萧委员调查，目前北京市的紧缺人才不但表现在高端方面，而且中低端同样存在大量缺口。其中，以商业和服务业人员缺口最大，高达约11万人。

调查过程中，萧委员还发现中关村的一些中小企业与中央驻京的一些事业单位在人才引进过程中出现了截然相反的现象。前者是因为缺乏进京指标，好人才引不进来，后者是有不少进京指标但是引进人才后一两年就跳槽走了，导致人才年年进，骨干月月缺。

建议
按紧缺与需要程度评分

萧委员建议实施人口管理积分制。

所谓人口管理积分制，是指北京市新引进成年人口或者人才，依据北京市经济社会发展的战略规划要求，按照紧缺程度与需要程度评分落户，按照使用价值与效能发挥加分。从高分到低分优先办理家属子女进京户口，优先享受住房、医疗与子女就学等方面的福利。力求解决人才引进的优先性、公平性、合理性与有效性。

研究发达国家与国内发达地区人才引进的经验与教训，预测未来5-15年经济社会发展战略需求，制定北京市未来5-10年人才引进数量、质量、比例与时间安排。

人口管理的积分制具体如下

依据北京市人才中长期发展规划的重要程度与当前的紧缺程度对于新引进或者留京的人才进行需求评分。分数从 0-10 分不等；

依据北京市引导产业领域与地区对于新引进或者留京人才进行区域布局价值加分。分数从 0-10 分不等；

依据用人单位对于新引进或者留京人才在组织中重要性与稀缺性进行使用价值加分。分数从 0-5 分不等；

依据新引进或者留京人才在引进或者初次就业单位的工作时间进行使用效能加分。每年给予一定分数，例如 12 分；

依据新引进或者留京人才在京工作创造的价值与突出成绩进行贡献业绩加分。每年给予一定分数，例如 0-10 分；

根据每个新引进或者留京工作人才的总分，按照从高分到低分优先办理本人及其家属的进京户口，优先享受住房、医疗与子女就学等方面的福利。

建议评分管理工作由北京市人才办与人保局联合负责，与相关部门和专家共同讨论及制定评分标准与规则，经过市委市政府批准颁发。人才办负责高层次人才引进与留京的评分管理工作，人保局负责其他方面人才与人员引进与留京的评分管理工作。

北京应建立文化人才开发机制

2012-01-13 05:00 来源：光明日报 作者：张景华 赵茂林

萧鸣政（北京大学政府管理学院教授）：

本报讯（记者张景华、赵茂林）"北京要建设成为文化之都，需要文化人才的支撑。"在正在举行的政协北京市第十一届委员会第五次会议上，北京市政协委员、北京大学政府管理学院教授萧鸣政建议，北京市应建立文化人才开发机制，加快培养急需的文化产业人才。

萧鸣政认为，北京缺的人才，全国都缺。目前北京最缺七种文化产业人才，即高素质的文化创意人才、文化产业的经营管理人才、文化产品的投融资人才、文化产品的高级策划营销人才、高级的文化产品研发和销售人才、具有国际高端视野和理念的文化产业人才以及文化复合型人才。

萧鸣政表示，培养这些文化产业人才，要建立文化人才开发机制，将文化市场、文化产业、文化事业、文化人才紧密结合起来，形成良好的互动，营造一种政策机制，并借鉴国际上一些先进的、成熟的关于文化人才的管理方法。可以通过数字模型的方法来界定这七种人才的特点。还有一种方法就是项目制，以项目招标的方式把国际国内的文化人才聚集起来，最大限度地发挥这些人才的价值。此外，要有良好的激励机制，让这些人才有了项目、有了政策，全身心地发挥自身的潜力。通过市场的推动、政府的引导，促进文化产业发展。

萧鸣政：北京应建立文化人才开发机制

2012-01-15　16:12　来源：光明网

萧鸣政（北京大学政府管理学院教授）：

"北京要建设成为文化之都，需要文化人才的支撑。"在正在举行的政协北京市第十一届委员会第五次会议上，北京市政协委员、北京大学政府管理学院教授萧鸣政建议，北京市应建立文化人才开发机制，加快培养急需的文化产业人才。

萧鸣政认为，北京缺的人才，全国都缺。目前北京最缺七种文化产业人才，即高素质的文化创意人才、文化产业的经营管理人才、文化产品的投融资人才、文化产品的高级策划营销人才、高级的文化产品研发和销售人才、具有国际高端视野和理念的文化产业人才以及文化复合型人才。

萧鸣政表示，培养这些文化产业人才，要建立文化人才开发机制，将文化市场、文化产业、文化事业、文化人才紧密结合起来，形成良好的互动，营造一种政策机制，并借鉴国际上一些先进的、成熟的关于文化人才的管理方法。可以通过数字模型的方法来界定这七种人才的特点。还有一种方法就是项目制，以项目招标的方式把国际国内的文化人才聚集起来，最大限度地发挥这些人才的价值。此外，要有良好的激励机制，让这些人才有了项目、有了政策，全身心地发挥自身的潜力。通过市场的推动、政府的引导、产业的平台，这些人才就能够很好地成长。

（光明日报讯 记者张景华、赵茂林）

北大教授：北京最缺七种文化产业人才

2012-01-15 22:12 来源：中国新闻网

萧鸣政（北京大学政府管理学院教授）：

（记者张景华、赵茂林）"北京要建设成为文化之都，需要文化人才的支撑。"在正在举行的政协北京市第十一届委员会第五次会议上，北京市政协委员、北京大学政府管理学院教授萧鸣政建议，北京市应建立文化人才开发机制，加快培养急需的文化产业人才。

萧鸣政认为，北京缺的人才，全国都缺。目前北京最缺七种文化产业人才，即高素质的文化创意人才、文化产业的经营管理人才、文化产品的投融资人才、文化产品的高级策划营销人才、高级的文化产品研发和销售人才、具有国际高端视野和理念的文化产业人才以及文化复合型人才。

萧鸣政表示，培养这些文化产业人才，要建立文化人才开发机制，将文化市场、文化产业、文化事业、文化人才紧密结合起来，形成良好的互动，营造一种政策机制，并借鉴国际上一些先进的、成熟的关于文化人才的管理方法。可以通过数字模型的方法来界定这七种人才的特点。还有一种方法就是项目制，以项目招标的方式把国际国内的文化人才聚集起来，最大限度地发挥这些人才的价值。此外，要有良好的激励机制，让这些人才有了项目、有了政策，全身心地发挥自身的潜力。通过市场的推动、政府的引导、产业的平台，这些人才就能够很好地成长。

萧鸣政：住宅专项维修基金管理应提高使用率

2014-01-23　来源：京华时报

在北京市两会上，市政协委员、北京大学行政管理系主任萧鸣政提出，截至2013年10月31日全市已累计归集商品住宅专项维修资金357.58亿元，但仅使用6.74亿元，使用率仅为1.88%。对此他建议，应由多部门管理转向单一部门管理提高效率。同时应开展业主参与分红等试点。

他认为，专项维修资金使用率低已是一个不争的事实。具体说来，住宅专项维修基金运作存在"三难"：归集难、审批难、拨付难。

萧鸣政表示，住宅专项维修基金管理问题改革的重点在于转变政府职能，发挥市场和基层业主的作用。他建议理顺管理机制，由多部门管理转向单一部门统一管理，明确权责，提高行政效率，降低管理成本。

萧鸣政解释，权利和义务应该围绕业主为核心展开，维修基金的主体关系为：业主为所有人，银行为保管人，物业公司为使用与核算人，第三方机构为受托管理人，房地产行政机构为外部监管人。

他还建议在不影响正常使用的前提下，允许结余资金进入低风险信托、优质公租房等政府主导项目，提高资金收益；开展业主参与分红等试点，以增加收益、盘活存量。还可采取部分基金定期存储以及招投标引入银行竞争机制的方式提高资金的增值收益。从而建立起政府监督，银行运营管理，小区物业使用支取的管理体制。

政协委员：地铁高峰期应设女性车厢防范性骚扰

2015-01-24 01:50:52 来源：北京晨报（北京）

北京晨报讯 地铁提价后，坐地铁的人数有了一定的调整，但每天高峰时段，"贴面"的状态仍很常见。为减少男女乘客之间近距离接触的尴尬，昨日，两位政协委员建议地铁设置女性专用车厢。

"上次去日本给了我很大启发。我身边的女同事、女学生经常会谈论地铁太过拥挤，来了好几趟车都上不去，即使上车也被挤得喘不过气来。"北京市政协委员、北京大学政府管理学院行政管理学系主任萧鸣政在接受北京晨报记者采访时介绍，地铁提价后乘客人数只减少了约5%，"每天早上高峰时段，乘坐地铁的女性被挤压得难受，中青年女性有时还遭受部分男性乘客的性骚扰。"

萧鸣政建议，对一些特别拥挤的地铁线路上，在高峰时段每列地铁中部都应设置一个女性专用车厢。车厢设置在列车中部，便于从不同入口乘车的女性乘坐，高峰时段以外，可以恢复男女混坐，"这样能更好地体现对于女性的尊重与保护理念。"

萧鸣政：促进北京市人口内增长

2016-01-20 15:38 来源：千龙网

政协委员、北大行政管理学系主任萧鸣政：
促进人口内增长

千龙－法晚联合报道（记者 侯懿芸 实习记者 张婷）政协北京市第十二届委员会第四次会议将于今天（20日）下午开幕。上午，政协委员们陆续报到。《法制晚报》记者获悉，政协委员、北京大学政府管理学院行政管理学系主任萧鸣政将提案建议，针对北京市"十三五"规划将常住人口控制在2300万人以内，应科学调控首都人口规模。

萧鸣政表示，人口控制战略应不仅限于总体控制增长，而在于保持内增长和外增长的良性循环。他认为，整体结构要调整、分布上要进行优化，使五环内外各自循环发展。这一战略的实现，在于科学的设计积分落户与迁落的评价指标体系，以及人口调控政策的设计。

委员提案 控制外来人口 促进内部增长

萧鸣政提到，近30年来北京市常住人口年均增长4%，这个速度大大超过了城市管理水平，"增长的人口中，70%是外来人口。"他表示，北京市要达到"十三五"规划的人口控制目标，未来五年每年应把外来人口的增长数量控制在10万人以内。

"控制外来人口，还要促进（京籍人口）内部增长，缓解老龄化问题。"萧鸣政说，全面放开二孩政策落地，未来五年预计京籍新生儿年均增长近5.8万人。再加上高素质人才及其家属调入等因素，预计"十三五"期间京籍人口年均增长11万到13万人。

五环内外各自循环 科学设计积分落户指标

萧鸣政发现，五环外的人口在全市占比51%。北京每天约有30%的人奔波于五环内、外的工作地和居住地。因此他认为，应鼓励在五环外建立工作商务、居住生活、购物医疗一体化的社区，形成五环内、外人口在各自的社区循环。

萧鸣政认为，积分落户的评价指标主要包括评价的基础数据，包括年龄、职业、专业、业绩、地域、国籍、潜力指数、价值指数等。这些指标的加权大小主要考虑到落户、迁移、居住证人群的人口，对于北京市发展的战略性和紧缺性，"也就是说符合北京战略发展的紧缺人才优先落户"。

同时，他认为指标的设计还要考虑对优化全市人口整体结构的贡献，以及对调整五环内、外人口分布结构的贡献。

统计数据
外来人口增速减缓

2015年，全市加快疏解非首都功能，积极构建高精尖经济结构，发挥产业升级的带动作用，引导人随业走，综合运用经济、行政、法律等多种手段，实现了常住人口的缓慢增长。

据北京市统计局、国家统计局北京调查总队昨日发布数据，北京常住人口突破2170万。其中常住外来人口为822.6万人，占常住人口的37.9%。

数据显示，"十二五"期间，全市常住外来人口呈现由较快增长向缓慢增长过渡的趋势。受此影响，劳动年龄人口占比出现下降，人口红利的优势逐渐减弱。

此外，常住人口呈现逐渐向发展新区聚集的趋势。根据市规划委规划，行政副中心规划已经基本确定。到2017年，市属行政事业单位整体或部分迁入工作取得实质性进展，远期将带动约40万人疏解至通州。

按照北京市"十三五"规划，全市常住人口总量控制在2300万人以内，城六区常住人口比2014年下降15%左右。"大城市病"等突出问题会得到有效缓解，首都核心功能将显著增强。

文 / 记者 侯懿芸 实习记者 张婷

北京市政协委员建言：要科学调控人口规模

2016年1月21日 来源：中新网

中新网北京1月21日电（记者 于立霄 杜燕）未来5年北京常住人口总量要控制在2300万人以内，如何实现这一调控目标？正在进行的北京市政协十二届四次会议上，委员们各抒己见，提出科学调控人口规模、编制人口规划、设计积分落户等手段，来缓解首都人口快速增长。

如何科学有效地调控首都人口规模，北京市政协委员、北京大学政府管理学院教授萧鸣政早在十年前就开始关注，并且每年他的提案都离不开此类话题。今年他又提出了关于"科学调控首都人口规模"的提案。

目前，北京的常住人口达2170.5万人，其中常住外来人口为822.6万人，占常住人口的37.9%。萧鸣政指出，北京要达到"十三五"规划的人口控制目标，未来5年每年应把外来人口的增长数量控制在10万人以内。

萧鸣政发现，五环外的人口在北京占比51%。北京每天约有30%的人奔波于五环内、外的工作地和居住地。他认为，应鼓励在五环外建立工作商务、居住生活、购物医疗一体化的社区，形成五环内、外人口在各自的社区循环。

他认为，科学设计积分落户与迁入指标，可引导和促进人口分布与比例结构快速优化。积分落户包括年龄、职业、专业、业绩、地域、国籍、潜力指数、价值指数等方面，对于北京急需的紧缺人才，可以考虑优先落户。

附录

北京市政协委员萧鸣政：京津冀尽快建人才租赁制

2016-01-21 09:48:53　来源：京华时报　作者：赵鹏　责任编辑：秦金月

北京市政协委员、北京大学人才与人力资源研究所所长萧鸣政教授1月20日在接受记者采访时表示，建议三地建立高层次人才租赁制度和人才柔性引进机制。

萧鸣政说，京津冀三地在经济水平、教育、人才数量、员工素养与工作条件上差距较大，人才的马太效应使高端人才竞相涌入北京，津、冀特别是河北的高层次人才不断外流。

萧鸣政建议，当前北京正在加快调整和疏解北京的非首都功能，一批产业、院所、高校将会迁出北京。津冀应加强载体建设，提升工业园区、楼宇经济、创业创意社区的软硬件环境，提升对重大项目和高层次人才的承载能力。萧鸣政建议，京津冀区域内高层次人才没必要进行户籍、档案、养老保险转移与家庭的迁移，京津冀应该尽快建立高层次人才的租赁制度，河北应尽快进行专家工作站、公寓楼、人才特区与高层次人才服务区等基础设施建设、高层次人才服务区等环境优化建设，吸引京津两地的高层次人才。

萧鸣政还主张在京津冀高校与科研院所建立高层次人才柔性引进机制。各地高校与科研院所可通过项目式、合作式、兼职式、聘用式等引智方式，对人才做到不求所有，只求所用，最大限度地发挥首都北京高层次人才服务津冀两地的作用。通过柔性引进，实现高层次人才资源在京津冀的合理配置和高效利用。

行政管理学的应用

北京政协委员：积分落户 政府应亮人口调控底数

2016-01-21 11:40:19 来源：新京报

北京市政协委员、北大政府管理学院行政管理学系主任萧鸣政

外来人口增长应控制在每年 10 万以内

目前北京市的人口数量为 2170 多万，未来五年，北京市应将每年增加的外来人口数控制在 10 万人以内。这个数字是基于北京"十三五"规划期间全市常住人口总量控制在 2300 万人以内这一目标计算出来的。

此外，在京津冀协同发展的背景下，可以推行高层次人才租赁机制，这样高层次人才能够三地共享。可以让暂时没有能够在北京落户的高层次人才，到河北或天津服务两到三年。服务期限满了之后，可以再落户北京。其间，高层次人才的相关待遇仍保留在北京。这样一来，既满足了河北和天津发展的人才需求，也减轻了北京的人口压力，可谓是一举两得。

通过积分落户引导人口流向

北京即将出炉的积分落户政策应通过一定的导向，引导人口从较高人口密度地区向较低人口密度地区进行流动。每天早上大家坐地铁都经常会出现拥堵情况，这主要是五环外人口向五环内流动的结果。

在积分落户政策的制定过程中，政府应该在总量控制的情况下，通过相应的导向，将人才引导到相关的产业和专业上去，将较高人口密度地区的人口引导到较低人口密度地区。

如果能够让常住人口的居住地和工作地一体化，即居住地和工作地相距较近，就能缓解交通拥堵程度，从而实现五环内外各自的人口循环。

记者 王姝 李婷婷 程媛媛 郭永芳 贾世煜

北京政协委员:居住证不同于落户 门槛不应过高(3)

2016-01-26 13:03:45 来源:北京晨报

市政协委员、北京大学政府管理学院行政管理学系主任萧鸣政

用积分落户引导居住结构优化

萧鸣政认为应当将居住证和积分落户作为人口调控的杠杆,通过评分引导居住结构优化。萧鸣政表示,北京制定的"十三五"规划明确表示到2020年要将人口控制在2300万,要想达到这个目标,政府应科学调控首都人口规模。

萧鸣政认为,人口控制战略应适度控制好外增长,始终关注内增长,并保持内外增长的良性循环。他认为,整体结构要调整、分布上要进行优化,使五环内外各自循环发展。这一战略的实现,在于科学的设计积分落户与迁落的评价指标体系以及人口调控政策的设计。"北京市要达到'十三五'规划的人口控制目标,未来五年每年应把外来人口的增长数量控制在10万人以内。"

萧鸣政调研发现,目前本市五环外的人口占全市人口的51%。"北京晚高峰时间段,每天约有30%的人奔波于五环内、外的工作地和居住地"。因此他认为,应鼓励在五环外建立工作商务、居住生活、购物医疗一体化的社区,形成五环内、外人口在各自的社区循环。

萧鸣政建议,积分落户的评价指标除了要包括评价的基础数据,包括年龄、职业、专业、业绩、地域、国籍、潜力指数、价值指数等,还要考虑评分的引导作用。"比如一个申请人的工作生活娱乐都在城六区外,那么他的积分可以高一点。"萧鸣政认为在几年的时间内,通过类似的评分系统引导,会达到人口优化、分布优化的效果,起到调整五环内、外人口分布结构的贡献。

行政管理学的应用

北京政协委员：可特许优秀的哥独立运营

2016年 来源：京华时报

京华时报讯（记者赵鹏）早上着急开会却二三十分钟都打不到车的窘境不少人都经历过，市政协委员、北京大学行政管理学系主任萧鸣政教授在接受记者采访时表示，北京要建设为和谐宜居的国际大都市，但与此相关的出租车问题近来越来越突出。他建议，本市可考虑允许从业5年以上的优秀的哥进行个人独立运营，来化解这一难题。

他介绍，打车软件在一定程度上缓解了打车难，但出租车司机的收入也越来越少。调查显示，过去的哥一天可以轻松拉上500元左右，现在不少人每天很难拉到400元，一个月十分辛苦只能收入3000多元钱。为了节约成本，有时的哥只得拒载、挑活干。无论寒冬酷暑，动辄二三十分钟都打不到车，对一些人来说已不是偶然经历。

萧鸣政分析，对于本市老年市民、外地来京游客及外国游客来说，他们都很少会用打车软件，正规出租车仍是他们的首选。为此他建议，本市应及时进行出租车管理体制机制改革，减轻出租车司机负担。本市可在从业5年以上的出租车司机中挑选的士之星等优秀司机进行个人独立运营。由政府部门对他们进行年检与严格管理，并在低于现行份儿钱的标准下适当收取管理费。这样既能减轻出租车司机负担，又可以激励他们改善服务质量。

与此类似，本市还可以允许从业3年以上的优秀出租车司机自愿组成合作股份公司进行经营。

萧鸣政：打破思维定式
让京津冀高层次人才共享共赢

2016-12-26 08:39 作者：萧鸣政 来源：人民政协网

自从2005年开始，京津冀在廊坊签署了《京津冀人才开发一体化合作协议书》奠定了京津冀区域人才交流合作的基础。2005年至今，10年中，京津冀三地人才合作虽然不断深入发展，但是并没有见到满意的效果。

笔者调查发现：目前，京津冀一体化过程中比较突出的人才问题表现为以下三个方面：

一是高层次人才结构与教育资源存在较大差异。据《中国统计年鉴》2010年数据，北京在职攻读博士、硕士获得学位的人数约为1.43万人，而天津和河北仅为0.34万人和0.25万人。

同时，人才行业结构差异明显。根据资料显示，河北省的专业技术人才分布排到前三位的分别是教育、卫生、社会保障人员，其中专业人才从事行业最少的是信息传输和计算机软件。天津市专业技术人才的产业分布与河北省具有类似之处，从事人数最少的也是服务业。北京市的专业技术人才分布排到前三位的分别是教育、工程技术、卫生技术等三大领域，金融类等却面临人才不足的困境。这表明各地区产业结构，人才结构的分布不均。

另外，高层次人才教育资源的分布也严重不均衡。北京有"211"工程院校和"985"院校共34所，天津有5所，而河北仅有1所。

二是人才战略缺乏统一规划，产业同构导致人才流动不合理。从《国家中长期人才发展规划纲要（2010-2020）》中可以看出，北京未来的发展方向是国际型大都市，尤其在科教、文卫、社会等公共区域内培育和引入全球顶尖人才。天津和河北两地主要集中在工业和经济两方面，缺乏专业型人才，而且没有相应的引入机制。这两个地区紧缺的人才主要集中在石化、设备制造、医药、新型材料、金融、财务、电子商务、物流管理和环境保护等方面，人才需求重复。由于各地缺乏统一的发展规划，导致他们在决定主导业务时，不能从全局利益的视角出发，无法实现统筹发展，造成产业间同质化严重，增强了对人才、科技和资本的争夺，最终造成这三个地区不能根据自身特色进行发展，给资源带来较大的浪费。

三是人才协作统筹层次较低，难以形成深度有效的高层次人才协作机制。目前，京津冀分属于两大直辖市和河北省，行政区域各自独立，其内部市场机制发育水平不高，所以在经济、社会和环境保护方面沟通不畅，没有形成长期高效的互认机制，实现诸如跨省份的社保统筹、户籍问题、专业技术职务的任职资格、博士后工作合作协议、专家信息库建立、人才间沟通的平台等，这些都要在更高级的筹划下进行全方位的协作，其他相关单位共同参与才能实现有关事项的落实。目前的联席会议对于这三个地区间的人才协作来说，规模较低，不同层级行政主体之间缺乏推进联动的积极性。

为改进京津冀一体化人才问题，笔者认为，三地应构建一体化的高层次人才共享战略机制。为此建议：

加强津冀两地高层次人才引进载体建设，规划首都北京高层次人才的溢出驱动战略。当前，北京正在加快调整和疏导非首都功能，一批产业、院所、高校将会迁出北京。为此，津冀两地应加强载体建设，提升工业园区、楼宇经济、创业创意园区的软硬件环境，提升对重大项目和高层次人才的承载能力。另外，北京在"产业溢出"的同时，必须有计划有组织地进行高层次人才溢出的战略规划。津冀两地一定要积极主动对接，实现高层次人才的引进和落地发展。

建立人才租赁机制与健全制度衔接配套机制，发挥首都北京高层次人才服务于京津冀一体化发展的驱动作用。通过健全和发展联席会议制度，由这三个区的相关领导人员组成京津冀发展委员会，负责该范围内的经济、科教、社科、人才等方面的协作与发展，对目前高层次人才方面的一些政策与制度进行融合，对高层次人才的培育、引入、应用、流通、激励、保障等制度进行改革与完善，形成新的体系。重点建立高层次人才租赁制度，根据京津冀地区地理"相邻相近"现实，无须进行户籍、档案、养老保险转移与家庭的迁移，而是尽快进行专家工作站、公寓楼、人才特区与高层次人才服务区等基础设施建设、高层次人才服务区等环境优化建设，吸引京津两地的高层次人才。

在京津冀高校与科研院所建立高层次人才柔性引进机制。通过柔性引进，建立良好的人才整体开发可以与环境，实现高层次人才资源在京津冀的合理配置和高效利用。在岗位设置上，改变传统的固定岗位的做法，由重视实体引进转向重视智力引进。高层次人才资源共享是一个系统工程，要求人事部门打破传统的"用人必养"和"人才单位所有制"的观念，树立"机会成本"和"人才社会所有制"的观念，变刚性引进为柔性引进。

（作者系民进北京大学基层委员会副主委、北京大学政府管理学院行政管理学系主任）

北京政协委员萧鸣政：集约型停车方式缓解停车难

http://www.lzbs.com.cn 2017-01-16 15:51:05 来源：北京晨报

市政协委员萧鸣政

委员关注老旧小区停车难问题

小区停车难，特别是老旧小区停车难，一直困扰着很多居民。昨天，市政协委员针对这一问题建言献策。采用新型集约型停车方式，建设公共停车房是委员建议的解决办法。

集约型停车添车位

"北京停车位紧张，建议政府加大投入，引入集约型停车方式，把边角地方利用起来。"市政协委员、北京恒丰苑投资管理有限公司董事长耿晓冬认为，很多老城区道路边的边角地方没利用起来，运用集约型停车等新技术、新手法，可以解决停车难的问题。他称，通过调研，如果引入这一技术，每个车位的造价大概12万元，一亩地大约可以停300辆车，通过智能的方式，一分钟即可停车入位，"集约型停车跟大型超级仓库似的，有六个平面，每个平面可停6辆车。深圳有十几栋楼引进了集约型停车方式，效果不错，北京几年前曾引入类似的停车方式，但不是垂直立体的，效率不太高。"

耿晓冬希望通过社会投资、政府投资等方式对这项停车技术进行自主研发，"在老旧小区改造时，就引入这一停车方式，缓解停车难。"

建立公共停车房

市政协委员、北京大学政府管理学院教授萧鸣政介绍说，他所在的课题组调查了本市40多个社区，发现2010年前建造的居民住宅区95%都存在停车难的问题。因为停车等服务不到位，导致居民不愿缴纳物业费，居民因为不按时缴纳物业费又导致物业公司不愿提供相关服务，业主与物业矛盾激化，居民与居委会关系不和。又因为车位紧张，居民之间抢车位停放相互闹矛盾，车辆出入不便，不断发生事故。

他以海淀区茉莉园小区二期为例。该小区2004年至2005年建造，距离中关村十多公里，位于海淀区的山后地区，长期交通不便，实际住户与车位配比率加上地下车库不足1∶0.5。"这显然既不符合当时交通不便与别墅项目的设计要求，也不符合当下居住的需要。我们调查的许多小区当时根本就没有停车位的设计。"萧鸣政说。

萧鸣政建议，通过市社工委对2006年前完工停车问题比较突出的社区进行调查与摸底，了解目前社区居民住户与车位的比例，尤其要关注北三环与南二环以外停车问题突出的社区，从中筛选与排列出解决的先后顺序。另外，通过市规划委与住建委在小区周边部门与内部寻找一块空地，招商引资，为小区建立公共停车房，采用政府出地、服务商或者原开发商建房，限价收费，竞标引进服务商，体现政府为居民提供公共服务的半市场化模式。

此外，对于2017年以后的住宅区，他认为，市住建委应该按照住宅区的位置与周边交通状况，实行严格的户均车位比例审批制，对于车位不达标的住宅区项目不予批准。

北京晨报记者 杨奕 徐晶晶

萧鸣政 真学者大情怀

任万霞

2017-06-21 来源：北京观察 2017 年第 6 期

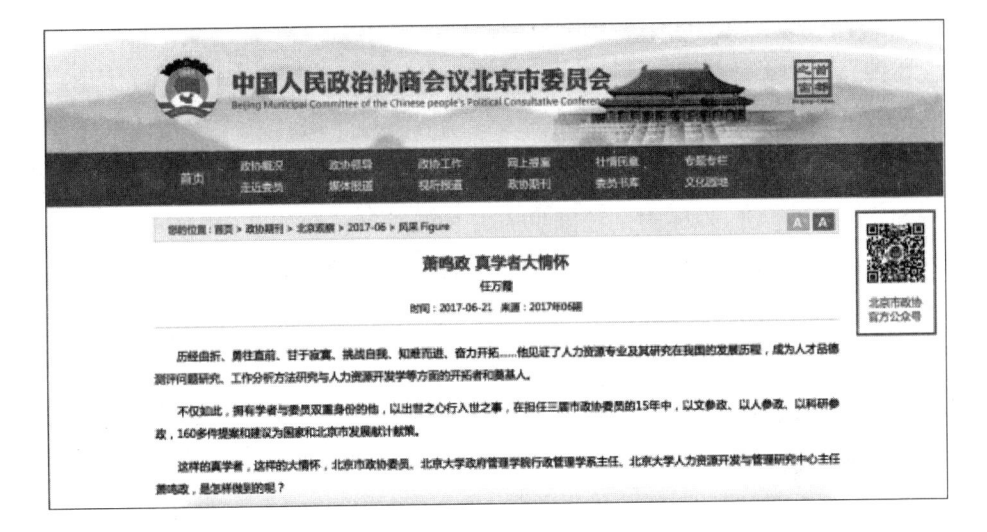

中国人民政治协商会议全国委员会网站与政协报上的 9 则新闻报道：

1、"坚持调控不动摇，加大保障房供应"（时间：2012-01-14 来源：人民政协报，内容摘要："我建议对房地产市场进行分类调控"，萧鸣政委员认为，当前楼市应分基本保障住房、福利性住房、改善性住房和投资性、高消费住房，对前一类，政府应负起相应的责任，对后一类则应放开，用其税收来补贴保障性住房）

2、北京市政协委员社区建设提案直奔问题（时间：2015-07-01 来源：人民政协报，内容摘要：协商会上，市委社会工委、市社会办负责人介绍了提案办理情况。其中，冼海珍委员提出"建立以服务为导向的社区治理模式，科学界定社区居委会、服务站及社区治理主体的工作职责"等 46 条建议拟被采纳；在互动讨论中，萧鸣政、蒋耘晨、冼海珍等委员又进一步提出了"应

重视民生需求"、"提升社区工作人员待遇"等意见建议）

3、北京市政府承办的1010件提案全部办复，一大批意见建议转化为政府决策措施（时间：2016-01-15，来源：人民政协报，内容摘要：值得一提的是，在对提案办理过程中，一大批意见建议转化为政府的决策措施。吸纳委员提出的疏解北京批发市场的提案，有关部门发布了2015年版新增产业的禁止和限制目录；结合办理萧鸣政委员提出的优化人口结构调控战略的提案，抓紧研究并出台居住证和积分落户制度）

4、疏解非首都功能，如何啃人口调控"硬骨头"？——北京市政协"人口管理体制和工作机制"调研小记（时间：2016-04-21 来源：人民政协报，内容摘要：北京市政协委员、北京大学政府管理学院行政管理学系主任萧鸣政认为，"多部联合、九龙治水，依靠市场抓两头"是值得推广的经验，"其实海淀区人口规模中高校师生、央属市属单位和部队大院户籍人口等共计约占全区常住人口的45%，这个与其他各区明显不同的人口特点，也形成了海淀区人口疏解的难点，确实需要上下联动，形成合力才能推进人口疏解。"）

5、在助推首都转型发展中倾尽"政协智慧"——北京市政协贯彻落实习近平总书记视察北京重要讲话精神纪实（时间：2017-03-02 来源：人民政协报，内容摘要：在北京市政协委员萧鸣政看来，北京发展中最大的优势在于科技和人才。以建设全球有影响力的科技创新中心为契机，加大培育金融、科技、信息、文化创意和信息服务等现代服务业，这也是北京发展新动能的应有之意）

6、民进北京市委建立"北京服务"家政品牌店（时间：2013-01-25 来源：北京日报，内容摘要：本报讯（记者 任敏）针对"保姆荒"、高层次家政工缺乏、家政企业散乱等现象，昨天萧鸣政委员代表中国民主促进会北京市委员会发言时建议，尽快建立"北京服务"家政品牌店，提升家政服务业的整体实力）

7、萧鸣政委员：北京家政工缺口20万人 职业歧视普遍存在（时间：2013-01-24 来源：人民网，内容摘要："目前，北京市每16个家庭才能享有1个家政服务员，保守估算缺口至少在20万人左右。人们将家政服务从

业人员等同于'佣人'、'下人',职业歧视普遍存在",萧鸣政委员如是说)

8、市政协议政会建言城市基层管理体制改革(时间:2015-04-25 来源:北京日报,内容摘要:昨天上午,市政协围绕贯彻落实习近平总书记考察北京市重要讲话精神,聚焦城市基层管理体制改革进行协商议政。市委书记郭金龙出席会议并讲话,市政协主席吉林主持。市各民主党派、工商联和无党派人士围绕这次议政会主题前期开展了大量调研,进行了充分准备。会上,张晖、萧鸣政、吴暇、冼海珍、陈芃、于燕燕6位代表以及5位专家、委员踊跃发言,从建立服务评价机制、推进城市基层管理体制创新、厘清社区居委会与社区服务站工作职责等方面提出意见建议。副市长张延昆向大家介绍了城市管理体制改革相关情况)

9、社区建立促进性评价制度(时间:2017-04-28,来源《北京观察》2017年第4期,内容摘要:鉴于当前社区治理存在治理主体与方法单一、手段行政化、业主与居民参与渠道狭窄、积极性不高以及各主体间缺乏沟通协作等问题,我们特别提出促进性评价的方法,以期转变这一现状。促进性评价旨在通过评价社区治理过程与结果的相关指标来促进各治理主体的参与度、交流性与协同度。通过充分发挥评价的导向、教育、沟通、凝聚与激励作用,从不同角度给不同的治理主体以充分的参与空间,参与机会与参与权利,让人们及时看到参与行为所产生的价值与反馈,引导各主体向积极主动的方向发展,努力营造共同参与、平等协商的良好氛围,并让多方参与逐步由行为形成规范,再由规范上升为制度,最终促进社区治理效能的全面提升)

行政管理学的应用

萧鸣政委员建言
北京市应该采用高科技做好垃圾分类工作

《北京观察》2014年第7期刊登政协委员提案摘要：

虽然目前北京市垃圾分类工作有进少，有的小区也做得不错，但是与欧洲、日本、中国台湾相比，还相差甚远。——市政协委员、北京大学政府管理学院行政管理学系主任萧鸣政认为在垃圾处理问题上应有所作为。北京在实施创新发展驱动战略上要搞顶层设计，因为科技创新是最关键的创新。

萧鸣政委员建言北京如何推进高精尖的供给侧改革[①]

昨天下午，在政协"推进供给侧改革构建高精尖经济结构"联组讨论会上，副市长隋振江表示，"政府在政策、公共服务各个领域怎样提高政府供给侧改革的创新、效能，为产品、产业、科技服务，对供给侧改革降本增效提供更大的帮助，是这次讨论会的期待。"随后，隋振江从政府改革的角度解析了北京如何推进供给侧改革。

人才评价机制将更市场化

政协委员萧鸣政发言表示，北京供给侧改革与高精尖结构优化的关键本质在于人才开发，核心在于扩大高层次人才的驱动与引领作用，因此更应注意顶层设计和政策引领。隋振江表示，政府的政策性供给问题实际是满足企业供给侧的需求，"企业要创新，需要人，一方面是国内人才怎么通

---

① 凤凰资讯网：news.ifeng.com/a/20160125/47224155_0.shtml

过市场化的评价脱颖而出，得到应有的待遇，另一方面还需要国际化的人才。"他表示，未来将强化市场化的人才评价机制，"人才改革更体现政府的规范管理，来实现市场的改革。"

萧鸣政委员建言北京应建立文化人才开发机制[①]

"北京要建设成为文化之都，需要文化人才的支撑。"在已经结束的政协北京市第十一届委员会第五次会议上，北京市政协委员、北京大学政府管理学院教授萧鸣政建议，北京市应建立文化人才开发机制，加快培养急需的文化产业人才。

萧鸣政认为，北京缺的人才，全国都缺。目前北京最缺七种文化产业人才，培养这些文化产业人才，要建立文化人才开发机制，将文化市场、文化产业、文化事业、文化人才紧密结合起来，形成良好的互动，营造一种政策机制，并借鉴国际上一些先进的、成熟的关于文化人才的管理方法。

萧鸣政委员建议促进人口内增长[②]

政协北京市第十二届委员会第四次会议将于今天下午开幕。上午，政协委员们陆续报到。《法制晚报》记者获悉，政协委员、北京大学政府管理学院行政管理学系主任萧鸣政将提案建议，针对北京市"十三五"规划将常住人口控制在2300万人以内，应科学调控首都人口规模。

萧鸣政表示，人口控制战略应不仅限于总体控制增长，而在于保持内增长和外增长的良性循环。他认为，整体结构要调整、分布上要进行优化，

---

① 中国青年网：daode.youth.cn/bjsd/tp/201201/t20120115_1920752.htm.
② 凤凰资讯网：news.ifeng.com/a/20160120/47154882_0.shtml.

使五环内外各自循环发展。这一战略的实现，在于科学地设计积分落户与迁落的评价指标体系，以及人口调控政策的设计。

"控制外来人口，还要促进（京籍人口）内部增长，缓解老龄化问题。"萧鸣政说，全面放开二孩政策落地，未来五年预计京籍新生儿年均增长近5.8万人。再加上高素质人才及其家属调入等因素，预计"十三五"期间京籍人口年均增长11万到13万人。

萧鸣政委员建议
多头管理之乱：数百亿房屋"养老钱"沉睡[①]

北京大学行政管理系主任萧鸣政说，政府的出发点是为老百姓做件好事，但最终结果就好像大家印象中的保险公司，收保费时候特积极，可是要支付的时候就提各种条件，支付困难。萧鸣政认为，建设主管部门和财政部门拥有代管权的同时，并未明确其对维修资金保值增值的义务，导致大多数城市维修资金收益率低于一年期存款利率。是基金就要运作，不应贬值。

作为公共维修基金的所有人，百姓并不知道钱存哪了。萧鸣政说，既然是基金，就要去运作，不应让它贬值。"存在哪家银行就是个不小的利益，相当于白给银行赚息差。"

萧鸣政委员建议京津冀三地协同发展"大国策"[②]

京津冀区域幅员辽阔，经济发展不平衡由来已久，北京有"大城市病"，津冀则面临着产业转型升级的瓶颈。而协同发展、协调迈进，则是化解的不二良方。

[①] 环球网：财经网：finance.huanqiu.com/data/2014-02/4810752.html。
[②] 时间2017年1月19日9:29 | 作者：包松娅 | 来源：人民政协网。

正如北京市政协委员萧鸣政所说，京津冀三地的协同发展首先需要认真分析各自功能定位，形成真正协同发展的理念和意识。也就是说，三地融合要在顶层设计上进行通盘考虑，打破行政区划和政策壁垒，实现要素自由流通，以深化改革推进协同发展。

在京津冀协同发展的"规划"中，有着对三省市的明确功能定位：

北京是"全国政治中心、文化中心、国际交往中心、科技创新中心"；

天津是"全国先进制造研发基地、北方国际航运核心区、金融创新运营示范区、改革开放先行区"；

河北是"全国现代商贸物流重要基地、产业转型升级试验区、新型城镇化与城乡统筹示范区、京津冀生态环境支撑区"。

萧鸣政委员在京津冀三地协同谋篇布局论首都发展的15个关键词中建言涉及9个[①]

萧鸣政在2003-2017年十五年担任政协委员期间，提案建言涉及为首都发展谋篇布局15个关键词：协商民主、供给侧、疏解、行政副中心、创新、雾霾、治堵、生态环境、人口规模控制、养老、积分落户、二孩、古城保护、文化中心、冬奥会等15个关键词中涉及其中9个：协商民主、供给侧、疏解、创新、治堵、人口规模控制、积分落户、二孩与文化中心，占60%，在本次会议上涉及以下3个，有效发挥了其人才与行政管理专业对于北京市战略发展的作用与贡献。

1、供给侧改革。

供给侧改革，首先要注重政策的顶层设计。"因为供给侧既是一种能力的调整、重组和结构优化，又是一种基于新的供给侧开发创新的开始，所以应特别注意顶层设计和政策引导；同时要进行结构调整，大力发展服务

[①] 北京市政协网：http://www.bjzx.gov.cn/zxqk/bjgc/201602/sdf201602/201805/t20180504_12273.html。

业。"北京大学政府管理学院行政管理学系主任萧鸣政委员表示。来自长城人寿保险股份有限公司的梅凤玲委员也提出四点建议，一是要成立供给侧改革领导小组，统一领导供给侧改革的规划工作；二是进一步给市场放权，减少对市场的干预；三是做好基础研究、教育、信息共享平台建设等公共产品的供给；四是降低行政成本，提高行政效率。

萧鸣政委员还认为，推进供给侧改革，构建高精尖经济结构，关键在于人才的培养。他建议，通过人力资源开发，调整、发展现代服务业，促进城市消费升级；重视高层次人才对高精尖经济结构形成与优化的驱动作用。

2、创新

近年来，"大众创业、万众创新"的东风正劲，受这种氛围的影响，今年北京两会期间，"创新"也成为了委员们会内会外交流讨论中最为流行的词汇。

市政协委员、北京市技术市场管理办公室高级工程师丛巍认为，科技创新政策要法制化，出台的政策要有可持续性，好的政策需要得到法律的保障，同时要不断梳理政策，淘汰不再适合科技发展的政策。

创新人才队伍建设的问题也得到了市政协委员、北大行政管理学系主任萧鸣政的认同，他说："我觉得北京供给侧改革与高精尖结构优化的关键本质在于人才开发的乘法，扩大高层次人才这个乘数对于新旧产业发展被乘数的驱动与引领作用。"

萧鸣政还主张在京津冀高校与科研院所建立高层次人才柔性引进机制。各地高校与科研院所可通过项目式、合作式、兼职式、聘用式等引智方式，对人才做到不求所有，只求所用，最大限度地发挥首都北京高层次人才服务津冀两地的作用。

3、人口规模调控

未来5年北京常住人口总量要控制在2300万人以内，如何实现这一调控目标？在北京市政协十二届四次会议上，委员们各抒己见，提出科学调控人口规模、编制人口规划、设计积分落户等手段，以缓解首都人口快速增长。

市政协委员、北京大学政府管理学院教授萧鸣政早在十年前就开始关注如何科学有效地调控首都人口规模，每年他的提案都离不开此类话题。萧鸣政认为北京要达到"十三五"规划的人口控制目标，未来5年每年应把外来人口的增长数量控制在 10 万人以内。他发现五环外的人口在北京占比 51%。北京每天约有 30% 的人奔波于五环内、外的工作地和居住地。他认为，应鼓励在五环外建立工作商务、居住生活、购物医疗一体化的社区，形成五环内、外人口在各自的社区循环。

如何破解"三不管"地带管理难题？萧鸣政委员建言：上位行政机构建立补丁机制[①]

2017 年 9 月 7 日讯，"三不管"地带，向来是各大城市管理的薄弱环节甚至盲区。这些地带因职能、责任划分不清，常出现"多头管理"，最终也常导致"多头不管"、管不了、无法管等问题，最终体现在行路难、环境脏乱差、市政市容等各个方面。北京晚报记者探访多个城区交界地带，并探寻"三不管"区域管理难题的解决之道。

北京大学政府管理学院行政管理系主任，北京市政协委员萧鸣政从行政管理改革的角度提出，类似的边界管理问题属于行政管理的缝隙管理，应该建立一种无缝隙治理机制。在区与区之间，单位与单位之间，由上位的行政机构建立补丁治理机制，构建一个为交界地带打补丁的机构与机制。"在交叉地带，日常管理都可能会出现诸多问题。需要建立好群众投诉机制和政府的治理机制。群众反映问题后，有没有人去管？各区推诿时，有没有一个机构去打补丁？"

"例如，如果出现某个问题，朝阳区、海淀区、昌平区都说这个问题不归自己区管，那总之是归北京市管。因此，北京市层面就应该建立有相应的打补丁的机构与机制，对于该三个行政区域交叉的问题予以及时解决。"萧鸣政表示，边界地带缺乏治理的现象不止存在于北京，在省与省之间，市与市之间，县与县之间都有可能出现。要解决这个问题，政府需进一步提高统

[①] 时间：2017-09-07 11:02 编辑：TF009 来源：北京晚报，网站：www.takefoto.cn/viewnews-1262191.html。

筹协调的能力。"因为我们的行政机制是各负各的责,条条块块分割得比较厉害,分割交叉的地方因此也就容易出现疏漏点与缝隙。我建议,面对这个问题,要重新划分责任,做到缝与缝之间有一个大的行政机构去覆盖,建立补丁机制,实现问题治理的无缝连接与覆盖机制,真正地为老百姓服务。"

萧鸣政委员在市政协十二届一次会议第二次全体会上发言[①]

原标题:市政协十二届一次会议举行第二次全体会 郭金龙王安顺吉林出席

2013年1月24日下午,市政协十二届一次会议举行第二次全体会议,市各民主党派、工商联、无党派人士代表和两位政协委员就生态文明建设、现代家政服务业发展、提升首都经济质量效益等主题进行大会发言。中共北京市委书记郭金龙,中共北京市委副书记、代市长王安顺,大会主席团常务主席吉林出席大会。

市领导李士祥、赵凤桐、鲁炜、陈刚、洪峰、丁向阳、程红、夏占义,市政府秘书长孙康林应邀到会,听取大会发言。大会主席团常务主席沈宝昌、唐晓青、赵文芝、傅惠民、葛剑平、王永庆、马大龙、蔡国雄、闫仲秋参加会议。大会主席团常务主席陈平主持大会。

会上,张彤委员代表民革北京市委作题为《进一步加强北京地下生态系统的保护与修复》的发言;刘玉芳委员代表民盟北京市委作题为《落实生态文明战略 推进生态文化建设》的发言;赵亚洲委员代表民建北京市委作题为《拓宽融资渠道 加快北京市公租房建设》的发言;萧鸣政委员代表民进北京市委作题为《打造"北京服务"品牌 发展首都现代家政服务业》的发言;中共北京市委、市政府有关委办局负责人也到会听取了发言。

[①] 搜狐网: http://roll.sohu.com/20130125/n364579487.shtml.

萧鸣政委员建言：北京市疏解之后面临转型 应该建立人才共享与租赁机制[①]

针对人口疏解，政协委员萧鸣政提案建议建立高层次人才租赁机制。

萧鸣政认为，北京市现在产业溢出，同时也应当做到人才溢出。他提到，目前北京把一些密集型的企业疏解到外面，但北京作为"火车头"，要带动河北、天津两节"车厢"发展，必须也要做到高素质人才溢出。但是北京的条件远远高于天津和河北，所以北京的人才可能不愿意去，因此他建议建立高层次人才租赁机制。

所谓高层次人才租赁机制，萧鸣政解释，就是把高层次人才的户口和关系都放在北京，但是人到河北或天津去工作，当然待遇要达到北京的待遇，做好柔性引进，即人才关键不在拥有，重在使用。

萧鸣政提到比如想要积分落户的人，去河北或天津工作几年，积的分也会相应更多。或者在河北天津工作数年后，对买房有一定优惠等等，而这些人在去河北和天津工作后，对北京来说自然就是一种疏解，一举两得。

萧鸣政委员建言：首都演艺产业发展四类人才紧缺是瓶颈[②]

萧鸣政委员认为，他这个大学教授很多时候想通过看演出"换换脑子"，

[①] 时间：2016-01-21 15:52:00 来源：法制晚报，网站：news.hexun.com/2016-01-21/181940700.html。

[②] 时间：2012-02-29 15:39 来源：北京晨报，中国台湾网：http://www.taiwan.cn/xwzx/PoliticsNews/201202/t20120229_2364062.htm。

但是除了从报纸上获取"大路货"的演出信息外，并没有更细化的演出信息。他不知道哪个戏或哪个演出更适合自己。他表示，如果不解决好四类人才的建设，"首都核心演艺区"很难达到理想状态。

这四类人才是，具有投融资知识的文化经营性人才；具有熟悉消费心理和市场信息的高级文化策划的经营人才；深入实际，具有文化产品研发能力的设计人才；以及具有文化传统与国际文化视野的人才。

萧鸣政表示，虽然国家有很好的政策，但是没有专业化的人才，演艺市场和演艺产业良性互动的机制就很难建立起来。

萧鸣政委员建议住宅维修资金管理要提高效率明确权责 [①]

记者昨天在北京市两会上获悉，市政协委员、北京大学行政管理系主任萧鸣政提出，截至 2013 年 10 月 31 日全市已累计归集商品住宅专项维修资金 357.58 亿元，但仅使用 6.74 亿元，使用率仅为 1.88%。对此他建议，应由多部门管理转向单一部门管理提高效率。同时应开展业主参与分红等试点。

他认为，专项维修资金使用率低已是一个不争的事实。具体说来，住宅专项维修基金运作存在"三难"：归集难、审批难、拨付难。

萧鸣政表示，住宅专项维修基金管理问题改革的重点在于转变政府职能，发挥市场和基层业主的作用。他建议理顺管理机制，由多部门管理转向单一部门统一管理，明确权责，提高行政效率，降低管理成本。

萧鸣政解释，权利和义务应该围绕业主为核心展开，维修基金的主体关系为：业主为所有人，银行为保管人，物业公司为使用与核算人，第三方机构为受托管理人，房地产行政机构为外部监管人。

他还建议在不影响正常使用的前提下，允许结余资金进入低风险信托、

[①] 人民网：politics.people.com.cn/n/2014/0119/c70731-24160681.html 来源：京华时报。

优质公租房等政府主导项目,提高资金收益;开展业主参与分红等试点,以增加收益、盘活存量。还可采取部分基金定期存储以及招投标引入银行竞争机制的方式提高资金的增值收益。从而建立起政府监督,银行运营管理,小区物业使用支取的管理体制。